Mit anderen Augen

Peter Brandt

Mit anderen Augen

Versuch über den
Politiker und Privatmann
Willy Brandt

Bibliografische Information der Deutschen Nationalbibliothek

Die Deutsche Nationalbibliothek verzeichnet diese Publikation
in der Deutschen Nationalbibliografie; detaillierte bibliografische
Daten sind im Internet über http://dnb.d-nb.de abrufbar.

ISBN 978-3-8012-0441-9
2. Auflage 2014

Besuchen Sie uns im Internet: *www.dietz-verlag.de*

Inhalt

Nachweis von Zitaten und weiterführende Literatur unter www.dietz-verlag.de/0441.

Die Rechtschreibung in historischen Zitaten wurde stillschweigend der neuen deutschen Rechtschreibung angepasst.

Vorwort

I n den vergangenen beiden Jahrzehnten bin ich immer wieder aufgefordert worden, meine Erinnerungen an und Reflexionen über Willy Brandt zu Papier zu bringen. Vielleicht musste erst der 100. Geburtstag nahen, um meinen hinhaltenden Widerstand gegen ein solches Projekt zu überwinden. Selbstverständlich reicht zur Rechtfertigung dieses Buches nicht aus, dass andere mich gebeten haben, es zu schreiben.

Der Titel sagt es schon: Es geht um den spezifischen Blick des ältesten Sohnes, der in eine hochpolitisierte und trotzdem in vieler Hinsicht recht normale Familie hineingeboren wurde. Ich selbst war frühzeitig politisch engagiert; als Fachhistoriker bemühte ich mich später immer, einen professionell-distanzierten Blick gerade auf die Personen einzunehmen, die mir nahe sind beziehungsweise auf jene Ereignisse, an denen Angehörige der Familie Brandt beteiligt waren. Ohne diese Fähigkeit hätte ich auf zeitgeschichtliche Forschungen und Publikationen, die einen Teil meiner beruflichen Aktivitäten ausmachen, verzichten müssen. Dieses Buch lebt also aus der Spannung zweier in meinem Kopf nebeneinander und wechselseitig existierender Perspektiven. Ob dieser Balanceakt gelungen ist, wird der Leser zu entscheiden haben.

Mit allem Nachdruck sei betont: Ich erhebe nicht den Anspruch, endlich die wahren Geschichten über Willy Brandt zu erzählen und die richtigen Deutungen zu liefern. Die Skepsis des Historikers gegenüber dem Schleier der Erinnerung gilt auch für meine eigene Zeitzeugenschaft. An Interpretationen sind fast immer mehr als eine möglich, ohne die Quellen zu vergewaltigen. Insofern bitte ich alles Folgende als Angebot zu verstehen, die Person und Persönlichkeit Willy Brandts »mit anderen Augen« zu betrachten. Und obgleich innerlich von ihnen berührt, bin ich *sine ira et studio* aufrichtig um Erkenntnis bemüht. Hier und dort werden neue Akzente gesetzt und Details mitgeteilt, die weniger oder nicht bekannt sind. Dabei hatte ich im Entstehungsprozess des Buches stets im Hinterkopf, welche ungeheuren Projektionen auf Willy Brandt gerichtet waren. Man darf teilweise sogar von regelrechten Heilserwartungen sprechen.

Ich war bestrebt, der Versuchung zu widerstehen, das Objekt meiner Bemühungen nach eigenen Wünschen idealisierend zurechtzuhobeln. Dabei sind mir zwei Dinge zugutegekommen: Erstens, dass ich schon im Alter von achtzehn Jahren von zu Hause auszog, und zweitens, dass es eine beträchtliche Periode politischer Differenzen zwischen meinem Vater und mir gab, die ins Grundsätzliche gingen, ohne dass das persönliche Verhältnis ernsthaft beschädigt worden wäre. Ab Mitte der siebziger Jahre näherten Vater und Sohn sich auch politisch wieder an, allerdings ohne je ganz auf eine Linie zu kommen. In den bald vier Jahrzehnten seitdem habe ich mich niemals anheischig gemacht, die Autorität des Vaters Willy Brandt für eigene politische Anliegen ins Feld zu führen. Zuschreibungen von Dritten konnte ich nur zur Kenntnis nehmen. Der Beurteilungsmaßstab dieses Buches für Erfolge oder Fehler soll jedenfalls nicht mein eigener sein, sei er von damals oder heute, sondern die jeweiligen Überzeugungen und Ziele Willy Brandts selbst, sofern ich glaube, sie zu kennen. Das gilt vor allem für das Schlusskapitel.

Ich bin immer wieder gefragt worden, wie es denn sei, der Sohn von Willy Brandt zu sein. Was soll man dazu sagen? Jedem, der auch nur einen Moment darüber nachdenkt, wird sofort klar sein, dass die familiäre Konstellation strukturell problematisch und manche Situation nicht immer vergnüglich war, zumal, wenn man sich entschieden hatte, einen eigenen Weg zu gehen und eventuelle Vorteile, die sich aus dem Amt des Vaters ergeben könnten, bewusst nicht in Anspruch zu nehmen. Für meine Brüder und mich gehörte es zu den Herausforderungen des Lebens, damit zurechtzukommen. In dem Maß, wie man sein Schicksal selbst in die Hand nimmt und gerade beruflich etwas Eigenes zustande bringt (was mit zwanzig naturgemäß noch nicht möglich ist), wird die Last leichter und der Umgang mit der Familie im günstigen Falle souveräner.

Ich will die Klage auch nicht übertreiben. Es gibt wahrlich schlimmere Schicksale auf der Welt, als der Sohn eines deutschen Spitzenpolitikers zu sein – namentlich dieses Spitzenpolitikers. Für meine Kollegen, Mitarbeiter, Freunde pflegte die Verwandtschaft mit Willy Brandt nach meinem Eindruck bald nur noch eine untergeordnete Rolle zu spielen, abgesehen davon, dass nicht jeder oder jede automatisch darauf kam, dass die Namensgleichheit kein Zufall war. So ungewöhnlich ist der Name nicht, und in Hagen, wo ich seit 1989 als Hochschullehrer tätig bin, dachten die Leute bei »Brandt« zunächst an den bekannten Zwieback und den dazugehörigen Basketballverein, erst dann an den Staatsmann. Inzwischen ist die Zwiebackfabrik nach Thüringen verlagert worden und der Name der Hagener Basketballmannschaft futsch.

Frühzeitig mussten meine Brüder und ich lernen, dass der Vater und der Name des Vaters nicht der Familie gehören. Selbst da, wo es juristisch möglich wäre, läge es mir fern, die Verwendung des Namens Willy Brandt zu unterbinden. In aller Regel werde ich nicht vorher gefragt, wenn eine Straße, ein Platz, ein Haus oder ein Flughafen nach ihm benannt werden soll, und das ist auch gut so. Ein einziges Mal habe ich auf Bitten der SPD als Angehöriger geklagt, und zwar als die Deutsche Volksunion des

Verlegers der »Nationalzeitung« Dr. Gerhard Frey, der ein notorischer Brandt-Hasser war, im Brandenburger Landtagswahlkampf Friedrich Ebert, Kurt Schumacher und Willy Brandt auf einem Plakat als »Große Sozialisten« und Patrioten vereinnahmte. Tote Indianer sind bekanntlich gute Indianer. Persönlich hätte ich auch hier eher dazu geneigt, mit Spott oder Ironie zu reagieren, aber dass das den Wahlkampf der SPD, speziell unter ostdeutschen Bedingungen, schädigte und gestoppt gehörte, leuchtete mir ein.

Dieses Buch ist weniger eine Biografie, als ein »Versuch« im klassischen Sinne. Trotzdem ist die inzwischen recht umfängliche Forschungsliteratur zur Kenntnis genommen und indirekt berücksichtigt worden, ebenso die in der »Berliner Ausgabe« der Schriften Willy Brandts edierten Quellen und die umfangreiche Memoirenliteratur. Dem Charakter des Buches entsprechend ist auf einen Anmerkungsapparat verzichtet worden. Der Nachweis wörtlicher Zitate ist im Bedarfsfall auf der Internetseite des Verlags zu finden. Da es meine ganz persönlichen Erinnerungen und Wahrnehmungen sind, die den Grundstock des Buches bilden, wird unvermeidlicherweise häufig von mir die Rede sein. Das dient ausschließlich dem Zweck, das Verständnis meiner Äußerungen über Willy Brandt zu erleichtern, sie gewissermaßen durchschaubarer zu machen. Gleiches gilt für andere »Nebendarsteller« dieses Buches, ohne deren Beitrag die Hauptfigur nicht in der beschriebenen Weise hätte agieren können. Je nachdem, welche Rolle gerade im Mittelpunkt steht, wird deshalb mal von »(meinem) Vater« und mal von »(Willy) Brandt« die Rede sein.

Ich danke Alexander Behrens für das Lektorat, Bernd Rother für die kritische Durchsicht des Manuskripts, Andrea Buczek, Miriam Horn und Fiona Schmidt für technische Hilfen bei dessen Erstellung, Götz Schwarzrock außerdem für inhaltliche Ratschläge.

Krankheit und Tod

Im Oktober 1991 weilte ich mit meiner kleinen Familie für einige Tage im bayerischen Oberaudorf. Meine Schwiegermutter besaß dort eine Ferienwohnung. Eines Tages – es muss der 11. Oktober gewesen sein – starrten mich riesige Zeitungslettern an: Willy Brandt sei im Krankenhaus wegen einer Krebsgeschwulst operiert worden. In BILD-typischer Manier wurde der Vorgang dramatisiert. Die Neuigkeit irritierte mich offenbar so sehr, dass ich unmittelbar nach der Lektüre des Artikels einen Auffahrunfall verursachte – harmlos, aber immerhin. Sehr viel mehr als BILD schon wusste, ließ sich zu diesem Zeitpunkt nicht sagen, wie ich in einem Telefongespräch mit Brigitte Seebacher-Brandt erfuhr. Sie handelte in meines Vaters ausgesprochenem oder unausgesprochenem Auftrag, als sie die Weitergabe von Informationen steuerte und alles Organisatorische regelte, einschließlich der Krankenbesuche.

Sobald sich die Möglichkeit ergab, fuhr ich in die Chirurgie der Kölner Universitätsklinik, wo Vater lag, um ihn zu besuchen. Er machte einen munteren, zuversichtlichen Eindruck. Es gelang mir, im Anschluss an eine Visite den behandelnden Arzt Professor Pichlmaier beiseite zu nehmen. Er berichtete mir, die Operation als solche sei sehr gut verlaufen. Der Darmtumor sei vollständig entfernt worden. Allerdings habe sich herausgestellt, dass die Krebsart sehr aggressiv sei. Das hätte er aber im Gespräch mit dem Patienten »nicht vertieft«. Die Prognose war also unsicher.

Als meine Frau Antonia, der kleine Anton und ich Vater in seinem Unkeler Haus besuchten, schien er beinahe der Alte zu sein, allenfalls noch ein wenig geschwächt vom Eingriff. Das bestätigte sich bei weiteren Zusammenkünften in den folgenden Monaten. Er nahm wieder zahlreiche berufliche Termine wahr, reiste und hielt Reden.

Ich weiß nicht mehr, wo und wie ich von der zweiten Operation am 22. Mai 1992 erfuhr, die nach wenigen Minuten abgebrochen werden musste. Der Krebs hatte sich explosionsartig ausgebreitet und bereits mehrere Organe befallen. Er war schlechterdings nicht mehr operabel. Eine Kontrolluntersuchung Ende März hatte noch keine Hinweise auf den erneuten Ausbruch der Krankheit ergeben. Aber am Ostermontag 1992 kollabierte Vater in seinem französischen Ferienhaus am Südrand der Cevennen. Selbst in den Wochen danach ging er noch in sein Büro, sprach in Luxemburg »Zur Architektur Europas«. Die Krankheit schritt aber rascher fort als erwartet. Seinen letzten Text, die bewegende Grußadresse an die Sozialistische Internationale, die Mitte September in Berlin tagte, konnte Willy Brandt nur noch mit massiver Hilfe seiner Frau produzieren.

Der Stand der Dinge war mir bekannt, als ich meinen Vater nur Tage nach der gescheiterten Operation in der Klinik besuchte. Er wirkte gelassen, beinahe ein wenig heiter, und versuchte nicht, krampfhaft gute Laune zu demonstrieren. Auch wenn keiner das so aussprach, war zwischen uns klar, dass es sich ab jetzt um eine Krankheit zum Tode handelte und wir uns nicht mehr häufig sehen würden. Er erzählte, er habe den Arzt gefragt, ob er denn noch einmal zum Arbeiten in sein Büro zurückkehren könne. Dieser habe geantwortet: »So schwach, wie Sie waren, als Sie hierher kamen, müssen Sie erst einmal Kräfte sammeln.« Niemand machte ihm etwas vor, aber seine positiven Gedanken wollte man ihm auch nicht ausreden.

Brigitte nahm Vater mit nach Hause und pflegte ihn die kommenden gut vier Monate aufopferungsvoll, unterstützt von Hausarzt, Haushälterin und dem geschätzten Gärtner, was ich ihr bis heute hoch anrechne. Auch ohne eine Komplikation mitzuerleben, wurde mir klar, dass dafür Kraft, starke Nerven und viel Liebe nötig waren. Abgesehen vom Morphium, das man ihm in steigender Dosierung verabreichte, wurde die medizinische Versorgung, insbesondere die Apparatemedizin, auf ein Minimum reduziert. Soweit das unter den gegebenen Umständen möglich war, gestaltete er sein Sterben selbstbestimmt. Es war schön zu erleben, wie er die Momente des relativen Wohlbefindens auskosten konnte – etwa bei Junisonne im Garten zu sitzen, ein Stück Kuchen zu verspeisen. Künstliche Ernährung und Astronautenkost, die ursprünglich einmal vorgesehen waren, hatte er mit den meisten medizinischen Gerätschaften zurückgewiesen. Er las nach wie vor viel, Belletristik, Zeitungen, Magazine.

Brigitte ordnete die Besuche, damit sie ihm nicht zu viel wurden. Es kamen Politiker, und nicht nur Sozialdemokraten, persönliche Freunde. Am häufigsten kamen Klaus Harpprecht und Egon Bahr. Und natürlich die Kinder. Ich selbst fuhr von Hagen im Abstand einiger Wochen nach Unkel. Dort blieb ich, bis ich zu spüren meinte, dass es zu anstrengend würde. Zu klären gab es zwischen uns nichts. Wir waren miteinander im Reinen. Die Gesprächsführung überließ ich stets dem Kranken, nach einem kurzen Bericht über meine Frau und die Kinder, eventuell auch über Berufliches, das ihn interessieren könnte. Über den Tod sprachen wir nicht direkt. Das hatten wir in allgemeiner Hinsicht einmal eingehend gemacht, als Vater noch gesund war. Doch saß der Sensenmann unsichtbar stets mit am Tisch oder später am Bettrand. Obwohl Vater und Sohn gleichermaßen nicht dazu neigten, starke Gefühle zu zeigen, konnten wir einmal sogar zusammen weinen. Als ich mich im Juli mit der Familie in den Sommerurlaub verabschiedete, kam mein Vater an das Eingangstor und winkte mir zum Abschied. So eine Geste kannte ich von ihm vorher nicht. Ich überlegte noch, ob wir den Urlaub abblasen sollten. Aber darauf warten, dass er stirbt?

Die gleiche Frage stellte ich mir auch bei einer späteren Gelegenheit: Meine Mutter arbeitete seit den frühen achtziger Jahren immer wieder an ihren episodenhaft angelegten Erinnerungen, die natürlich nicht zuletzt Erinnerungen an Willy Brandt waren. Sie hatte sie auf Norwegisch, in ihrer Muttersprache, verfasst und mich gebeten, eine deutsche Übersetzung anzufertigen, weil sie mir zutraute, den richtigen Ton zu treffen. Die Arbeit war mir relativ angenehm, ich erledigte sie überwiegend im Sommer 1991. Im Pingpongverfahren ging es zwischen meiner Mutter, ihrem langjährigen Lebensgefährten, dem dänischen Journalisten Niels Nørlund, und mir hin und her. Bald kamen wir zu einer für gut befundenen deutschen Version. Ich setzte meinen Vater von der Übersetzertätigkeit in Kenntnis und machte klar, dass das keine Parteinahme bedeutete, sondern dass ich das ebenso selbstverständlich für ihn gemacht hätte. Ich schickte ihm wohl auch das Manuskript.

Die Rezensenten hoben später besonders die Fairness hervor, mit der Rut Brandt ihren früheren Ehemann behandelte. Das fand auch ich. Andernfalls hätte ich sofort interveniert, doch das war an keiner Stelle nötig. Nun ist man als todkranker Mensch sicher extrem empfindlich. Wie ich viel später aus Schilderungen von Brigitte erfuhr, war mein Vater zwischenzeitlich sehr wütend auf mich, als im »Stern« ein Vorabdruck der Rut-Brandt-Erinnerungen erschien. Natürlich hatte ich mit der Vermarktung des Buches überhaupt nichts zu tun. Von einem Vorabdruck wusste ich nichts. Jedem, der die Sache unvoreingenommen betrachtete, musste klar sein, dass das Erscheinen des Buchs von Rut und die Krankheit von Willy ein rein zufälliges Zusammentreffen war. Denn auch ein nicht wissenschaftliches Buch kann man nicht von einem Monat auf den anderen schreiben, wenn man kein Profi ist. Soweit ich weiß, ist auch nirgendwo ein anderslautender Verdacht erhoben worden. Mein Vater grollte trotzdem. Brigitte stellte die Eintracht dann wieder her, ohne dass ich das Ganze damals mitbekam.

Für den 8. Oktober 1992 hatte ich mich wiederum in Unkel angemeldet und traf dort am späten Vormittag ein. Tags zuvor waren nacheinander meine beiden Brüder dagewesen. Mein Vater war nicht mehr ansprechbar. Ich wusste, es konnte der endgültige Abschied sein, und saß etwa eine Stunde an seinem Bett. Dann ging ich hinunter, um noch ein wenig bei Brigitte zu verweilen. Dass das Ende noch am selben Tag kam, ahnte ich nicht. So besuchte ich meine Mutter, die ebenfalls im Rheinland – nördlich von Bonn – wohnte und übernachtete bei ihr. Am frühen Morgen weckte sie mich und sagte: »Willy ist tot. Sie haben es gerade im Radio gemeldet.« Wir hielten einen Moment schweigend inne. Am Vormittag rief ich dann meine Brüder an. Wir verabredeten uns zu einem gemeinsamen Besuch bei Brigitte, die weiterhin alles managte. Was den öffentlichen Teil der Trauerfeierlichkeiten betrifft, stand ihr ein von Bundeskanzler Kohl beauftragter Beamter zur Seite.

Ich fühlte mich wie betäubt, auch durch das allgemeine Aufsehen, und war irgendwie erleichtert, nicht agieren zu müssen. Ich hatte das sichere Gefühl, dass Brigitte die Dinge im Sinne meines Vaters regeln würde. Möglicherweise hatten sie sogar darüber offen gesprochen, so offen, wie er auch mit Helmut Kohl über die Gestaltung des Staatsakts gesprochen hatte – möglicherweise sogar im Hinblick auf ein Detail, das aufmerksam registriert und vielfach kritisiert wurde: dass meine Mutter weder zum staatsoffiziellen noch zum privaten Teil der Beisetzung eingeladen worden war. Ich neige bis heute zu der Auffassung, dass mein Vater das so gewollt hatte oder gewollt hätte. Mutter versicherte glaub-

würdig, dass sie ohnehin nicht gekommen wäre, um jeden Anschein von Witwenzank zu vermeiden. Doch fand sie, man hätte
wenigstens eine Einladung aussprechen müssen. Viele dachten
an sie. Bundespräsident von Weizsäcker erinnerte beim Staatsakt
unüberhörbar an Rut Brandt, ebenso Bischof Kruse, der den evangelischen Trauergottesdienst zelebrierte, und der Regierende Bürgermeister Eberhard Diepgen.

In den Tagen und Wochen nach Vaters Tod erreichten mich
viele Beileidsbekundungen. Manche berührten mich stark, weil
deutlich wurde, was Willy Brandt den Menschen bedeutete. Kollegen, Freunde, auch flüchtige Bekannte, meine politischen Wegge-
fährten, ja selbst Wildfremde ließen mir mündlich oder schriftlich
Worte der Anteilnahme zukommen. Am meisten bewegten mich
zwei Ereignisse: Ein guter Freund, der mit einem noch stark nati-
onalsozialistisch gesinnten Vater aufgewachsen war und sich als
ganz junger Mann in der NPD-Jugend engagiert hatte, besuchte
mit seinen Kindern das Grab und legte Blumen nieder. Und als
ich in Hagen ein griechisches Imbisslokal aufsuchte, wo ich gelegentlich aß, kam plötzlich der Juniorchef auf mich zu, der mich
nur vom Sehen kannte, ohne zu wissen, wie ich heiße, und ver-
gewisserte sich, dass das Foto in der Lokalpresse mich abbildete.
Dann unterbrach die gesamte vielköpfige Familie ihre Arbeit, alle
stellten sich in einem Spalier auf und gaben mir die Hand: »Er hat
so viel für uns getan – herzliches Beileid!«

Der Staatsakt und die Beisetzung fanden am 17. Oktober im
Reichstagsgebäude statt. Es war der erste an diesem historischen
Ort seit dem Tode Gustav Stresemanns im Jahr 1929. In Anwe-
senheit hochrangiger Gäste aus aller Welt verlief er würdig und
angemessen. Alle Redner, von Helmut Kohl über Richard von
Weizsäcker, Björn Engholm und den engen politischen Freund
Felipe González, wurden dem Verstorbenen auf ihre Art ge-
recht. Sie fanden in bemerkenswerter Weise die richtigen Worte,

wobei Felipe die emotionalste Ansprache hielt. Unvergessen ist sein »Adios amigo« und seine Charakteristik Willy Brandts: »Deutscher bis ins Mark, Europäer aus Überzeugung und Weltbürger aus Berufung.« Claudio Abbado dirigierte Schuberts Unvollendete, die Berliner Philharmoniker spielten. Dass außer der Witwe kein Familienangehöriger in der ersten Reihe saß, fand ich völlig in Ordnung. Etwas kleinlich war für mein Empfinden jedoch die Empfehlung, die Kinder zu Hause zu lassen. Ninja ignorierte das und nahm ihre Tochter Janina einfach mit. (Zwischen Ninja und Brigitte hatte es schon Wochen vorher eine Unstimmigkeit gegeben, als Ninja verabredungsgemäß aus Norwegen anreiste, aber nicht zu ihrem Vater vorgelassen wurde, weil es ihm sehr schlecht ging.) Vielleicht wäre es angebracht gewesen, die Partei und ihre Anhänger stärker zur Geltung kommen zu lassen, etwa durch eine langsamere Fahrt des Wagens mit dem Leichnam durch die Stadt zum Zehlendorfer Waldfriedhof. Aber vielleicht sollte es auch in diesem Punkt so sein wie geschehen. Am Vortag war der Tote im Rathaus Schöneberg aufgebahrt worden, um den Berlinern Gelegenheit zu geben, sich zu verabschieden. Sie taten es zu Zehntausenden.

Am Vorabend der Beerdigung versammelten sich die Geschwister mit den Ehepartnern in der Berliner Wohnung von meiner Frau und mir. Auch Brigitte folgte der Einladung. Es war ein guter Austausch. Leider kollidierte das Treffen mit einer Gedenkveranstaltung der SPD, zu der ich sonst wohl gegangen wäre. Auch sie war offenbar sehr gelungen und bewegend.

Gefordert war ich im Angesicht des Testaments, das Vater nur wenige Wochen vor seinem Tod zu Papier gebracht hatte. Es sprach den gesamten materiellen und ideellen Nachlass der Witwe Brigitte als »befreiter Vorerbin« zu. Was das Finanzielle betraf, hieß das de facto, dass der Anteil des Vermögens, der den Kindern zugutekam, auf ein Viertel reduziert wurde. Damit hatte ich kein Problem, da ich stets der Meinung war, Menschen hätten kein moralisches Recht, überhaupt etwas zu erben. Außerdem konnte ich nachvollziehen, dass die zurückbleibende Witwe maximal gesichert werden sollte. Meine Aufgabe sah ich, auch aus Eigeninteresse, nun darin, zusammen mit dem beauftragten Anwalt die Geschwister zusammenzuhalten und der Presse kein familiäres Theater darzubieten. Dafür war es aber nötig, auch klar zu wissen, welche Werte dem Ganzen zugrunde lagen.

Komplizierter war allerdings die Regelung der Eigentumsrechte an den nachgelassenen Papieren, die ebenfalls der Witwe zufallen sollten. Sie widersprach der Rechtsauffassung der SPD, die in Amtseigenschaft entstandenes Schriftgut für sich reklamierte. Auch die Bonner Friedrich-Ebert-Stiftung, deren »Archiv der sozialen Demokratie« von Willy Brandt selbst seit den sechziger Jahren den größten Teil seiner Unterlagen erhalten hatte, machte Einwände geltend. Juristisch waren meine Geschwister und ich diesbezüglich zwar gar nicht betroffen. Aber als professioneller Historiker hatte ich durchaus Interesse daran, zu wissen, was mit den Papieren geschehen sollte. Im schlimmsten Fall wäre für jedes Blatt eine gerichtliche Entscheidung nötig gewesen, um zu klären, wem es gehört. Deshalb schlug ich zusammen mit meinem Kollegen und Freund Franz Brüggemeier eine übergreifende Stiftung vor. Mit Gründung der Bundeskanzler-Willy-Brandt-Stiftung als Bundesstiftung, die vom Deutschen Bundestag beschlossen wurde, schuf man eine Lösung, die alle Seiten einbezog, die Eigentümerfrage offen ließ und am Standort der Archivalien in Bonn nicht rüttelte. Dort entstand ein eigenes Willy-Brandt-Archiv, dessen Gut auf hohem professionellem Niveau gepflegt, um Zuflüsse anderen Ursprungs ergänzt und für die Forschung erschlossen wird. Ich denke, das ist eine Regelung, die Willy Brands Zustimmung gefunden hätte.

Familie und Freunde

Anders als viele Führer von Parteien der Arbeiterbewegung war Willy Brandt ein echtes Proletarierkind. Das verband ihn mit dem »Arbeiterkaiser« August Bebel, der wenige Monate vor seiner Geburt gestorben war. Am 18. Dezember 1913 kam mein Vater im Lübecker Arbeiterbezirk St. Lorenz zur Welt, ursprünglich als Herbert Ernst Karl Frahm. Die nicht verheiratete neunzehnjährige Mutter Martha Frahm soll eine hübsche Frau mit Anspruch auf ein eigenes Leben gewesen sein. Sie arbeitete als Verkäuferin täglich im Konsum und musste den Knaben zuerst zu Bekannten geben, dann, als er fünf war, ihrem Vater Ludwig zur Aufzucht überlassen. Wie Willy später erfuhr, war Ludwig nicht ihr leiblicher Vater. Die Frahms kamen aus der mecklenburgischen Landarbeiterschaft, einer unteren Schicht der Arbeiterklasse in einem der rückständigsten Territorien Deutschland. Den Großvater Ludwig, der als Kraftfahrer sein Geld verdiente, nannte der Knabe Herbert »Papa«, dessen zweite Frau, die er nicht mochte, »Tante«. Seine echte Großmutter war damals bereits gestorben. Als Martha Frahm 1927 den Maurerpolier Emil Kuhlmann heiratete und im Folgejahr der Halbbruder Günter zur Welt kam, war Herbert schon knapp vierzehn Jahre alt.

Durch die Mutter wie durch den Großvater, der sich 1935 in persönlicher und politischer Verzweiflung das Leben nahm, wuchs Herbert Frahm in die sozialdemokratische Arbeiterbewegung hinein: Kinderturngruppe des Arbeitersports, Arbeiter-

Mandolinenklub, Theatergruppe. Dass sich für ihn dort eine neue, größere Familie auftat, liegt nahe – bei aller Unsicherheit und aller Unvollständigkeit der häuslich-familiären Verhältnisse. Hier musste jemand schon sehr früh allein für sich sorgen. Auch beim Lernen für die höhere Schule war er auf sich gestellt. Als Arbeiterkind besuchte er das Johanneum, ein Reform-Realgymnasium, wo ihm das Schulgeld erlassen wurde. Er war dort sozial ein Außenseiter, fügte sich aber problemlos in das fremde Milieu ein. In einer Dachkammer der bescheidenen großelterlichen Wohnung hatte er sich einen Rückzugsraum geschaffen, wo er mit seinen Büchern und seinen Gedanken eine selbstständige geistige Existenz begründete.

Wer sein biologischer Vater war, stand für Willy, der sich aus Trotz bislang nicht dafür interessiert hatte, fest, seitdem er einen Brief seiner Mutter vom 7. Februar 1947 erhalten hatte. Damals, nach der Hitlerzeit, wollte er sich in Deutschland wiedereinbürgern lassen. In der Annahme, dabei nach seinem Erzeuger gefragt zu werden, hatte er seine Mutter um dessen Namen gebeten. Es sei der Buchhalter John Heinrich Möller aus Hamburg gewesen. Ein zweiter Brief, den ein »leibhaftiger Vetter« namens Gerd-André Rank am 7. Juni 1961 schrieb, bestätigte diese Angaben. John Möller, der von 1887 bis 1958 lebte, soll ein ruhiger, besonnener Mensch, überzeugter Sozialdemokrat und Büchernarr gewesen sein.

Eigentlich war damit nach menschlichem Ermessen Klarheit geschaffen. Doch Willy Brandt behielt sein Wissen für sich. Es hatte sogar den Anschein, als würde er Gefallen finden an dem Rätselraten über seine Herkunft väterlicherseits. Noch Mitte der achtziger Jahre präsentierte der »Spiegel« eine Reihe von Kandidaten. Julius Leber, der prominente Lübecker Sozialdemokrat, war einer von denen, auf die man schon länger tippte. Auch ein mecklenburgischer Graf sowie der Kapellmeister Hermann Abendroth wurden nominiert. Mir selbst ging noch vor nicht allzu langer Zeit der keineswegs alberne Brief einer freundlichen Dame zu, die aufgrund frappierender physiognomischer Ähnlichkeiten und weiterer Indizien nahezu sicher war, dass einer ihrer Vorfahren, ein kaiserlicher Diplomat mit dem Spitznamen »Graf Willy«, der Erzeuger meines Vaters gewesen sein müsse.

Als Willy Brandt im April 1933 im Auftrag seiner kleinen Sozialistischen Arbeiterpartei (SAP) fluchtartig nach Oslo übersiedelte, folgte ihm kurz darauf Gertrud Meyer, die ebenfalls in Lübeck geboren und eine Parteiaktivistin war wie er. Beide lebten dort wie Mann und Frau zusammen, bis Gertrud, die Willys Begabung erkannte und förderte, als Assistentin des Psychoanalytikers Wilhelm Reich in die USA emigrierte. Erst später erfuhr sie, dass Willy danach mit Carlota Thorkildsen liiert war, mit der er am 30. Oktober 1940 das Töchterchen Ninja bekam. Im Frühjahr 1941 war die Familie im schwedischen Exil, wo Willy und Carlota heirateten. Carlota, neun Jahre älter als ihr Mann, war eine gebildete Frau aus bürgerlicher Familie, mit eigenem großem Freundes- und Bekanntenkreis. Sie arbeitete bis 1940 als Assistentin am Institut für vergleichende Kulturforschung, während Willy sich mit Zeitungs- und Buchhonoraren eine auskömmliche Existenz erschrieben hatte.

Im Kreis der norwegischen Exilanten Stockholms lernte er Rut Bergaust kennen und lieben, ein Arbeitermädchen aus dem ostnorwegischen Hamar. Rut hatte bald nach ihrer Flucht über die schwedische Grenze ihren Jugendfreund Ole geheiratet, der unheilbar an Tuberkulose erkrankte und 1946 starb. Trotz schwerer Gewissensbisse konnte sie sich von der neuen Verbindung mit Willy nicht frei machen, und auch dieser war ja verheiratet und hing sehr an seiner kleinen Tochter.

Den unermüdlichen Briefeschreiber Willy lernte Rut zwischen Frühjahr 1945 und Frühjahr 1947 kennen, als die beiden räumlich mehr getrennt als zusammen waren. Über Oslo und Nürnberg, wo er als Pressekorrespondent über den Prozess gegen die deutschen Hauptkriegsverbrecher berichtete, führte ihn sein Weg nach Berlin. Dort arbeitete er während des Jahres 1947 als Presseattaché der norwegischen Militärmission im formalen Rang eines Majors. In dieser Zeit erreichten ihn die verschiedensten Angebote, so sollte er unter anderem in Lübeck die Führung der Sozialdemokratie oder das Bürgermeisteramt übernehmen. Er sinnierte darüber nach, wie er sich am besten nützlich machen konnte, und da schien die diplomatische Position im viersektoralen Berlin am besten geeignet, den Wiedereinstieg in die deutsche Politik vorzubereiten, auch wenn er diesen Weg zunächst nicht eindeutig und zielstrebig verfolgte. Klar war nur, dass ein dauerhafter Einsatz in oder für Norwegen nicht in Betracht kam. Seiner Tochter Ninja erklärte er am 4. Dezember 1947 in einem Brief, dass Deutschland dasjenige seiner »beiden Vaterländer« sei, dem es schlecht ging und das seiner Unterstützung am meisten bedurfte.

Die Zerstörungen, die materielle Not und der Hunger bestimmten 1947 das soziale Leben in Berlin. Es war unmenschlich kalt in diesem Winter 1946/47 und Brennholz knapp. Willy schrieb an Rut: »Ich pflege nicht zu beten ... Sonst würde ich mich auf die Knie werfen und sagen: Lieber Gott, gib den hungernden Menschen in den zerstörten Häusern wenigstens etwas Wärme.« Das Elend war schwer erträglich. Seine Position, die in vieler Hinsicht privilegiert war, bereitete ihm Unwohlsein. Als Rut Ostern 1947 nach Berlin folgte, kamen sie als Angehörige der Alliierten Streitkräfte in einer beschlagnahmten Villa unter, wo sie zusammen mit anderen Angehörigen der Militärmission wohnten. Die Zeit war reich an Widersprüchen und grotesken Regeln. So verlangte die Hausordnung der Villa, dass Chauffeur und Putzfrau, die in der Villa beschäftigt und verheiratet waren, sich vom Garten fernzuhalten hätten, nachdem die »Herrschaften« nach Hause gekommen seien. Das unwürdige und unnatürliche Kolonialleben, so Rut, gehörte beendet.

Die Hausordnung wurde schnell entfernt, und im Januar 1948 wurde Willy Brandt Vertreter des SPD-Vorstands in Berlin und fungierte als Verbindungsmann zu Partei, Magistrat und den vier Siegermächten. Am 1. Juli 1948 erhielt er die deutsche Staatsbürgerschaft zurück, welche die Nationalsozialisten ihm 1938 genommen hatten. Am 4. September heirateten Willy und Rut Brandt, und genau einen Monat später kam der erste Sohn zur Welt, dessen Geburtsurkunde den kuriosen Eintrag enthält: »Peter Willy Frahm, genannt Brandt«.

Dass ich als »Frahm« geboren bin, wurde mir erst 1983 bei der Vorbereitung meiner ersten Hochzeit klar. Natürlich war der Name nie ein Problem für mich. Noch vor der Flucht aus Deutschland hatte mein Vater den Allerweltsnamen Herbert Frahm gegen den *nom de guerre* Willy Brandt getauscht und ihn dann bei der Rückkehr nach Deutschland beigehalten. Er verwendete in den ersten Exiljahren unterschiedliche Pseudonyme, aber »Willy Brandt« verfestigte sich so sehr, dass die Lebenspartnerin und spätere Ehefrau Carlota überrascht war zu erfahren, dass sie demnächst Frahm heißen würde. Die Begründung für den Namenswechsel fand ich stets plausibel: Die publizistische und politische Aktivität des Erwachsenen erfolgte fast ausschließlich unter dem Namen Brandt. Zum Geburtsnamen zurückzukehren, hätte etwas Künstliches gehabt. Mit diesem verband ihn »fast nichts als eine schwierige Kindheit«. Mit der gegenteiligen Entscheidung hätte er sich sogar dem Vorwurf aussetzen können, etwas aus den zurückliegenden Jahren verbergen zu wollen. 1949 wurde der Namenswechsel der Familie schließlich legalisiert. Da war Brandt schon Berliner Abgeordneter des Bundestags der neu gegründeten trizonalen Bonner Republik.

Die Kleinfamilie Brandt entstand gewissermaßen durch meine

Geburt, mitten in der Blockade West-Berlins. Der Vater konnte, wie das früher so war, mit dem Winzling noch nicht viel anfangen. Bei dessen erstem Anblick soll er gesagt haben: »Na ja, er wird ja wohl mal etwas größer werden.« Mutter erzählte aber auch, dass er nach der Kunde von der geglückten Geburt eines Knaben sehr gerührt gewesen sei und die halbe Nacht gesungen und Mandoline gespielt hätte. Lars kam im Juni 1951 dazu und brachte uns quantitativ in den unteren Normbereich. Bei mir lösten die Ankündigung und das Erscheinen von Lars erheblichen Unwillen aus – ich soll einige Jahre danach ziemlich unausstehlich gewesen sein, ganz im Gegensatz zu den ersten zwei oder zweieinhalb Jahren. Aber ich hatte meinen jüngeren Bruder längst fest ins Herz geschlossen, als noch Matthias zur Welt kam – über zehn Jahre nach Lars und dreizehn Jahre nach mir. Der Abstand zu den älteren Geschwistern war so groß, dass Neid- oder Konkurrenzgefühle nicht mehr entstanden. Ich fühlte mich eher wie ein junger Onkel denn ein Bruder.

Für die Mutter war Matthias ein großes Geschenk. Sie konnte manche Frustration in ihrer Ehe durch die Hinwendung zu dem neuen Erdenbürger kompensieren. Der Vater musste zur Zeit der nicht risikolosen Geburt von Matthias eine USA-Reise absolvieren. Es waren die Monate kurz nach dem Mauerbau. Willy schien in jüngere Jahre zurückversetzt zu sein. Er erlebte einen emotionalen Ausgleich zu seinem fordernden Amt und wurde 1961/62 angesichts der weltpolitischen Turbulenzen mit der Doppelkrise um Berlin und Kuba zu Hause ständig an das Wesentliche im persönlichen Leben wie in der Politik erinnert.

Ninja, meine große Schwester, genauer gesagt: Halbschwester, die Vaters und meinen Geburtsnamen trägt, verbrachte regelmäßig einen Großteil ihrer Sommerferien bei uns in Berlin und verreiste bis in die siebziger Jahre regelmäßig mit Halbbrüdern, Stiefmutter und Vater. Als Ninja noch klein war, schrieb Willy ihr liebevolle Briefe, in denen er kindgerecht seine Tätigkeit erklärte und warum es wichtig sei, dass er in Deutschland arbeite. Auf jeden Fall gehörte Ninja ohne Wenn und Aber zu uns, und daran hatte meine Mutter großen Anteil.

Ansonsten war die väterliche Sippe überschaubar. Sie bestand aus einer Großtante zweiten Grades, einer Cousine der Großmutter, die als Krankenschwester in der Schweiz lebte und uns gelegentlich besuchen kam, Vaters Hamburger Cousine Erika, aus den Großeltern, Willys Halbbruder Günter und dem Pflegekind Waltraud. Auch Waltraud und Günter lebten, bereits erwachsen, in Lübeck zunächst in dem kleinen, sehr einfachen Haus der Großeltern (Außentoilette im Stall). Doch es gab auch einen großen Obst und Gemüsegarten, mit Hühnern und zeitweise auch ein oder zwei Schweinen – in der frühen Nachkriegszeit ein Schatz. Er gab fast alles her, was zur Ernährung benötigt wurde.

Günter arbeitete bis zu seiner Pensionierung als Vollzugsbeamter in einer Strafanstalt. Die beiden hatten kein enges, aber ein gutes Verhältnis. Onkel Günter erzählte, sie hätten manchmal viel Spaß zusammen gehabt. Willy, der eigentlich nicht mehr rauchen sollte, hat sich mit ihm in seine Wohnung zurückgezogen, und dann wurde stundenlang lustvoll gequalmt, denn Günter frönte demselben Laster. Es war eine Art Rauchverschwörung.

Oma und Opa standen bei Lars und mir in höchstem Ansehen: Sie, Martha, war eine liebe und herzliche, doch unsentimentale Frau, bei der ich 1955 gern meine ersten Schulsommerferien verbrachte. Er, Emil, war ein gütiger und bärenstarker Mann, mit spezifischem Humor. Bis zu seinem 76. Lebensjahr arbeitete er als Maurerpolier auf dem Bau. Selbst danach half er Bekannten und Nachbarn, mauerte ihnen Garagen und mehr. Martha und Emil Kuhlmann waren schon vor 1933 Sozialdemokraten und wurden nach Hitler wie selbstverständlich wieder in der SPD und der Gewerkschaftsbewegung aktiv. Dass Opa nicht der leibliche Großvater war, wusste ich irgendwann irgendwie, aber es interessierte mich nicht.

Einmal im Jahr wurde gefeiert: Opa hatte Geburtstag, und wir reisten an. Das Haus quoll über von Gästen aus der Nachbarschaft und der Arbeiterbewegung, ergänzt um die kleine Verwandtschaft. Lebhaft erinnere ich mich an Opas Achtzigsten. Bei diesen Festen wurde hauptsächlich gesungen: Volks- und jugendbewegte Lieder, Arbeiter- und Spottlieder, und der Ehemann von Vaters Cousine Erika, der Arzt Walter Moritz, der als Student wohl einer schlagenden Verbindung angehört hatte, erweiterte dieses breite Repertoire noch um das Liedgut des »Deutschen Kommersbuchs«. Natürlich gab es reichlich feste und flüssige Nahrung. Bier und Schnaps flossen in Strömen. Vielleicht hat sich mein Vater, wie Mutter in ihrem Erinnerungsbuch berichtet, tatsächlich bei manchen Unterhaltungen mit Oma und Opa gelangweilt, weil ihm die Mitteilungen nichts sagten oder allzu kleinkariert vorkamen. Bei Opas Geburtstagen fühlte er sich jedoch unverkennbar wohl und genoss das fröhliche, unverkrampfte Gemeinschaftserlebnis. Beide Großeltern starben kurz hintereinander im Jahr 1969.

Willy Brandt hielt seine Mutter stets in Ehren und ließ nichts auf sie kommen. Er fand, dass er ihr – trotz der ungünstigen Umstände seiner Kindheit – manches verdankte, so zum Beispiel seine Beharrlichkeit. Auch scheint sie ihm von Anfang an viel zugetraut und ihn so zumindest indirekt bestärkt zu haben. Lübeck blieb er emotional verbunden. Und der vorletzte Auftritt in jedem Wahlkampf fand während der sechziger und frühen siebziger Jahre stets in Lübeck statt – der letzte, rein symbolisch, in Berlin. Willy hielt nicht nur regen Briefkontakt zur Mutter, sondern schickte in den äußerst kargen Nachkriegsjahren regelmäßig Päckchen. An deren Stelle trat dann später eine finanzielle Unterstützung. Als die Großeltern gestorben waren, verzichtete er zugunsten von Günter komplett auf sein Erbteil. (Merkwürdigerweise konnte er das für seine ebenfalls bedachten Söhne gleich mittun, die sicher nichts dagegen gehabt hätten, aber der Einfachheit halber gar nicht erst gefragt wurden.)

Man kann Willy, der für seine Mutter immer »Herbert« blieb, im Verhältnis zu ihr nichts vorwerfen. Dennoch: Auffällig, und für mich schon als Kind erkennbar, war die emotionale Befangenheit zwischen Mutter und Sohn. Der briefliche und mündliche Austausch war ziemlich nüchtern. Martha zeigte Mutterliebe und Mutterstolz auf ihre Art, wenn sie bei Besuchen in Lübeck dem erfolgreichen Spross das größte und beste Stück des Festtagsbratens auftat.

Viel zahlreicher als die väterliche Lübecker Verwandtschaft war die mütterliche norwegische. Willy wurde widerspruchslos eingemeindet. Ruts Vater starb, als sie noch ein kleines Kind war, und auch von der 1955 relativ jung verstorbenen Großmutter habe ich kaum noch ein Bild vor Augen. Drei Schwestern meiner Mutter, daneben etliche Vettern und Cousinen, bildeten mit den jeweiligen Ehepartnern und Kindern eine beachtliche Schar. Bei Urlauben in Norwegen ergaben sich daraus Verpflichtungen, die Vater mit zunehmendem Alter etwas lästig wurden: nicht, dass er die Schwägerinnen und Schwippschwäger nicht gemocht hätte. Aber es war doch ziemlich viel Verwandtschaft. Als Erwachsener konnte ich das nachvollziehen. Gesprächsstoff ergab sich am ehesten mit Arthur Martinsen, dem Mann von Ruts Lieblingsschwester Tulla, die eigentlich Martha hieß. Arthur war außenpolitischer Redakteur der sozialdemokratischen Regionalzeitung *Hamar Arbeiderbladet* und ein autodidaktisch gebildeter, hilfsbereiter Mann, der allerdings bisweilen ein wenig penetrant sein konnte. Willy und Arthur kannten sich schon aus dem Stockholmer Exil.

Die häusliche Verkehrssprache war die ersten Jahre Norwegisch: Die Eheleute hatten sich in dieser Sprache kennengelernt, und außerdem hatte es Vater, der ungewöhnlich sprachbegabt war, während der dreißiger Jahre zu einer absoluten Perfektion im Norwegischen gebracht, während Mutter sich lange mit dem komplizierteren Deutschen schwertat, insbesondere mit der Grammatik. Während die Eltern untereinander überwiegend bei Norwegisch blieben, setzte sich bei meinem Schulbeginn 1955 Deutsch als Familiensprache durch. Denn aus welchen tiefenpsychologischen Gründen auch immer – von da ab weigerte ich mich, zu Hause Norwegisch zu sprechen, obwohl ich die Sprache meiner Mutter fließend beherrschte, in Norwegen auch künftig gern benutzte und vorher keine Schwierigkeit gehabt hatte, zwischen den beiden germanischen Sprachen hin- und herzuwechseln.

Mir ist verschiedentlich kolportiert worden, Vater hätte sich so gut wie gar nicht um seine Kinder gekümmert. Für die schulischen Angelegenheiten stimmt das weitgehend. Ich bin nicht sicher, ob er jemals einen Elternabend besucht hat. Allerdings kam er, wenn es sich einrichten ließ, zu musikalischen oder schauspielerischen Aufführungen, an denen die Söhne beteiligt waren. Vermutlich hat Mutter ihn gedrängt. Diese Enthaltsamkeit erklärt sich so: Erstens hatte er tatsächlich wenig Zeit, und jedermann verstand das. Zweitens hatte er wohl auch wenig Lust. Drittens hielt ihn zu Recht die Sorge ab, jede seiner Äußerungen und Interventionen könnte falsch verstanden werden. Nur einmal griff er ein, als ein als tyrannisch gefürchteter Lehrer mir wegen eines spontan zum Banknachbarn geflüsterten Kurzkommentars eine Strafarbeit aufbrummte, die mich nach den bis zum frühen Abend dauernden regulären Hausaufgaben noch weitere Stunden beschäftigt hätte. (Die Strafen steigerten sich im Verlauf der Unterrichtsstunde, ungeachtet der Schwere des Vergehens.) Da beschloss Vater, mich von der Strafarbeit zu suspendieren und dem Lehrer einen höflichen und nicht unfreundlichen, aber deutlich kritischen Brief zu schreiben. Während er den von mir übergebenen Brief las, verspannten sich die Gesichtszüge des Pädagogen, und er erklärte, jetzt keine Strafarbeiten, sondern nur noch Rügen, Tadel und schlechte Noten zu vergeben. Von alledem teilte er ohnehin reichlich aus. Nach einigen Wochen war der »gute Vorsatz« aber wieder vergessen.

Wenn ich an unser Familienleben zurückdenke, kann ich das Verdikt der Vernachlässigung durch den Vater nicht bestätigen. Dabei fällt sicher ins Gewicht, dass er in den fünfziger und frühen sechziger Jahren noch recht jung war und die berufliche Tätigkeit ein halbwegs normales Leben ermöglichte. Für Matthias war das in der Bonner Zeit wohl anders. Er erlebte den Vater als »emotional behindert«. Gewiss war Vater vergleichsweise wenig zu Hause. Außer Sonntagmittag fanden die Mahlzeiten ohne ihn statt. Und selbst sonntags mussten wir manchmal stundenlang auf ihn warten. Manchmal wurde das Essen mehrmals aufgewärmt, bis er endlich doch eintraf. Für den Fall, dass er zu einer zivilen Zeit heimkam, hatte er stets Arbeit dabei. Ich war als Kind und Jugendlicher davon fasziniert, dass er, so schien es jedenfalls, gleichzeitig Abendbrot essen, fernsehen, einen Text entwerfen und sich unterhalten konnte.

Er war sicherlich nicht das, was man einen Familienmenschen nennt. Und die Anwesenheitszeiten zu Hause waren in seinem Fall besonders knapp bemessen. Trotzdem hatte ich nicht das Gefühl, etwas zu vermissen. Vermisst habe ich hauptsächlich die ausschweifenden Erzählungen der anderen Väter vom Krieg, wo sie sich je nach Temperament und Einstellung heldenhaft oder listig durchgeschlagen, dabei nicht selten – wie in Franz Josef Degenhardts Lied – abwechselnd den Iwan das Fürchten gelehrt und den Nazigenerälen in den Arsch getreten hatten. Man erfuhr auch so grundlegende Weisheiten wie die, dass der Amerikaner alles mit Material macht – nicht ganz verkehrt –, der Franzose militärisch nur bedingt und der Italiener gar nicht ernst zu nehmen sei, anders als der Engländer, dem man trotz der Flächenbombardements (die die Frontkämpfer ja nicht direkt mitbekommen hatten), Achtung zollte, auch wegen seines ritterlichen Verhaltens gegenüber den deutschen Soldaten zu Wasser und zu Lande.

Alle damit verbundenen Erzählerlebnisse, die die Phantasie der Knaben anregten, blieben mir natürlich versagt. Nun hätte mein Vater das mehr als kompensieren können durch Schilderungen aus dem Untergrund im »Dritten Reich« und im besetzten Norwegen, von den abenteuerlichen Fluchten 1933 und 1940, auch aus dem Spanischen Bürgerkrieg. Doch es entsprach nicht seiner Persönlichkeit anzugeben, den Kindern gegenüber die eigene Rolle herauszustellen, geschweige denn das eigene Verhalten zu überhöhen. Ich musste ihm fast alles aus der Nase ziehen. Was ich dabei erfuhr, ließ mich im Freundeskreis mithalten, wenn es darum ging, durch Berichte über die Taten der jeweiligen Väter das Prestige in der Gruppe zu festigen.

Ich erhielt im Lauf der Zeit von seinen Reisen viele Ansichtskarten, manchen Brief – knapp, freundlich, informativ und selten persönlich. Besonders in meinen Kindertagen nahm Vater gern Bezug auf die ihm bekannten Faibles beim Sohn. So sollte meine Mutter mir von einer Amerikareise ausrichten – der Brief trägt das Datum 4. März 1954 –, dass Vater »noch keinen Kontakt zu irgendwelchen Büffeln hatte. Neger habe ich hingegen zu Tausenden gesehen und einige wenige Indianer.« Die Political Correctness im Ausdruck war, wie man sieht, noch nicht entdeckt ...

Als Kind muss ich den Vater, so wird berichtet, bei allen sich bietenden Gelegenheiten mit Fragen aller Wissensbereiche gelöchert haben. Zugleich wollte ich ihm stets mitteilen, was mich bewegte. Auf Spaziergängen um den Schlachtensee, ein solcher dauerte etwas über eine Stunde, erzählte ich ihm gern die Handlung der soeben zu Ende gelesenen Romane, etwa Jules Vernes »Kurier des Zaren« oder Felix Dahns »Kampf um Rom«. Mit großer Geduld und, wie mir schien, sogar mit Freude hörte er sich diese Schilderungen an.

Zweifellos profitierte ich davon, dass unsere Wohnung, hauptsächlich das väterliche Arbeitszimmer, immer voller Bücher war: Nachschlagewerke, Belletristik, darunter preiswerte Klassikerausgaben verschiedener Ursprungsgebiete und Sprachen, Sachbücher, nicht nur politische und historische, sozialistische Broschüren und Hefte aus vergangenen Jahrzehnten, doch auch Schriftgut ganz anderer ideologischer Ausrichtung, nicht zuletzt aus der NS-Zeit. Ich kann mich nicht erinnern, dass mein Vater mich jemals gebremst oder angeleitet hätte, wenn ich in seinen Schätzen stöberte und schmökerte. Nur Zurückstellen sollte man das Entnommene. Die Vorstellung, dass man durch »falsche« Lektüre infiziert werden könnte wie von einem Bazillus, war ihm fremd. Zumindest bei den Söhnen vertraute er auf die letztendliche Kraft der Vernunft.

Wenn Vater da war und sich Zeit für die Familie, die Söhne oder einen von ihnen nahm, dann war er auch präsent. Ich erinnere mich an Brett- oder Kartenspiele, an Fahrten mit dem Ruderboot auf dem Schlachtensee, an Museums- und Theater-, seltener an Kinobesuche. Auch an Ausflüge in dörfliche Ortsteile und zu den um Berlin reichlich vorhandenen Wäldern und Seen. Gelegentlich ging es in den Ostsektor. Die sowjetisch besetzten Stadtbezirke konnten bis August 1961 problemlos besucht werden. So fuhren wir 1960 zum berühmten Pergamonaltar. Diese privaten Besuche in Ost-Berlin hatten wohl auch etwas Demonstratives. Der Westberliner Senat beanspruchte (wie ursprünglich der Ostberliner Magistrat), die legale und legitime Regierung ganz Berlins zu sein. Und der Viermächtestatus beinhaltete bis zum Mauerbau nach allgemeiner Auffassung eben auch die Freizügigkeit in der ganzen Stadt.

1959 wurde ein Fernsehapparat angeschafft. Zur Premiere durften auch die Söhne nach der Tagesschau, die schon damals um 20 Uhr gesendet wurde, einen Film anschauen (was sonst nicht geduldet wurde). Der TV-Konsum blieb nach heutigen Maßstäben bescheiden. Es gab zu dieser Zeit auch nur »West-« und »Ostsender«. Vater fand ohnehin höchstens am späteren Abend Zeit, den Kasten einzuschalten. Er benutzte ihn mehr und mehr als Mittel der Entspannung, sofern man bei einem Thriller wie »Lohn der Angst« mit Yves Montand von Entspannung sprechen kann. Während der Ausstrahlung dieses Films im ARD-Programm soll er ein Weinglas zerdrückt und sich dabei verletzt haben.

Das andere Wohlstandssymbol, das Auto, gab es da schon. 1957 hatte meine Mutter den Führerschein gemacht und erwarb die erste Familienkutsche, einen VW-Käfer. Vaters Rolle war die des Beifahrers, Kartenlesers und Wegweisers. Nach wenig überzeugenden Versuchen in den späten vierziger Jahren (so die Meinung der Mutter) hatte er davon Abstand genommen, das Autofahren zu erlernen. Das war in seiner Generation und auf seinem Einkommensniveau schon damals eher die Ausnahme, hatte aber noch nichts Exotisches an sich. Erleichtert wurde diese Abstinenz dadurch, dass er, wie damals nicht ungewöhnlich, schon als Vertreter des SPD-Vorstands in Berlin, dann als Präsident des Abgeordnetenhauses und Regierender Bürgermeister einen Dienstwagen gestellt bekam – mit Chauffeur. In der Bürgermeisterzeit war das Georg Maria Holly, der schon Ernst Reuter gefahren hatte. Für die Söhne Brandt war er nur der heißgeliebte »Onkel Holly«, der in den langen Wartezeiten und sogar außerhalb des Dienstes sich tatsächlich wie ein Onkel um uns kümmerte (er hatte selbst wohl keine Kinder). Einmal bastelte er mit uns und unseren Freunden sogar stabile Holzschwerter, Schilde aus Sperrholz, die wir bemalten, und Helme aus dicker Pappe, sodass wir Ritterspiele mit einer zünftigen Ausrüstung abhalten konnten.

Ich weiß nicht, wie zu dieser Zeit die Regeln für den Gebrauch von Dienstwagen beschaffen waren. Jedenfalls wurde die Grenze zwischen dienstlichen und privaten Aktivitäten wohl weniger streng gezogen als heute. Damit will ich nicht nur ansprechen, dass die Grenze in manchen Berufen, wie dem des Politikers, tatsächlich fließender ist als sonst. Bei der Hin- und Rückfahrt zu Urlauben trat Georg Holly oft dann in Aktion, wenn diese mit offiziellen oder offiziösen Besuchen des Berliner Stadtoberhaupts bei Amtskollegen kombiniert waren, zumindest innerhalb Deutschlands, und das kam gar nicht selten vor. Solche Termine waren nicht an den Haaren herbeigezogen. Sie ergaben sich aus der Notwendigkeit, vor allem während der späten fünfziger und frühen sechziger Jahre, also der Zeit der zweiten Berlinkrise, überall und stets für die Solidarität mit der Westberliner Halbstadt zu werben. Sicherheitsbeamte gab es damals noch nicht. Übrigens war eine Autofahrt aus Berlin nach »Westdeutschland« seinerzeit auch für den Regierenden Bürgermeister eine langwierige Angelegenheit: Vor dem Berlin-Abkommen und den deutsch-deutschen Transit- und Verkehrsverträgen von 1971/72 gab es keinen Anspruch auf zügige Abfertigung und Durchfahrt. Jedes Auto wurde mehr oder weniger gründlich inspiziert, und zu Beginn der großen Schulferien staute sich der Verkehr bei der Einreise in »die Zone« viele Stunden auf, auch für den »Regierenden«.

Im Urlaub wirkte Vater gelöst und wie befreit und konnte die Sorgen der Berliner Amtsgeschäfte zwischendurch ganz vergessen, auch wenn er immer irgendwelche Papiere dabei hatte und brieflich oder telefonisch Kontakt mit dem Rathaus Schöneberg halten musste (was in der norwegischen Einsamkeit nicht ganz einfach war). In Erinnerung sind mir Besichtigungen der üblichen touristischen Attraktionen, etwa der Zugspitze oder der altfränkischen Kleinodien Rothenburg ob der Tauber und Dinkelsbühl, lange Spaziergänge bei jedem Wetter und abendliches Vorlesen altertümlicher Sagen. Beim Norwegenurlaub 1958 in einer einfachen Hütte las Vater allabendlich vor dem Kamin in der nur leicht modernisierten Originalsprache aus »Snorre« vor, den im Mittelalter aufgeschriebenen klassischen Königs- und Heldensagen der Wikingerzeit. So etwas vergisst man nicht, zumal ich damals mehr in der Welt der Sagen und Rittergeschichten lebte als in der Gegenwart.

Mag sein, dass mein Vater seit den siebziger Jahren keine Lust mehr hatte zu angeln. In der Zeit, die ich in seiner Nähe lebte, war er ein passionierter Angler, sachkundig assistiert von Lars, der die Freizeitbeschäftigung, obwohl ein Kind, ebenfalls mit Ernst und Ausdauer betrieb. Mir war das Angeln meistens zu langweilig. Vater suchte in dieser Beschäftigung vermutlich frische Luft und meditative Einsamkeit. Dieses Bedürfnis muss stark gewesen sein. Bei sommerlichen Familienurlauben, sei es in Fischbachau in Oberbayern 1959, wo er stundenlang in fließenden Gewässern nach Forellen fischte, oder in Gjendesheim im norwegischen Hochgebirge 1962 war er überwiegend mit dem Angeln beschäftigt. In Gjendesheim war der ohnehin nicht besonders warme Sommer im Jahr 1962 so spät gekommen, dass der an sich fischreiche Gebirgssee schlechterdings nichts hergab. Das hinderte meinen Vater aber nicht daran, jeden Vormittag erneut hinaus zu rudern und sein Glück zu versuchen, oftmals in Begleitung von Lars. Dass die Laune dabei nicht besser wurde, ist verständlich.

Die Unterkunft während dieses norwegischen Gebirgsurlaubs war eine Holzhütte, die der Osloer Regierung gehörte, mit offenem Kamin als Heizung (eine Heizung war auch im Sommer dringend erforderlich) und Außenklo. Ich erhielt den Titel »Dr. W. C.«, weil ich mich, um anderer Hausarbeit zu entgehen, bereit erklärte, jeweils den Eimer mit den Fäkalien zu entsorgen. Da diese Art Hütten niedrig gebaut sind, stieß sich mein Vater beim Gang von einem Raum in den anderen fast regelmäßig den Kopf. Dabei fluchte er wahlweise auf Deutsch »Scheiße!« oder »Mist!« oder auf Norwegisch »Fan!«, was soviel wie »Teufel« bedeutet und ein ziemlich drastischer Fluch ist.

1963 war ich nur noch zur Hälfte dabei. Die ersten drei Wochen der Ferien fuhr ich mit den »Falken« in das jährliche große Sommerlager, diesmal im Allgäu, in der Nähe von Füssen, wo ich ein Zelt mit gleichaltrigen Insassen zu leiten hatte. Das war keine leichte Aufgabe für einen Vierzehnjährigen. Anschließend stieß ich zu den Eltern und Geschwistern, die in Alpbach in Tirol Urlaub machten. Dort pflegte sich auch der Schriftsteller Arthur Koestler mit seiner südafrikanischen Frau zu erholen. Koestler, der sich bei Vater später schriftlich für die »eigenhändig« gefangenen Fische bedankte, kam mir reichlich überspannt vor. Als bekehrter Ex-kommunist entgegnete er heftig auf meine sicher etwas grob-schlächtige Kritik am »freien Westen«. Mit blitzenden Augen hielt er mir vor, es seien »junge Burschen« wie ich gewesen, die beim Ungarn-Aufstand im Herbst 1956 auf die sowjetischen Panzer auf-gesprungen wären, und verkündete melodramatisch, wenn man das Imperium der Moskowiter nicht abschrecken könne, dann sei es besser, die ganze Erde und mit ihr die Menschheit flöge in die Luft. Koestler war kinderlos ...

1964 erwarb meine Mutter in der norwegischen Mittelgebirgs-landschaft Vangsåsen, nahe ihrer Heimatstadt Hamar, zwei Hütten mit Grundstück, wovon eine in mehreren Schritten zu einem veritablen Wohnhaus ausgebaut wurde. Ab 1965 standen sie den Familienangehörigen und engeren Freunden für Winter- oder Sommerurlaube zur Verfügung. Für Mutter waren sie ein Refugium, wohin sie sich mit Matthias Jahr für Jahr in fast allen Schulferien zurückzog. Auch die älteren Söhne nutzten das Domizil ausgiebig. Im Sommer pflegte Vater wenigstens eine gewisse Zeitlang dort zu sein. Obwohl er eine starke Verbindung mit Norwegen hatte, meinte ich zu spüren, dass er sich nicht uneingeschränkt wohlfühlte. Wenn sich unsere Aufenthalte überschnitten, stellte ich dieselbe Rückzugstendenz fest, wie ich sie auch sonst zunehmend wahrnahm. Zwischendurch war er dann wieder ganz der Alte, den ich aus der Kindheit kannte. Norwegen und erst recht das Ferienhaus waren untrennbar mit Rut verbunden, und so verwundert es nicht, dass er mit Brigitte in Südfrankreich 1983 etwas Neues kaufte, wo es warm war (was er im Alter mehr schätzte als früher) und woran sie gleichermaßen hingen.

Das Spiel mit starkem Körpereinsatz – wie das Spielen überhaupt – war nicht so sehr Vaters Sache. Doch er ließ sich leicht anstecken, wenn andere Erwachsene dabei waren. 1960 unternahmen wir mit der eng befreundeten Nachbarsfamilie eine Urlaubsreise in den Lungau, den südöstlichen Teil des Landes Salzburg. Ich erinnere mich an manches Versteck- und Geländespiel mit Vätern und Söhnen und sehe heute noch das vergnügte Gesicht meines Vaters vor mir, als er es einmal schaffte, die sehr viel wendigeren und schnelleren Jungen zu überlisten.

Die Familie Bohmbach, mit der zusammen wir den Urlaub verbrachten, wohnte in der anderen Hälfte des Reihenhauses in der Marinesiedlung (Berlin-Schlachtensee), das die Brandts von 1955 bis 1964 bewohnten. Davor war eine etwas kleinere Wohnung an anderer Stelle der Siedlung unser Domizil gewesen. Danach – bis 1966/67 – wohnten wir in einer Dienstvilla in Grunewald, wo der Senat neben einem großen Gästehaus ein auf der anderen Seite desselben Grundstücks gelegenes Haus erworben hatte, das der als »Zuckerkönig« bekannte frühere Eigentümer einst für seinen Chauffeur und Hausmeister hatte errichten lassen. Dieses stand künftig dem Regierenden Bürgermeister zur Verfügung. Es war mehr als ausreichend für eine mehrköpfige Familie. Während ich in Grunewald weder die Namen der Nachbarn nennen konnte noch wusste, wie sie aussahen, kannte man in der Marinesiedlung, die voll von Kindern war, jeden.

Bohmbachs schienen auf den ersten Blick nicht wie geschaffen für eine Freundschaft mit den Brandts: eine seit Generationen etablierte bürgerlich-katholische Familie. Die Bohmbach-Söhne Michael und Christian waren allerdings mit den Brandt-Söhnen dick befreundet, der ältere merkwürdigerweise hauptsächlich mit Lars, während die weniger als ein Jahr auseinanderliegenden Christian und Peter gut zusammenpassten. Vater Hans Eberhard Bohmbach war ein einnehmender, gutaussehender Mann, erkennbar wenig von Selbstzweifeln geplagt, erfolgreicher Rechtsanwalt und Notar, ein Mensch konservativer Lebens- und Weltanschauung. Seine Distanz zur Berliner CDU begründete er mir gegenüber einmal damit, dass deren Spitzenmann Franz Amrehn ein »Prolet« sei, wie immer das gemeint war. Als gläubige Katholiken waren Eberhards Eltern keine NS-Anhänger gewesen, nicht zuletzt auch deswegen, weil ihnen die Nazis zu primitiv waren. Im Krieg hatte Eberhard Bohmbach als Kriegsfreiwilliger gekämpft, zuletzt als Panzergrenadier an der Westfront, wo er schwer verwundet wurde. In der Nachkriegszeit fuhr er mit seinem Jungen mehrfach zu Veteranentreffen.

Mit diesem Mann schloss Willy Brandt eine zwar nicht intime, aber auch nicht ganz oberflächliche Freundschaft. Ich halte es für wahrscheinlich, dass sie unter vier Augen offen über ihre früheren Lebensphasen sprachen. Ideologie hin oder her – die beiden mochten sich einfach. Willy schenkte Eberhard beim Auszug aus dem Marinesteig seinen dort benutzten Schreibtisch. Trotzdem wären sich diese Männer vermutlich nicht näher gekommen, wenn nicht ihre Ehefrauen Rut und Marianne beste Freundinnen geworden wären. Ich glaube, sie hatten keinerlei Geheimnisse untereinander, und es gab keine Sorgen, die sie nicht teilten und dadurch erleichterten. Zwischenzeitlich wurde sogar erwogen, die Wand zwischen den beiden Häuserhälften zu durchbrechen und so eine Art doppelfamiliäre Wohngemeinschaft aufzumachen.

Zur Familie Brandt gehörte fast von Anfang an Martha Litzl. Sie war unsere Haushälterin. Martha war auf einem Bauernhof in der Neumark aufgewachsen und hatte ihren Mann im Krieg verloren. Sie nahm sich der Brandt-Kinder an, als wären es ihre eigenen, harmonierte bestens mit der »Chefin«, die selbst keine Hausarbeit verschmähte – sie kochte gut und putzte unschlagbar gründlich – und verehrte den Herrn des Hauses. Wenn sie morgens früh um 5 Uhr aufstand, so erzählte sie mir später, hätte oft noch die Schreibmaschine geklappert, und sie riet mir, ebenso viel zu arbeiten wie mein Vater, wenn ich etwas werden wollte. Ein anderes Mal mahnte sie allerdings, ich solle bloß nicht so viel schuften wie der Vater, sondern auch die angenehmen Seiten des Lebens auskosten.

Wie dem auch sei. Litti, wie wir Kinder sie nannten, musste krankheitshalber zurückstecken, als sie etwa fünfzig war, und kam nur noch ein oder zwei Tage in der Woche, um das Kommando zu übernehmen, und tat das auch später noch in Bonn. Seitdem gab es ein junges Hausmädchen. Ursel, die von 1958 bis 1961 bei uns und mit uns lebte, war für Lars und mich wie eine große Schwester, und meine Mutter nahm sie wie ihre Nachfolgerinnen unter ihre Fittiche.

Ich habe mich manchmal gefragt, welche Einstellung Vater zu Martha Litzl hatte. Es erschließt sich mir auch nicht aus den Briefen, die er seiner Frau schrieb, wenn diese in Norwegen weilte. Dass er Litti respektierte, wie er andere Menschen stets respektierte, und ordentlich behandelte, steht für mich außer Frage. Doch eine emotionale Bindung konnte und kann ich nicht erkennen. Das scheint mir auch für die Chauffeure und Sicherheitsbeamten zuzutreffen, die ihm im Laufe seiner Berliner und Bonner Dienstexistenz zugeteilt waren. Das Verhältnis zu den jeweiligen Sekretärinnen schien mir teilweise persönlicher zu sein, vielleicht bedingt durch den berufsmäßig ständigen engen Kontakt.

Ich hatte in den späten fünfziger Jahren nicht das Gefühl, dass die berufliche Stellung des Vaters mich in meinen kindlichen Aktivitäten nennenswert einschränkte. Ich war, obwohl sensibel, das, was man einen »richtigen Jungen« nannte, grobe Streiche, »Mutproben« und »Bandenkriege« inklusive. Mehr unausgesprochen als ausgesprochen gaben beide Eltern mir und meinen Brüdern zu verstehen, dass wir uns auf Vaters Position ja nichts einbilden sollten. Irgendeine Überheblichkeit anderen Menschen gegenüber aufgrund ihrer Hautfarbe, Nationalität, Religion oder gar ihres sozialen Status ist mir zu Hause nicht einmal andeutungsweise begegnet. Auch der Gedanke an Sippenhaftung, etwa im Fall eindeutiger »Nazifamilien«, lag außerhalb des Brandt'schen Horizonts.

Als mein Vater Regierender Bürgermeister wurde, gratulierte mir die Klassenlehrerin in der Grundschule. Ich war ganz verdattert darüber, denn das war ja nicht mein Verdienst. Öfter als mir lieb war, kamen Pressefotografen ins Haus und verlangten irgendwelche mehr oder weniger natürlichen Familiendarbietungen. Das war mir äußerst lästig. Ich fühlte mich fremdbestimmt. Meine Mutter musste manchmal sehr nachdrücklich auf mich einreden, damit ich das Blitzlichtgewitter und die Filmaufnahmen über mich ergehen ließ. Doch das war keine Dauererscheinung. Mein Alltag sonst war kindgemäß.

Als Robert Kennedy, der US-amerikanische Justizminister und Bruder des Präsidenten, im Februar 1962 mit seiner Frau Ethel nach Berlin kam, äußerte er meinen Eltern gegenüber den Wunsch, vor seiner Abreise, die schon für den nächsten Vormittag angesetzt war, die Kinder zu sehen. Den Einwand, diese unterlägen der Schulpflicht, ließ er nicht gelten. Er würde selbst die Entschuldigung schreiben. Nun war ich darüber keineswegs begeistert. Diese Art Aufsehen war mir peinlich. Ich fragte mich, wie das bei der Lehrerschaft ankommen würde. Doch der vereinte Druck der elterlichen Regierung und der amerikanischen Supermacht war zu groß für meinen Widerstand. Lars und ich mussten zu »Bobbys« Verabschiedung zum Flughafen Tempelhof kommen, wo dieser uns ein paar freundliche Worte widmete und hauptsächlich die »Entschuldigung« schrieb: Wir hätten an »sehr wichtigen« Besprechungen teilnehmen müssen, die die »Freiheit der Vereinigten Staaten und Berlins betreffen«. Das war zwar witzig, aber anfangen konnten wir damit nichts.

Eine langjährige Freundschaft ging aus der Verbindung mit Harold, Greta und Kathy Hurwitz hervor, die Willy in seinen Briefen an Harold »die Prinzessin« nannte. Harold, der 2012 starb, war Amerikaner mit ostjüdischem Hintergrund, Sozialist und kam 1946 als Angehöriger der Militärregierung nach Deutschland. In Berlin lernte er seine Frau Margarete (Greta), die aus einer ursozialdemokratischen Familie stammte und ihn mit anderen Sozialdemokraten wie Gustav Klingelhöfer zusammenbrachte, der noch vor der »Zwangsvereinigung« von ostzonaler SPD und KPD mit Grotewohls Linie brach. Von 1946 bis 1951 war er Stadtrat beziehungsweise Senator für Wirtschaft. Auch das Ehepaar Klingelhöfer gehörte zum Freundeskreis meiner Eltern und war Lars und mir sehr zugetan. Ich erinnere mich noch genau, wie der unheilbar krebskranke Gustav mit seiner Frau ein letztes Mal zu uns kam, um bei klarem Verstand Abschied zu nehmen und die Kinder noch einmal zu sehen.

Aber zurück zu Harold Hurwitz. Harold und Willy lernten sich kennen, als mein Vater noch für die Norwegische Militärmission arbeitete. Harold war sein Leben lang so etwas wie ein linker Antikommunist ohne Scheuklappen oder Berührungsängste. Später war ich erstaunt zu erfahren, dass er, der er in den Jahren von McCarthy üblen Verdächtigungen ausgesetzt gewesen war, seine US-Staatsbürgerschaft niemals aufgegeben hatte und ebenso wenig seine jüdische Konfession. Gefühlsmäßig schien er mir mehr als allem anderen der Berliner Sozialdemokratie verhaftet zu sein. Er wurde wissenschaftlicher Mitarbeiter von Ernst Reuter und Willy Brandt. Später schlug er die Universitätslaufbahn ein. Harold war ein höchst liebenswertes Unikum, über das man ein eigenes Buch schreiben könnte. Die Hurwitzens wohnten ihr Leben lang in Zehlendorf und gingen oft mit Kathy, Lars und mir baden. Harold brachte Lars das Schwimmen bei und forcierte mein frühes Interesse an Geschichte. Er schenkte mir Fritz Fischers Buch über die deutsche Kriegszielpolitik im Ersten Weltkrieg. Das war 1961. Ich war keine dreizehn Jahre alt und hatte bis dahin nicht viel vom 20. Jahrhundert wissen wollen, was sich nun langsam änderte.

1956 machten Brandts und Hurwitzens gemeinsam Urlaub auf der dänischen Insel Møn. Harold erzählte Jahrzehnte später, wie die beiden Elternpaare nach einem guten Abendessen in dem gemütlichen Gasthof, wo wir während der Ferien wohnten, ohne Kinder einen Verdauungsspaziergang machen wollten. Willy grübelte über seine Zukunft – er war auf dem Bundesparteitag in München zum zweiten Mal nicht in den SPD-Vorstand gewählt worden und spürte noch die Berliner Fraktionskämpfe in den Knochen. Da hat Harold ihn angeblich mit der Prophezeiung aufzumuntern versucht: »Denk an Churchill, wie lange er warten musste. Eines ist ganz sicher: Außenminister der Bundesrepublik wirst du jedenfalls werden.« Über diese Perspektive verliefen sich die beiden Brüder im Geiste, verloren ihre Frauen aus den Augen, und als sie nach über zwei Stunden in finsterer, kühler Nacht umherirrend wieder am Ausgangspunkt ankamen, fanden sie Rut und Greta vergnügt in einem der großen Betten liegen und sich mit einer Flasche Weinbrand trösten. Harold sagte mir einmal ohne jeden Groll, Willy wäre »immer wieder« ein ausgesprochen zugewandter, wunderbarer Freund gewesen. Aber man hätte nicht darauf vertrauen können, den Faden bei nächster Gelegenheit einfach weiterzuspinnen.

Bei Klaus Schütz lagen politische und persönliche Freundschaft am dichtesten beieinander. Nach meinem Eindruck war Schütz in der Berliner Zeit Willys engster Vertrauter unter den Freunden – dann wurde es Egon Bahr. Klaus Schütz, auch er starb 2012, trat 1946 in die SPD ein, während er ein Studium an der Humboldt-Universität aufnehmen wollte. Er wurde zum Mitbegründer der Freien Universität. Zunächst liebäugelte er mit einem linkssozialistischen Antistalinismus trotzkistischer Observanz, wurde aber über einen Stipendienaufenthalt in Amerika 1949 zum eifrigen Parteigänger Ernst Reuters und Willy Brandts. Klaus Schütz organisierte jahrelang den Machtkampf um den Berliner SPD-Vorsitz, den Willy Brandt schließlich 1958 gegen den früheren Metallarbeiter und erprobten KPD-Bekämpfer Franz Neumann für sich entscheiden konnte.

Auch im Falle Schütz-Brandt waren die Familien miteinander befreundet, jedenfalls neben den Männern auch die Frauen. Wenn Willy Brandt und Klaus Schütz ihre langen Spaziergänge machten, auf denen sie viel (Macht-)Politisches beredeten, nahmen sie mich oft mit, auch als ich schon älter war und anfing, kritisch über das zu denken, was da zur Sprache kam. Als ich meinen Vater einmal auf etwas ansprach, das mich an Schütz irritierte, legte er mir nahe, den vermeintlichen Zynismus mancher Äußerungen von Klaus nicht falsch zu verstehen. Dahinter verberge sich ein ausgeprägtes moralisches Empfinden, das sich mit Zynismen gegen ständige Verletzungen imprägniere. Solche Belehrungen erteilte mein Vater nicht oft – und wenn, dann ohne Zeigefinger. Vielleicht haben sie sich bei mir deswegen so gut eingeprägt, weil er sie so vorsichtig dosierte. Allerdings, so denke ich, wären etwas mehr direkte Orientierungsangebote in manchen Phasen hilfreich gewesen ...

Was Klaus Schütz und Willy Brandt um 1960 überlegten, klang in den Ohren eines aufgeweckten Zehn-, Zwölf-, oder Vierzehnjährigen bisweilen recht bizarr. Weil sie sicher sein konnten, dass der andere nichts in den falschen Hals bekam, sprachen sie ohne Vorbehalt und Vorsicht. Von Willys Kanzlerkandidatur war, soweit ich mich erinnern kann, vor dem Sommer 1960 nicht die Rede, jedenfalls nicht in meiner Anwesenheit. Von der programmatischen und strategisch-taktischen Neuaufstellung der SPD sprachen sie dagegen viel und zogen – neben anderem – sogar ein Zusammengehen der SPD mit der Heimatvertriebenenpartei BHE in Betracht. Das war damals nicht ganz so absurd, wie es sich in der Rückschau ausnimmt. Zwischen beiden Gruppierungen gab es inhaltliche Überschneidungen, insbesondere in der Sozialpolitik. Auch koalierten SPD und BHE in mehreren Bundesländern, wie zum Beispiel in Hessen. Schließlich gehörten wichtige Funktionäre des Bundes der Vertriebenen beziehungsweise seiner Landsmannschaften auch der SPD an, so Wenzel Jaksch, der als sudetendeutscher Sozialdemokrat in den dreißiger Jahren einen »volkssozialistischen« Flügel repräsentierte. Jaksch war übrigens im Frühherbst 1965 zum letzten Mal bei uns zu Besuch, im Jahr danach kam er bei einem Autounfall ums Leben. Ich will nicht zu viel in solche Episoden hineinlegen. Mir liegt vor allem daran zu illustrieren, wie Willy Brandt um 1960 gemeinsam mit Klaus Schütz Gedankenspiele anstellte, die einem einzigen Ziel dienten: der bundesdeutschen SPD einen Weg aus der Dreißigprozentecke und der strukturellen Minderheitsposition zu eröffnen. Meine Mutter meinte scherzhaft: »Wenn sie das an die Regierung brächte, würden sie sich selbst mit dem Teufel verbünden.«

Im Herbst 1961, kurz nach dem Mauerbau und der verlorenen Bundestagswahl, beschloss mein Vater, im kommenden Januar mit seinem Berater und engen Mitarbeiter Egon Bahr in Tunesien auf der Insel Djerba zwei oder drei Wochen Urlaub zu machen. Verglichen mit dem Tourismus späterer Jahrzehnte war das Land noch ziemlich ursprünglich. Ob er selbst darauf gekommen war oder ob meine Mutter ihm das eingeblasen hatte: Ich als Sohn Nr. 1 sollte mit. Nach einem ausführlichen Antrag an die Schule (»einmaliges Bildungserlebnis«), durfte ich als dritter Mann mitfahren.

Die tunesische Regierung stellte unaufgefordert einen Chauffeur und zwei Sicherheitsleute für uns ab, die wir, in der Annahme, damit auch ihren Rang zu erfassen, Nummer eins, Nummer zwei und Nummer drei nannten. Tatsächlich war Nummer zwei der Chef der kleinen Crew. Einmal zeigte er uns die Narben an seinem Bein, die von Folterungen durch die französische Kolonialmacht herrührten. Wir verbrachten zwei Wochen in einem wunderbar orientalischen Hotel auf Djerba und reisten dann mehrere Tage durchs Land. Es war nicht nur für mich außerordentlich faszinierend. Am Ende der Reise traf mein Vater in Tunis Präsident Habib Bourguiba, der sich schon durch seinen Palast als ein orientalischer Potentat zu erkennen gab, wie er leider auch aus antikolonialen Bewegungen hervorgehen konnte. Der Westberliner Bürgermeister war Anfang 1962 nicht wählerisch, wenn es galt, Unterstützung zu finden.

Meine »objektive Funktion« auf dieser Reise bestand nicht zuletzt darin, bei den gelegentlichen Einladungen durch starkes Essen die Wertschätzung der Gäste für das ihnen Kredenzte glaubwürdig auszudrücken. Ob in einem Beduinenzelt, wo undefinierbare scharfe Gerichte serviert wurden, oder beim Gouverneur von Djerba, der von Soldaten oder Polizisten eine Unzahl von Gerichten in unglaublichen Quantitäten bringen ließ – ich war von Natur aus sehr dünn und konnte folgenlos riesige Mengen verdrücken. Willy und Egon gaben sich ebenfalls Mühe, lagen aber am Folgetag prompt krank darnieder. Nur ich war putzmunter!

Egon Bahr fungierte seit 1960 als Senatspressechef, nachdem er Redakteur beim RIAS gewesen war. Als wir zusammen nach Tunesien fuhren, waren die beiden schon per Du, aber so ganz sicher schien sich mein Vater nicht zu sein, wie vertraulich er mit seinem befreundeten Mitarbeiter und Berater umgehen konnte. Als Egon beim Hochseeangeln besonders viele Fische fing, ernannten mein Vater und ich ihn zu »Dr. Barsch« (natürlich waren es keine Barsche, die er gefangen hatte). Egon wurde des Herumalberns wohl irgendwie überdrüssig, sodass Vater mich, der ich kein Ende finden konnte, unauffällig stoppte. Er war ein sorgsamer Mensch, stets bestrebt, andere weder absichtlich noch unabsichtlich zu beleidigen oder zu verunsichern. Wieder in Berlin, kam Egon Bahr immer häufiger zu uns nach Hause, manchmal auch mit seiner damaligen Frau Dorothea (die sich dauerhaft mit Rut anfreundete), Sohn Wolfgang und Tochter Marion. Ich werde nie vergessen, wie mich Egons Äußerung elektrisierte, nach Adolf Hitler hätte »der Separatist« Adenauer (nebst Ulbricht) am meisten zur Verhinderung der Wiedergeburt Deutschlands als eines einheitlichen souveränen Staates beigetragen. Vater, der dabei war, kommentierte diese Äußerung nicht, obwohl er meine Verwirrung bemerkt haben muss.

Zum Freundeskreis der Familie Brandt gehörten auch nordeuropäische Diplomaten und Journalisten, Iris und Frank Holte, Hjørdis und Oddvar Ås, »Poppi« und Per Monsen aus Norwegen, Christina und Dieter Winter sowie Astrid und Bo Jærborg aus Schweden. Mit den nordischen Freunden sang mein Vater deutsche Volks- und Fahrtenlieder, darunter sein Lieblingslied aus der Jugendbewegung, das auch mein Lieblingslied werden sollte: »Wilde Gesellen«. Dazu spielte er damals noch auf seiner Mandoline.

Wilde Gesellen vom Sturmwind durchweht,
Fürsten in Lumpen und Loden,
ziehn wir dahin, bis das Herze uns steht,
ehrlos bis unter den Boden.

Fidel Gewand in farbiger Pracht
trefft keinen Zeisig ihr bunter,
ob uns auch Speier und Spötter verlacht,
uns geht die Sonne nicht unter.

Ziehn wir dahin durch Braus und durch Brand,
klopfen bei Veit und Velten.
Huldiges Herze und helfende Hand
sind ja so selten, so selten.
Weiter uns wirbelnd auf staubiger Straß
immer nur hurtig und munter.
Ob uns der eigene Bruder vergaß,
uns geht die Sonne nicht unter.

Aber da draußen am Wegesrand,
dort bei dem König der Dornen.
Klingen die Fiedeln ins weite Land,
klagen dem Herrn unser Carmen.
Und der Gekrönte sendet im Tau
tröstende Tränen herunter.
Fort geht die Fahrt durch den wilden Verhau,
uns geht die Sonne nicht unter.

Bleibt auch dereinst das Herz uns stehn,
niemand wird Tränen uns weinen.
Leis wird der Sturmwind sein Klagelied wehn,
trüber die Sonne wird scheinen.
Aus ist ein Leben voll farbiger Pracht,
zügellos drüber und drunter.
Speier und Spötter, ihr habt uns verlacht,
uns geht die Sonne nicht unter.

Emotional und intellektuell wichtiger waren für Willy Brandt jedoch die Verbindungen zu politischen Freunden, früheren Genossen der linkssozialistischen SAP, der er ja von 1931 bis 1944 angehört hatte. Stefan und Erszi Szende, beide aus wohlhabenden ungarisch-jüdischen Familien stammend, die fast vollständig in den nationalsozialistischen Vernichtungslagern ermordet wurden, gehörten dazu. Wie alle linksgerichteten Juden, die ich im Umfeld meines Vaters kennenlernte, so auch Valtr und Luci Taub, waren oder schienen sie areligiös zu sein und im Übrigen völlig frei von antideutschen Affekten. Das Leid, das ihnen vom »Dritten Reich« zugefügt worden war, führten sie – und das war ihnen äußerst wichtig – nicht auf »rassische«, sondern auf politische Verfolgung zurück.

Der undogmatische Denker und Zeitdiagnostiker Fritz Sternberg, der 1963 verstarb, war ein sehr geschätzter politischer Gesprächspartner Willy Brandts, ebenso Irmgard und August Enderle, die mit Vater im Stockholmer Exil gewesen waren und mit ihm zusammen den Weg in die SPD fanden. Der schwäbische Facharbeiter und Gewerkschafter August Enderle gehörte gewissermaßen zum Adel der revolutionären deutschen Arbeiterbewegung: Von der SPD und USPD ging er zum Spartakusbund und zur KPD, von der KPD zur KPD-Opposition, von dort zur SAP und zur SPD. Das war ein Lebensweg, für den Vater hohen Respekt hatte: seine Grundüberzeugungen nicht aufgeben, auch nicht einer pervertierten Parteidisziplin unterordnen, sondern einen glaubhaften Weg suchen, der sich an den Realitäten orientiert und neue Einsichten zulässt. Ein ganz anderer Typ war Boris Goldenberg. Sein Exilland hieß Kuba, wo er als Lehrer auch den Sohn des Diktators Batista unterrichtete. Er erlebte den Umsturz durch Fidel Castro und erzählte bei Besuchen zum Teil haarsträubende Begebenheiten aus der Zeit des alten Regimes und der Kubanischen Revolution. Der relativ reiche Inselstaat hätte völlig unter Kontrolle der USA und des Batista-Clans gestanden und sei eine Art Bordell für US-amerikanischen Gangster gewesen. Castro hatte, so Goldenberg, mindestens 95 Prozent der Kubaner hinter sich, als er die Macht übernahm. »Ich wünsche Fidel alles Gute – es wird aber nicht funktionieren.« Den hingerissenen Brandt-Söhnen, die sich Fidel Castro als eine Mischung von Robin Hood und Florian Geyer vorstellten, beantwortete Goldenberg geduldig jede Frage.

Horst Lison war ein jüngerer Freund meiner Eltern und gewissermaßen mein »großer Bruder«. Er hatte mal einem Schul- und Spielfreund von mir Privatunterricht gegeben. Ich durfte einige dieser Nachhilfestunden mitmachen, sie bereiteten mir einen Riesenspaß. Doch mit dem Erlernen des Lateinischen als erster Fremdsprache wehte irgendwann auch bei mir der Wind schulischen Lernens schärfer. Die meisten Mitschüler erhielten von ihren Eltern Unterstützung. Bei mir ging das nicht, wegen beruflicher Überbeanspruchung einerseits und Fehlens höherer Schulbildung andererseits. Da wurde Horst Lison zu einem Helfer in der mehr oder weniger großen Not. Nicht nur für mich, sondern auch für Lars. Aus Gründen, die mir heute nicht mehr erklärlich sind, ging ich ab der Sexta nicht gern zur Schule. Meine Leistungen waren in der Summe so etwas wie guter Durchschnitt. Allerdings wurde damals strenger benotet als heute, und eine gar nicht so kleine Zahl von Jugendlichen wiederholte am Gymnasium mindestens eine Klasse. Meinem väterlich-brüderlichen Freund sei Dank, geriet ich nie in diese Gefahrenzone. Doch die wichtigste Spätfolge seines Einsatzes war, dass er mir das konzentrierte geistige Arbeiten beibrachte.

Horst, der sein Diplom in Psychologie um ein Medizinstudium ergänzte, wurde von meinen Eltern häufig gebeten, nach dem Unterricht noch zu bleiben. Daraus ergaben sich, vor allem mit Vater, oft lange Gespräche über Politik. Bei einigen dieser Unterredungen war ich dabei, und ich erinnere mich, wie Horst von autoritären Tendenzen in der Bundesrepublik sprach. In seinem Freundes- und Kommilitonenkreis habe man vereinbart, im Falle des Falles nicht zuzuwarten, bis ein diktatorisches Regime sich gefestigt hätte, sondern umgehend Widerstandszellen zu bilden. Horst war ein Mann der Tat. Als die innerstädtische Demarkationslinie in Berlin mit den Absperrungsmaßnahmen des 13. August 1961 zur beinahe unüberwindbaren Grenze wurde, organisierte er – wie so viele – nichtkommerzielle Fluchthilfe. Sein Zirkel kümmerte sich speziell darum, an der Freien Universität studierende Ostberliner, die keine Chance hatten, ihr Studium an der Humboldt-Universität oder einer andern Hochschule der DDR fortzusetzen, mithilfe gefälschter Pässe nach West-Berlin zu schaffen. Das ging eine Zeitlang gut. Aber in einer der Gruppen, die herübergeschleust wurden, befand sich ein Spitzel. Horst wurde verhaftet, endlos verhört, auch über Willy Brandt. Er gab sich naiv und räumte nur ein, was schon bekannt war. Nach mehrmonatiger Haft im Stasigefängnis in Hohenschönhausen wurde er zu sechs Jahren Zuchthaus verurteilt.

Mein Vater bemühte sich intensiv um seine Freilassung, und nach knapp zwei Jahren gelang dies im Rahmen eines Gefangenenaustauschs und mit der Hilfe der Anwälte Stange (West-Berlin) und Vogel (Ost-Berlin), die sich seit 1962 um humanitäre Dinge kümmerten. Horst Lison wurde später Leiter von kinderpsychiatrischen Kliniken. Nach seiner Freilassung traf er meinen Vater just an dem Tag wieder, als John F. Kennedy in Berlin war, also am 26. Juni 1963. Trotz des hohen Gastes nahm Willy Brandt sich Zeit, den frisch aus der Haft Entlassenen im Rathaus Schöneberg zu empfangen. Niemals, so erzählte Horst später, hätte er Willy wieder so fröhlich erlebt, nie mehr sei Willy in seiner Gegenwart so aus sich herausgegangen. Der Bürgermeister umarmte den Ankömmling heftig und schüttelte lange seine Hand. Bis heute hat diese Freundschaft bestand.

Immer wieder ist zu lesen, dass nach der »Wahlniederlage« von 1965 zwischen den Eheleuten Brandt ernsthaft diskutiert worden sei, sich nach Norwegen zurückzuziehen. Tatsächlich war mein Vater aufgrund des SPD-Wahlergebnisses von 39,3 Prozent tief deprimiert und hatte öffentlich seinen Verzicht auf eine weitere Kandidatur erklärt. Im Familienkreis hatte er den Gleichstand von CDU/CSU und SPD, wenigstens den Sprung über die 40-Prozent-Marke prognostiziert. Die Söhne bekamen von dem, was zwischen den Eltern beredet wurde, nichts mit. Allerdings schüttete Mutter mir ihr mitleidendes Herz aus, weinte und sprach tatsächlich von einem möglichen Rückzug ins Privatleben. Ich würde auch nicht ausschließen, dass im Gespräch mit Vater von ihrer Seite das Stichwort »Norwegen« gefallen ist. Dass aber ein Umzug konkret in Erwägung gezogen worden wäre, insbesondere von meinem Vater, halte ich für extrem unwahrscheinlich, um nicht zu sagen: für Unsinn.

Zum Weihnachtsfest 1965 hatten sich die Gefühle wieder beruhigt. Bemerkenswerterweise war Weihnachten in meiner Erinnerung mehr vom Vater geprägt als von der Mutter, und das, obwohl er sicher nicht die Hauptlast der Vorbereitung trug. Vielleicht kommt meine Erinnerung auch daher, dass Vater und Söhne regelmäßig am späten Nachmittag des 24. Dezember den Kirchgang absolvierten. Obwohl Vater eher ein kirchenferner Agnostiker war als ein gläubiger Christ (doch auch kein Atheist), gehörte der Weihnachtsgottesdienst am Heiligen Abend für ihn unbedingt zum Fest dazu. Zu Hause sangen wir häufig Weihnachtslieder. Manchmal las er aus der Bibel die Weihnachtsgeschichte vor. Wenn wir aus der Kirche zurückkamen, wurde nach norwegischer Sitte ein Schweinebraten serviert, den Mutter und Litti vorbereitet hatten. Gans gab es am ersten und Grünkohl mit Rauchfleisch, wie Vater es aus Lübeck kannte, am zweiten Weihnachtsfeiertag. Die Bescherung fand nach dem Essen statt. Wir

Kinder durften jetzt das Wohnzimmer betreten, wo der von den Eltern herrlich geschmückte Baum stand. Die Geschenke nahmen sich nach heutigen Maßstäben eher bescheiden aus, nach damaligen reichlich, doch nicht übertrieben. Ich bekam meist Bücher, manchmal Ritterfiguren. Noch nicht selbstverständlich waren diverse Süßigkeiten samt den von Mutter nach norwegischen Rezepten gebackenen Keksen. Auch andere Leckereien kamen zunächst nur zu Weihnachten auf den Tisch, wie echte ungarische Salami und französischer oder italienischer Käse. Irgendwann traten Lebensmittelgeschenke weit entfernter Absender hinzu, die den weihnachtlichen Gabentisch bereicherten: Apfelsinen aus Israel, Feigen aus dem Maghreb, Kaviar aus Persien und Russland. Wer hat, dem wird gegeben, dachte ich mir schon damals ...

An der abnehmenden Feierlichkeit des familiären Weihnachtsfests ließ sich seit dem Umzug nach Bonn im Frühjahr 1967 der Verfall der Ehe meiner Eltern beobachten. (Ich selbst hatte nur noch ein Jahr bis zum Abitur und blieb in Berlin, wo ich so lange in der Familie meines Freundes Wolf-Rüdiger Knoche wohnte.) In meiner Erinnerung lösten sich nach und nach alle Festelemente ins Unverbindliche auf. Die Eltern hatten sich offenbar nicht mehr viel zu sagen. Die beiden älteren Söhne trugen auch nicht gerade dazu bei, Weihnachten zu retten. Man gewann den Eindruck, nur des jüngsten Bruders Matthias wegen riss sich die Familie noch halbwegs zusammen. Vater verschwand dann sehr schnell mit einem neuen Roman in sein Zimmer. Die Zurückgebliebenen plauderten über mehr oder weniger Belangloses. Zumindest ich war froh, mich manchmal schon am Abend des 25. Dezember mit dem Nachtzug wieder nach Berlin absetzen zu können.

Doch Weihnachten 1970 feierten alle Brandts »groß« in Berlin, was von Willy nach der Unterzeichnung des Moskauer und des Warschauer Vertrags auch als demonstrativer Akt gemeint war. Ein Empfang im Bundesgästehaus, zu dem vor allem alte Berliner

SPD-Genossen geladen waren, verstärkte dieses Signal. Ansonsten machten sich Brandts in diesen Weihnachtstagen vor allem mit der Familie des Pfarrers Theodor Jänicke gemein. Seine Tochter Maria und ich lebten, wie man damals noch sagte, in wilder Ehe. Am Heiligen Abend besuchten wir alle zusammen Theos Gottesdienst. Er war ein Mann der ehedem Bekennenden Kirche und entschiedener Anhänger der neuen Bonner Ostpolitik. Wir alle hatten es noch einmal richtig schön. Seitdem zog ich es vor, Weihnachten nur noch zusammen mit meinen Lebensgefährtinnen zu verbringen.

In Bonn besiedelte die Familie Brandt ein großes Haus, das schon als Dienstvilla des vorherigen Außenministers gedient hatte. Als 1969 der Wechsel in den Kanzlerbungalow anstehen sollte, war Vater froh, dass der neue Außenminister Scheel in seinem gerade gebauten eigenen Haus wohnen bleiben wollte. Brandts mussten also nicht umziehen. Die Außenminister-, jetzt Kanzlervilla auf dem Venusberg barg im Erdgeschoss mehrere Repräsentationsräume, während die eigentliche Wohnung im ersten Stock lag. Im zweiten Stock befanden sich etliche, meist kleine Zimmer und Kammern. Dort wohnten Lars und die Hausmädchen. Wenn ich zu Besuch kam, fand auch ich dort problemlos einen Platz. Zwischen August 1972 und März 1974 wohnte ich immer wieder wochenlang auf dem Venusberg, um in Ruhe mein Abschlussexamen und die geplante Dissertation vorzubereiten, sodass ich in diesen etwa fünfzehn Monaten noch einmal dichter am Geschehen war als in den Jahren davor und danach.

Die Einrichtung des Hauses war von Mutter vorgenommen worden: geschmackvoll und freundlich. Vater interessierte sich nicht übermäßig dafür, obwohl das Grundlegende sicher abgesprochen war. Mutter prägte die Atmosphäre, unterstützt von wechselnden fröhlichen Au-pair-Mädchen, die sie teilweise aus der entfernteren norwegischen Verwandtschaft rekrutierten.

Meine Freundin Maria weilte mit mir ab und zu einige Tage dort. Sie hatte den Eindruck eines allzu stillen, unlebendigen Ortes, bewohnt von Menschen, die nichts oder nicht mehr viel miteinander anfangen konnten, obwohl sie für sich genommen alle umgänglich und gefühlvoll gewesen seien. Ein »Getüm von beherrschten Gefühlen« sei Vater Brandt gewesen, wenn er plötzlich und unerwartet den Flur entlangkam, höflich und nicht unfreundlich, auch humorvoll, aber von ihr als bedrohlich wahrgenommen. Dass Mutter in der Familie für gute Stimmung sorgen wollte und – mehr noch – für Besucher die charmante Gastgeberin verkörperte, änderte das nur vordergründig.

Noch in Berlin, im Frühherbst 1966, gab es an einem Sonntagmorgen einen bedenklichen Zwischenfall. Mutter war nicht zu Hause und Martha Litzl führte das Regiment. Die Zimmer von Lars und mir lagen im Dachgeschoss. Plötzlich hörte ich einen Schrei oder vielmehr einen leicht röchelnden Ausruf: »Ein Arzt!« Danach die aufgeregte Frauenstimme der Haushälterin, die offenbar schon auf dem Weg zum Telefon war. Als ich die Treppe hinab kam, lag Vater mit geschlossenen Augen im Bett und atmete normal. Höchstens eine halbe Stunde später traf ein mehrköpfiges Team von Ärzten unter der Leitung von Professor Freiherr von Kreß ein. Man untersuchte den Patienten gründlich, aber ohne technische Gerätschaften. Man kam zu dem Ergebnis, dass kein Herzinfarkt oder eine andere bedrohliche Erkrankung vorläge. Den Anfall, bei dem der Oberbauch durch das Zwerchfell aufs Herz drückt, wobei regelrechte Vernichtungsgefühle erzeugt werden, kennen Mediziner als das Roemheld-Syndrom. Vermutlich wurde an einem der Folgetage eine genauere Untersuchung im Krankenhaus nachgeholt. Einen verschiedentlich kolportierten dramatischen Rettungseinsatz habe ich nicht erlebt. Wie mir mein Vater einige Zeit später erzählte, sah er, während er kollabierte, gleich einem Sterbenden sein ganzes Leben in

Zeitraffer an sich vorüberziehen – sicherlich ein einschneidendes Erlebnis.

Zwölfeinhalb Jahre später erwischte es ihn tatsächlich. Er stand kurz vor seinem 65. Geburtstag, den die Partei 1978 mit einer Riesenveranstaltung in der Dortmunder Westfalen-Halle unter Einbeziehung weltbekannter Musiker feiern wollte. Offenbar während einer Reise nach New York erlitt Vater einen sogenannten »stillen«, aber beträchtlichen Herzinfarkt und nach der Rückkehr in Bonn einen kleineren zweiten. Dem Krankenhausaufenthalt folgte ein mehrwöchiger Reha-Aufenthalt im südfranzösischen Hyères. Im dortigen Sanatorium wurde er nach allen Regeln der ärztlichen Kunst wieder in Form gebracht, soweit das möglich war. Vater war von den Bemühungen der Ärzte, von den wohnlichen wie kulinarischen Umständen seiner Kur sehr angetan und hatte das Gefühl, gesünder nach Hause zu fahren, als er seit etlichen Jahren gewesen war. Bislang bewegte er sich wenig, rauchte Kette und sprach stark dem Alkohol zu, auch wenn sein Konsum nie völlig aus dem Ruder lief, dazu der unvermeidliche Stress und die vielen Fernreisen mit Klima- und Zeitzonenwechseln – das alles musste er unter dem strengen, doch wohltuenden Einfluss seiner neuen Lebenspartnerin Brigitte Seebacher nun ändern. In den folgenden Jahren konnte man beobachten, wie er auflebte. Die Fotos vom Wochenendeinkauf in Unkel waren keine Show, jedenfalls nicht in erster Linie. Er schien wieder Gefallen am normalen Leben zu finden und ließ sich beim Kochen bereitwillig für die Hilfsarbeiten einsetzen.

Zum 65. Geburtstag hatte ich ihm eine Zeichnung des Malers Michael Sowa geschenkt, der damals noch nicht so bekannt war. Sowa hatte sie nach meinen Wünschen zu einem Freundschaftspreis angefertigt. Zum 70. Geburtstag, am 18. Dezember 1983, konnten meine Frau Gabriele und ich ihm unsere knapp zwei Monate alte Tochter Karoline Luise präsentieren, ein Fressen für die

Fotoreporter und unverkennbar eine Freude für den Großvater. Kontinuierlich bemühte ich mich darum, dass sich »Opa Willy« und Karoline immer wieder in Berlin sahen. Ich erlebte ihn dabei zugewandt, lieb und keineswegs unbeholfen. Das nahm wohl auch meine Tochter so wahr, die nur nicht verstehen konnte, warum er manchmal plötzlich so schnell wieder weg musste. Als Dauerbeschäftigung wäre das Opa-Sein aber sicher nichts für ihn gewesen.

Zu einer Scheidung gehört eine finanzielle Auseinandersetzung. Nun hätte meine Mutter bei der Einstellung des Vaters in jedem Fall auf eine ordentliche Versorgung rechnen dürfen. Aber naturgemäß gab es auch Dinge, die sich nicht von selbst regelten, sondern ausgehandelt werden mussten, selbst dann, wenn beide Seiten auf eine einvernehmliche Lösung ausgerichtet waren. Ich vermied damals jede Äußerung zu kontroversen Fragen in der Sache. Vater hätte sie weder erwartet noch goutiert, aber Mutter wohl doch erhofft. Psychische Verletzungen lassen sich ohnehin nicht mit Geld heilen. Am Ende zeigte sich Vater durchaus großzügig und erklärte sich einverstanden, den norwegischen Besitz der Mutter bei der Berechnung der Unterhaltszahlungen unberücksichtigt zu lassen.

Wenn zwei Menschen, die eigentlich Humor besitzen, nicht mehr über dieselben Geschehnisse lachen können und nicht mehr freundlich übereinander und über sich selbst lachen können, dann stimmt etwas Grundlegendes nicht mehr. Von meinem Vater ist bekannt, dass er zumindest zwei ernsthafte außereheliche Beziehungen hatte. Das blieb mir bis 1974 ebenso verborgen wie die Gerüchte über ein ausschweifendes Sexualleben, die ich für maßlos übertrieben halte. Es lockte mich nicht, ihn zu bitten, für mich das Wahre vom Falschen zu trennen. Über so etwas offen zu reden, waren wir beide zu scheu und zu genant.

Nun ist es eine Binsenweisheit, dass zur Zerstörung einer Beziehung – jenseits der Frage von Schuld und Verantwortung im moralischen Sinn – immer zwei gehören. Während Willy sich immer öfter unverstanden fühlte, reagierte er mit zunehmender Sprachlosigkeit. Nur wenn seine Frau ihn wegen einer politischen Handlung kritisierte, was nicht oft vorkam, konnte er ungehalten werden. Rut hingegen wehrte sich durch Neckereien und Sticheleien, die in einer anderen Situation harmlos gewesen und vielleicht sogar lustig aufgenommen worden wären. In der Niedergangsphase ab 1966, die Zwischenhochs kannte, aber immer öfter einer resignativen Grundhaltung wich, wirkten sie jedoch destruktiv. Als die Trennung Anfang 1979 offiziell vollzogen wurde, war ich weder erstaunt noch unglücklich.

Im Gespräch bestätigte mein Vater mir, dass es eine andere Frau in seinem Leben gab: die Journalistin und Historikerin Brigitte Seebacher. Das wusste ich zwar schon, aber immerhin hat er es direkt angesprochen. Für mich war sofort klar, ich würde diese Wahl akzeptieren und mich vorbehaltlos um ein gutes Verhältnis zu Brigitte bemühen, weil ich den Vater-Sohn-Faden in Eintracht weiterspinnen wollte. Wir würden uns also wie bisher alle paar Monate, manchmal auch häufiger, in Berlin oder in Bonn sehen, meist zum Abendessen, und ich würde ihn gelegentlich auch in der gemeinsamen Wohnung des seit dem 9. Dezember 1983 verheirateten Paars besuchen. Ich konnte stets nur Mutter oder Vater einladen. Er drängte sich nie auf, und so habe ich ihm hier und dort auch manchmal den Vortritt gelassen.

Arbeiterbewegung, revolutionärer Sozialismus und soziale Demokratie

Willy Brandt hat wiederholt geschrieben, er sei in die Arbeiterbewegung hineingeboren worden. Der Sozialismus bildete die Grundlage seiner Anschauung der Welt seit Kindertagen. Brandts Großvater war ein treues Mitglied der SPD und selbstverständlich der jeweils zuständigen Gewerkschaft und eines Konsumvereins. Auch Brandts junge Mutter gehörte der »Bewegung« an. Sie hatte ein Abonnement der Volksbühne, machte mit bei einem der zeittypischen »Proletarischen Sprechchöre«, bei den »Naturfreunden« und schon vor dem Ersten Weltkrieg bei der »Freien Jugend«, einer Frühform der sozialdemokratisch ausgerichteten organisierten Arbeiterjugend. Besonders von Frauen und Jugendlichen erhielten die sozialdemokratische Organisationen nach 1918 starken Zuwachs. Arbeitersport und Arbeiterkultur erlebten eine Blütezeit. Arbeiter-Radfahrer, Arbeiter-Philatelisten, Arbeiter-Abstinenzler, Arbeiter-Samariter, proletarische Freidenker (die Mehrzahl der Arbeiter blieb in der Kirche), Arbeiterwohlfahrt, diverse »gemeinwirtschaftliche« Unternehmen und Vereine: Es war ein imponierendes Geflecht von Basisaktivitäten – kein bürokratischer Wasserkopf. Ich selbst habe noch etliche Menschen ohne Amt und Würden kennenlernen dürfen, die als Arbeiter von der klassischen Sozialdemokratie (oder von der Kommunistischen Partei) vor 1933 geformt worden waren. Sie hatten sich auch außerhalb der politischen Sphäre ein Wissen angeeignet, mit dem sie so manchen Studierten in den Schatten stellen konnten. Willy Brandt hat zurecht immer wieder die große kulturelle Leistung der alten Arbeiterbewegung hervorgehoben, die aus Unterdrückten, Ausgebeuteten und Elenden klassenbewusste, selbstbewusste und urteilssichere Staatsbürger gemacht hat. Die Arbeiterbewegung ist eine der großen Emanzipationsbewegungen der Menschheitsgeschichte.

Wer »von der Wiege bis zur Bahre« in dieser Bewegung gelebt hatte, konnte leicht den Eindruck gewinnen, sie sei mit der Gesamtmasse der Lohnarbeiter identisch. Das war aber nie der Fall. Mindestens ein Drittel der Arbeiterschaft Deutschlands, vor allem in ländlichen Regionen, stand den sozialistischen Parteien fern oder enthielt sich bei Wahlen. Der größere Teil der Klasse im soziologischen Sinn blieb unorganisiert und nahm nie oder nur ausnahmsweise an einem Streik teil. In den Jahren bis 1933 blieb der addierte Wähleranteil von SPD und KPD recht stabil, doch nahm die KPD auf Kosten der SPD zu. Zwar konnte die NSDAP zwischen 1930 und 1932 in allen Bevölkerungsschichten Stimmen fangen und wurde zur stärksten Partei. Doch trotz ihres Namens war ihr Erfolg bei beschäftigten Arbeitern unterdurchschnittlich, ebenso bei Erwerbslosen – auch wenn die populäre Vorstellung es anders will.

Als der Schüler Herbert Frahm 1928 aus eigenem Entschluss den »Roten Falken« beitrat und ein Jahr später zur Sozialistischen Arbeiterjugend wechselte, schien sich die Weimarer Republik konsolidiert zu haben. Die Jahre davor waren turbulent: Kriegsniederlage, der drückende Versailler Frieden 1918/19 und die verheerende Hyperinflation. Die Reichstagwahlen vom August 1928 brachten der SPD, die seit 1923 in der Opposition war, rund 30 Prozent der Stimmen und der KPD 10,6 Prozent. Die »Sozen« wurden stärkste Kraft in einer Großen Koalition mit bürgerlichen Parteien. Doch diese zerbrach im März 1930 an der Finanzierung der Arbeitslosenversicherung. Da war noch nicht zu erkennen, wie vernichtend die Weltwirtschaftskrise, die im Herbst 1929 an der New Yorker Börse ihren Anfang nahm, einmal sein würde.

In Lübeck hielt auch Willy Brandt ein von jungen Sozialdemokraten bei Aufmärschen gezeigtes Transparent in die Höhe, auf dem stand: »Republik, das ist nicht viel – Sozialismus ist das Ziel!« Die rechtsstaatlichen und demokratischen Errungenschaften waren aus Sicht dieser jungen Linken durchaus verteidigungswert, doch eher Bedingungen für den »eigentlichen« Kampf. Für junge Marxisten – und als Marxisten sahen sich fast alle Linken einschließlich der Masse der Sozialdemokraten – schien die Angelegenheit nicht sehr kompliziert zu sein: Deutschland war offensichtlich auch unter republikanischer Verfassung eine Klassengesellschaft. Konzernherren, ostelbische Junker, hohe Beamte aus dem Kaiserreich und Offiziere harrten in ihren sozialen Führungspositionen aus. In seinem Abituraufsatz von 1932 schrieb Willy Brandt: »Politische Demokratie allein gibt es ... nicht. Soziale und kulturelle Demokratie gehören zur wirklichen Demokratie hinzu.« Ganz ähnlich erläuterte er mir knapp drei Jahrzehnte später auf meine Frage hin den Unterschied zwischen dem »freiheitlichen Sozialismus« der SPD und dem »Sozialismus« der SED: Recht verstandener Sozialismus sei radikale (an die Wurzel gehende) und umfassende Demokratie.

Als Jugendlicher rezipierte er die sozialistische Tagespresse, auch Zeitschriften wie die »Weltbühne«, gesellschaftskritische Romane von Jack London, Maxim Gorki, Henri Barbusse, Ludwig Renn und Ernst Toller. Mit dem »Kapital« von Marx befasste er sich erst im norwegischen Exil, um 1934, als er bei der ersten Übersetzung ins Norwegische helfen sollte. Der dialektische und historische Materialismus eines Marx gingen für ihn aber mit Elementen eines ethischen Sozialismus sowie ausgeprägtem Idealismus Hand in Hand.

Zu Hause fand der Knabe Herbert den Band »Die Frau und der Sozialismus« von August Bebel im Bücherschrank des Großvaters. Darin skizzierte der große Arbeiterführer Bebel anschaulich eine freie, gerechte und gleiche Gemeinschaftsordnung auf der Grundlage vergesellschafteter Produktionsmittel. Aber ebenso wichtig wie diese identitätsstiftenden Erlösungsvorstellungen von der klassenlosen Gesellschaft und vom »Zukunftsstaat« (so sagte man im Kaiserreich) war das unmittelbare Erlebnis der sozialdemokratischen Arbeiterbewegung als egalitärer Solidargemeinschaft. Einen Eindruck davon, was Solidarität unter Arbeitern und Klassenstolz hieß, bekam Herbert mit etwa acht Jahren. Sein Großvater arbeitete in einem großen Betrieb und war mit seinen Kollegen im Zuge eines Arbeitskampfs ausgesperrt. Einer der Direktoren, als freundlich und kinderlieb bekannt, kaufte dem jungen Herbert zwei Brote, die dieser froh nach Hause trug. Anders als erwartet gab es dafür aber kein Lob, sondern Tadel: Solche Almosen würden aufrechte Arbeiter von sich weisen. Herbert musste die Brote zum Bäcker zurückbringen. Für einen Achtjährigen war das einschneidend, wie mein Vater mir einmal sagte.

In den sozialistischen Kinder- und Jugendorganisationen beinhaltete die Idee der Solidargemeinschaft, sich frühzeitig mit Fragen der Selbstverwaltung auseinanderzusetzen, Konflikte argumentativ auszutragen, Kenntnisse aller Art zu vermitteln, die die Schule nicht vermittelte, und sich gegenseitig neue Horizonte zu eröffnen. Willy Brandt erinnerte sich lebenslang der Teilnahme am großen Zeltlager der Falken 1929 auf der Rheininsel Namedy bei Andernach: eine zweitausendköpfige »Kinderrepublik«, gegliedert in »Dörfer«. In der SAJ-Gruppe »Karl Marx«, die er seit dem Herbst leitete, kamen auch Heimabende und Lagerfeuerromantik nicht zu kurz, ähnlich wie bei den Pfadfindern und den Bündischen. Einen Unterschied machte jedoch das kameradschaftliche Zusammensein von Jungen und Mädchen. Die reichsweit nicht mehr als 50.000 SAJ-Angehörigen trugen Blauhemd mit rotem Halstuch.

Schon mit sechzehn, also zwei Jahre früher als üblich, wurde Willy Brandt in die Lübecker SPD aufgenommen. Lübeck, die Freie und Hansestadt mit Landeseigenschaft, gehörte zu den Hochburgen der Sozialdemokratie. Bei den Wahlen zur Nationalversammlung im Januar 1919 erreichte sie fast 60 Prozent der Stimmen. Auch die KPD war hier nicht unbedeutend, aber eindeutig in der Minderheit. Die unumstritten führende Gestalt der Lübecker Sozialdemokraten wurde der aus dem Elsass stammende Chefredakteur des »Volksboten«, Dr. Julius Leber. Nach damaligen Maßstäben war Leber ein eher »rechter« Sozialdemokrat, vor allem, weil er für eine konstruktive Wehrpolitik der SPD eintrat. Zugleich war er ein militanter Verteidiger der Republik gegen die »Reaktion« und die NSDAP. Leber förderte den jungen Willy Brandt, der im »Volksboten« gelegentlich kleinere Artikel schreiben durfte, obwohl er deutlich zur Parteilinken tendierte. Seine Begabung war erkennbar. So half Leber dem Jungen auch zum vorzeitigen Eintritt in die Mutterpartei.

Ein Streit um die Tolerierung der Präsidialregierung des katholischen Reichskanzlers Heinrich Brüning und den Bau des Panzerkreuzers B führte dazu, dass zwei SPD-Reichstagsabgeordnete, Max Seydewitz und Kurt Rosenfeld, aus der Partei ausgeschlossen wurden. Am 4. Oktober 1931 gründeten sie mit ihren Anhängern, darunter überdurchschnittlich viele Junge, die Sozialistische Arbeiterpartei Deutschlands (SAP). Von der sozialdemokratischen Linken kamen nicht sehr viele hinzu. Dafür schlossen sich der SAP etliche linkssozialistische Splittergruppen, parteilose sozialistische Intellektuelle sowie eine Fraktion politisch erfahrener Exkommunisten an, die mit der KPD im Zuge ihrer Stalinisierung gebrochen hatten. Diese Männer faszinierten den jungen Willy Brandt, besonders der gelernte Dreher Jakob Walcher, der schon der Spartakusgruppe um Rosa Luxemburg und Karl Liebknecht angehört hatte. Im Januar 1932, drei Monate nach Gründung der SAP, bekundete Willy Brandt eine besondere Distanz zur Sozialdemokratie. Ihr Erbe müsse überwunden werden. Da war er mit einem großen Teil der Lübecker SAJ in die neue Partei gewechselt.

Die anfangs recht heterogene, innerparteilich sehr diskussionsfreudige und demokratisch strukturierte SAP hatte auf Reichsebene nie mehr als 25.000 Mitglieder. In Lübeck waren es vielleicht 300, vor allem aus der Arbeiterjugend. Bei Landtags- und Reichstagswahlen kam sie nie über den unteren Promillebereich hinaus. Doch für Willy Brandt wurde die SAP über mehrere wichtige Jahre zum Zentrum seiner Existenz. Das bedeutete in erster Linie mühselige Kleinarbeit an Abenden und Sonntagen. Er lernte, was er in der SAJ schon seit Jahren geübt hatte: über fast jedes Thema zu schreiben und frei zu sprechen. Er war der noch minderjährige lokale Führer einer kleinen Partei, die doch mehr war als eine Sekte. Seinen kargen Lebensunterhalt verdiente er als Schiffsmaklervolontär.

In der Vorstellung ihrer Gründer sollte die neue Partei nicht eine weitere Zersplitterung der Linken herbeiführen, sondern angesichts der demoralisierenden Wirtschaftskrise, der autoritären Entwicklung der Verfassungsordnung und der akuten Drohung von Rechtsaußen eine Korrektur in der Politik der beiden großen Arbeiterparteien herbeiführen. Vereinfacht gesagt: Die staatstragend daherkommende SPD sollte aufhören, alles zu tolerieren, was ihr von der Regierung als »kleineres Übel« vorgesetzt wurde, und die Kommunisten sollten ihre lärmende Agitation gegen die »Sozialfaschisten« – sprich die SPD – beenden. Man war in der SAP überzeugt, dass nur eine bedingungslose, defensive sozialdemokratisch-kommunistische »Einheitsfront«, also eine Aktionsgemeinschaft der Arbeiterbewegung auf allen Ebenen, die NSDAP zurückwerfen könne. Welche Konsequenzen im Fall einer Machtübernahme dieser Partei zu erwarten seien, darüber machte sich die SAP relativ wenig Illusionen. Ausdrückliche Unterstützung fand sie bei namhaften Schriftstellern wie Heinrich Mann, Künstlern wie Käthe Kollwitz und Wissenschaftlern wie Albert Einstein. Zwar gab es hier und da ein ermutigendes Zeichen in Richtung »Einheitsfront«, doch insgesamt warteten die parteipolitisch verfeindeten Arbeiter auf Signale ihrer Führungen. Und die zögerten so lange, bis Hitler sie hinwegfegte. Die in Jahrzehnten eingeübte Disziplin funktionierte bis zum bitteren Ende.

Auch wenn Willy Brandt in späteren Jahren das Konzept der antifaschistischen Aktionseinheit nicht mehr explizit verteidigte, hielt er die Kritik an den großen tradierten Organisationen der Arbeiterbewegung in den Jahren 1930 bis 1932/33 sehr wohl aufrecht. Vor allem die fatalistische Auffassung, dass die Weimarer Republik (und mit ihr die klassische Arbeiterbewegung) zwangsläufig hätte untergehen müssen, erregte seinen Widerspruch. Das konkrete Ergebnis des historischen Prozesses beruhe immer auf dem Ringen lebendiger Kräfte. Trotz skeptischer Einwände von Historikern beharrte er auf der echten Chance, die ein aktiver Widerstand gehabt hätte, ganz besonders gegen die sogenannte »Reichsexekution« der ultrakonservativen Regierung Papen, welche die SPD-geführte Regierung Preußens am 20. Juli 1932 in einer staatsstreichähnlichen Aktion entmachtete. In Lübeck jedenfalls sei sogar die Basis der KPD zum Kampf mit der SPD und der SAP bereit gewesen. Wie vielerorts habe man auf ein Signal von oben gewartet. Vergebens. Noch nach der Ernennung Adolf Hitlers zum Reichskanzler am 30. Januar 1933 habe sich massenhaft Widerstandswillen geäußert, nicht nur in Lübeck. In der Tat: Dort protestierte am 3. Februar die Arbeiterschaft mit einem Streik gegen einen Überfall von SA-Leuten auf Brandts »Ziehvater« Julius Leber und dessen anschließende Verhaftung. Und am 19. Februar demonstrierten bei eisiger Kälte 15.000 Lübecker gegen die Regierung Hitler. Auf einer großen Kundgebung der KPD-dominierten »Antifaschistischen Front« sprach für die SAP auch Willy Brandt. Doch die sozialdemokratischen Arbeiterorganisationen reagierten insgesamt abwartend. Die örtlichen Gewerkschaftsfunktionäre wollten nicht zum Streik aufrufen. Man lasse sich nicht provozieren und warte auf Weisungen aus Berlin.

Da Hitlers Staatsapparat nach dem Reichstagsbrand zuerst die großen Arbeiterorganisationen verfolgte und zerschlug, vor allem die KPD, konnten sich die kleineren linkssozialistischen Gruppierungen, unter denen die SAP die größte war, relativ unbehelligt auf die Illegalität einstellen. Am 11. und 12. März 1933 trafen sich die SAP-Genossen zu einem geheimen Parteitag in Dresden. Zum ersten Mal benutzte mein Vater hier den Namen Willy Brandt. Die Mehrheit der Delegierten widersetzte sich den Vorsitzenden Kurt Rosenfeld und Max Seydewitz, die die SAP auflösen wollten. Man beschloss, die Arbeit unter veränderten Umständen fortzusetzen. Nach der »schmählichen« Kapitulation der SPD und dem »noch viel grauenvolleren« Versagen der KPD sollte sich die Neuformierung der revolutionären deutschen Arbeiterbewegung um die SAP herum vollziehen.

Die SAP gehörte einer Internationalen Arbeitsgemeinschaft an. Es gab in dem »Londoner Büro« genannten Verbund einige Parteien von Gewicht, darunter die Norwegische Arbeiterpartei (DNA). Nur sie konnte tatsächlich beanspruchen, die Masse des Industrieproletariats, zudem auch Landarbeiter, Fischer und Kleinbauern, in ihrem Land hinter sich zu haben. Es liegt auf der Hand, dass die Arbeiterpartei Norwegens für Brandts SAP von besonderem Interesse war. In den Jahren 1935 bis 1937 hatte Brandt seine norwegische Lektion zu lernen, eine Lektion, die von einer freiheitlichen nationalen Tradition, von nordischer Demokratie und von echter Volksverbundenheit der Sozialisten handelte. Um für sie aufnahmefähig zu sein, musste er sich von jenen deutschen

Sichtweisen freimachen, mit denen die Auslandsleitung der SAP in Paris die »norwegische Frage« bewertete.

(Kurzzeitig beteiligte sich die DNA an einem Aufruf für eine Vierte Internationale, die Gefolgsleute Leo Trotzkis ins Leben rufen wollten. In seinen Schriften über Deutschland, die Anfang der dreißiger Jahre entstanden, war Trotzki zu ähnlichen politischen Schlüssen gelangt wie die SAP. Von 1935 bis 1937 lebte auch er im norwegischen Exil, musste das Land dann aber Richtung Mexiko verlassen, wo er 1940 von einem stalinistischen Agenten ermordet wurde. Das alles ist deshalb interessant, weil die Trotzkisten damals ein Auge auf Willy Brandt geworfen hatten. Trotzki wollte ihn angeblich sogar persönlich treffen, legte dann aber plötzlich keinen Wert mehr darauf, weil er fand, dass Brandt sich zu wenig von der DNA distanzieren wollte. Umgekehrt war der trotzkistische Weg genau das, was Brandt nicht mochte: Sektierertum *par excellence,* gepaart mit arrogantem Auftreten und notorischer Rechthaberei. Aber auch ohne Trotzkisten kamen ihm die Diskussionen im »Londoner Büro« und der Arbeitsgemeinschaft der linkssozialistischen Jugendverbände oft dogmatisch, haarspalterisch und wirklichkeitsfremd vor.)

Am 7. April 1933 traf Willy Brandt in Oslo ein. Den Weg von Travemünde nach Rødbyhavn machte er versteckt auf einem kleinen Fischkutter, dann ging es weiter über Kopenhagen. Ob er sich selbst und junge illegale Genossen gefährdet hätte, wenn er in Lübeck geblieben wäre, ist unklar. Klar ist aber, dass er nicht aus freien Stücken nach Norwegen fuhr, sondern dorthin geschickt wurde, um einen Stützpunkt der SAP aufzubauen, nachdem Paul Fröhlich, der die Aufgabe zuerst übertragen bekommen hatte, bei Antritt der Reise verhaftet worden war.

In Oslo ging Willy Brandt bei nächster Gelegenheit in die Redaktion des DNA-Zentralorgans »Arbeiderbladet«. Dem außenpolitischen Redakteur Finn Moe war seine Ankunft avisiert worden.

Moe gehörte zum Vorstand der AUF, der großen Jugendorganisation der Arbeiterpartei. Brandt, Gewährsmann des Sozialistischen Jugendverbandes der SAP, sollte mit ihm zusammenarbeiten. Der Chefredakteur von »Arbeiderbladet« und eigentliche Spiritus rector der DNA war mehr als fünfzig Jahre lang Martin Tranmæl. Mir selbst war es noch vergönnt, dem legendären Freund des Vaters und Endachtziger kurz vor seinem Tod 1967 die Hand zu schütteln. Das oft beschriebene Feuer seiner jüngeren Lebensphase ließ sich nur noch ahnen.

Brandts Aufgaben waren dreierlei: Erstens sollte er die norwegischen Genossen und die Norweger über die Zustände in Deutschland aufklären. Zweitens sollte er materielle Hilfe für die politische Arbeit der SAP im Reich und im Exil sammeln. Drittens, und das war problematisch, sollte er den Norwegern vermitteln, welche Konsequenzen die Niederlage in Deutschland aus SAP-Sicht hatte, und den internen Diskussionsprozess der DNA in eine »revolutionäre« Richtung lenken.

Der erste Artikel, den Brandt in Norwegen veröffentlichte, erschien am 1. Mai 1933 in der Zeitschrift der DNA-Jugendorganisation über die Frage »Wie sieht es in Hitlerdeutschland aus?«. Hiermit begann die unglaublich rege publizistische Tätigkeit Willy Brandts in seinem Gastland. Mit den Jahren summierte sich die Zahl der Manuskriptseiten auf mehrere tausend. Zu seinen frühen bemerkenswerten Einsichten gehörte, dass der NS-Faschismus eine starke Attraktivität auf junge Menschen ausübte. Dass der junge Brandt die Diktatur fast ausschließlich unter dem Gesichtspunkt der Vernichtung der eigenständigen Arbeiterorganisationen betrachtete, dass er den Antisemitismus als Randphänomen ansah, sogar als Ablenkungsmanöver der Machthaber, und dass er die Aufrüstung zum Krieg früh in den Blick nahm, entsprach der gängigen Optik der sozialistischen Linken. In dieser Phase hatte das alles seine Berechtigung.

Willy Brandt hielt Verbindung zu den illegalen SAP-Gruppen in Deutschland. Als Ende 1934 in Berlin vor dem neu eingerichteten, aber offenbar noch nicht ganz nazifizierten Volksgerichtshof gegen die Inlandsleitung der SAP verhandelt wurde, gelang Brandt ein kleiner »Coup«, wie man heute sagen würde. Offenbar existierten bei den Richtern noch Reste rechtsstaatlichen Denkens, und mutig thematisierten die vierundzwanzig Angeklagten, dass sie gefoltert worden waren. Vor allem aber wirkte sich positiv aus, dass Brandt ein rein juristisch argumentierendes Protestschreiben mehrerer angesehener Rechtsanwälte zuwege gebracht hatte, das vom Gericht irrtümlich für eine offizielle Stellungnahme des norwegischen Justizverbandes gehalten wurde. Die Urteile fielen mit zwei bis drei Jahren Haft erstaunlich milde aus. Auch beim Friedensnobelpreis für Carl von Ossietzky 1936 hatte Willy Brandt die Hand im Spiel. Schon 1934 setzte er eine Kampagne in Gang. Erfolgreich bearbeitete er die Parlamentsfraktion der DNA und die Mitglieder des Nobelkomitees, das aus Angehörigen des norwegischen Parlaments, dem Storting, bestand. Es ist nicht übertrieben zu sagen, dass die mutige Entscheidung des Komitees für Ossietzky zu einem beträchtlichen Teil meinem Vater zu verdanken war, der offenbar damals schon persönlich und sachlich sehr zu überzeugen vermochte.

Die norwegische Sprache war Brandt nicht mehr fremd, seit er 1931 zusammen mit einem Freund durch Skandinavien getrampt und gewandert war. Die oft wortkargen Norweger lagen ihm: freundlich, hilfsbereit und vor allem ehrlich (so sein Eindruck). Er akklimatisierte sich schnell und nahm am unbeschwerten Leben der organisierten Arbeiterjugend teil. Durch das Schreiben von Artikeln und Vorträgen schuf er sich eine auskömmliche Existenz.

In Norwegen herrschte ein recht anderer Umgang der Sozialisten untereinander als in Deutschland – solidarischer, wohlwollender und kameradschaftlicher. Das prägte ihn tief. So hielt zum

Beispiel der Vorsitzenden der Arbeiterpartei Oskar Torp schützend seine Hand über ihn, als Brandt der Parteispitze einige Jahre gewaltig auf die Nerven fiel – oft drangsalierte ihn die Fremdenpolizei, und mehrmals drohte ihm die Ausweisung aus Norwegen. Die norwegischen Genossen standen zu ihm. Ein anderes Mal bewahrten ihn Finn Moe und andere Mitglieder der norwegischen Delegation einer internationalen Jugendkonferenz im Februar 1934 vor der Verhaftung in den Niederlanden, die ihn mit Sicherheit an Hitlerdeutschland ausgeliefert hätten. Den niederländischen Behörden gegenüber gaben sie vor, er sei Norweger.

Trotzdem holte ihn die deutsche Fraktionssucht ein. Als Jakob Walcher ihn mit der Gruppe »Mot Dag« (»Dem Tag entgegen«) bekannt machte, führte er Brandt in eine Art revolutionären Ordens ein. Beherrscht wurde dieser von dem charismatischen Erling Falk. »Mot Dag« bestand vorwiegend aus Angehörigen akademischer Berufe und Studenten. Der Lübecker Arbeitersohn profitierte von dem intellektuellen Niveau und den gesellschaftlichen Kontakten der elitären Gruppe, doch ließ er sich von ihr auch in einen bizarren Fraktionskampf innerhalb der Arbeiterjugend und Arbeiterpartei hineinziehen. Der ging bis an die Grenze dessen, was für seine Beschützer in der DNA-Führung zumutbar war – wenn nicht darüber hinaus. Denn Walcher meinte, die DNA mithilfe von »Mot Dag« spalten zu können. Brandt stieg auf die konspirative Fraktionsmacherei ein. Damals schätzte er die DNA als sozialdemokratisch-reformistisch ein. Für einen radikalen Linken bedeutete das Kapitulantentum und Schlimmeres. So sah mein Vater Norwegen 1933/34 in den Faschismus abgleiten und die Bruderpartei der SAP gleich mit.

Er kam zur Besinnung, gerade noch rechtzeitig, bevor ihn der Parteiausschluss der DNA ereilte. Die wichtigste norwegische Lektion hieß für ihn also: Die Alternative »sozialistische Revolution oder faschistische Konterrevolution«, wie man sie in Deutschland sah, war nicht universell gültig. Wer sich auf sie versteifte, wurde blind für andere progressive Möglichkeiten.

Im August 1936 wurde Willy Brandt (Deckname »Martin«) aus Paris mitgeteilt, er solle sich zum Einsatz in Berlin (»Metro«) bereithalten. Der Einsatz dauerte gut zwei Monate und war mit einem hohen persönlichen Risiko verbunden. Mitglieder aus dem Exil für kürzere oder längere Zeit ins Reich zurückzuschicken, war nicht ungewöhnlich. Es gab noch rund 200 SAP-Angehörige in Berlin, mit Sympathisanten vielleicht 400. »Martins« Aufgabe bestand hauptsächlich darin, sie politisch zu instruieren und die Verhältnisse der illegalen Arbeit der Partei praktisch zu untersuchen. Ferner sollte er dafür sorgen, dass die Berliner Genossen auf der »Kattowitzer Konferenz« der SAP vertreten sein würden, die eigentlich in Mährisch-Ostrau stattfand und nur zur Tarnung die polnische Stadt im Namen führte.

Für die erfolgreiche Abwicklung seiner Mission war es erforderlich, dass »Martin« zurückgezogen und völlig unauffällig lebte. Sein Budget war sehr bescheiden. Er benutzte den frisierten Pass des norwegischen Studenten und Genossen Gunnar Gaasland, wobei sein »Studium« vorwiegend aus der Lektüre von Zeitungen und NS-Schrifttum bestand. Martin wohnte zur Untermiete, ließ sich bei der Polizei legalisieren und sprach Deutsch mit norwegischem Akzent. Die illegale SAP war in Fünferzellen organisiert, damit bei Verhaftungen niemand imstande wäre, viele Namen preiszugeben. Auch Willy Brandt lernte bei den Treffen am Nachmittag oder frühen Abend stets nur einige wenige Personen kennen, alle mit Decknamen.

Seine Wahrnehmung war, dass in Nazideutschland weder von einer oppositionellen Stimmung noch von euphorischer Zustimmung die Rede sein konnte, eher von einer Duldung des Regimes durch die Bevölkerungsmehrheit. Die Arbeiterklasse schien ihm weiterhin resistent, während er bei früher Regimetreuen wie alten

SA-Männern und Hitlerjungen Zeichen der Unzufriedenheit zu registrieren meinte. Die Berliner SAP-Genossen waren meist pragmatisch und daher offen für die Zusammenarbeit mit anderen Sozialisten. »Elementare betriebliche Bewegungen« und kleinere Streiks würden, so meinte er, erste Schritte zur Repolitisierung der Arbeiterschaft darstellen. »Denkt immer daran«, ermahnte er seine Genossen im Exil. Das Leben bestehe nicht nur aus »Ismen«, sondern aus »Essen, Schlafen, Fußballspielen, Kanarienvögeln, Schrebergarten und anderen schönen Dingen ... Wir müssen lernen, nicht immer von der hohen Politik zu reden, sondern zu ihr den Weg durch jeweilige ›Teewasser‹ zu bahnen.« »Teewasser« war eine Chiffre des frühen Lenin. Sie bedeutete, mit der politischen Arbeit bei den alltäglichen Sorgen der Arbeiter anzusetzen, beinhaltete somit auch ein realistisches Menschenbild.

Wohlbehalten kehrte Willy Brandt aus Berlin zurück. Doch der nächste Parteiauftrag ließ nicht lange auf sich warten. Im Februar 1937 erhielt er den Bescheid, in Barcelona den Verbindungsmann der SAP zu den spanischen und katalanischen Linkssozialisten, Max Diamant, abzulösen und vor Ort als Vertreter des SAP-Jugendverbandes zu arbeiten. Äußerlich wurde der zweieinhalbmonatige Aufenthalt in Spanien als Korrespondententätigkeit getarnt. Von Pressearbeit konnte unter den obwaltenden Umständen jedoch keine Rede sein. Die materiellen und geistigen Existenzbedingungen Brandts in Barcelona waren prekär. Er fühlte sich isoliert und hatte kaum Verbindungen zu seinen Auftraggebern in Paris oder Freunden in Norwegen.

Aber Barcelona war nicht irgendein Außenposten. In der gesamten Linken Europas herrschte die Meinung vor, dass der im Juli 1936 begonnene Spanische Bürgerkrieg »ein Vorpostengefecht in der großen, unweigerlich herannahenden Weltauseinandersetzung zwischen Fortschritt und Reaktion, zwischen Faschismus und Sozialismus« sei. So formulierte es jedenfalls

Willy Brandt. Zur »Reaktion« zählte er wohl auch die konservative britische Regierung und deren Unterstützer. Ihr Druck hatte die französische Volksfrontregierung unter Léon Blum dazu veranlasst, die legale spanische Regierung nicht zu unterstützen und einem offensichtlich fiktiven Nichteinmischungsabkommen mit Italien und Deutschland beizutreten. Doch die Schrecken des Spanischen Bürgerkriegs imprägnierten den Dreiundzwanzigjährigen gegen jede Romantisierung des bewaffneten Kampfes. An der Aragón-Front beobachtete er im März 1937 aus nächster Nähe, wie die Höhe bei Huesca zunächst erobert und dann wieder verloren wurde. Schockiert musste er ansehen, wie Republikaner einem gefangen genommenen frankistischen Priester mit ihren Bajonetten den Bauch aufschlitzten. Solch terroristische Gewalt brachte insgesamt rund 30 Prozent des katalanischen Klerus den Tod. Auch völlig unschuldige und sozial aufgeschlossene Priester wurden in der Racheorgie gegen den fehlgeschlagenen Putsch der Franco-Generalität massakriert. Dass die Massenerschießungen der Frankisten am Ende weit darüber hinausgingen, machte die Sache nicht besser. Als einen »reinigenden Sturm«, der »die Kirchen und Klöster gesäubert« hätte, verharmloste auch der junge Willy Brandt die Priestermorde und die Zerstörungen unersetzlichen Kulturguts.

In Katalonien, einer der am stärksten industrialisierten Großregionen Spaniens, hatte die anarchosyndikalistische Gewerkschaft CNT ihren Schwerpunkt. Die CNT repräsentierte fraglos die Mehrheit der dortigen Arbeiter, die einen radikalen, libertären Sozialismus anstrebten. Sie stellten die Betriebe unter die Kontrolle und großenteils sogar unter die Selbstverwaltung der Beschäftigten. In Deutschland war der Anarchosyndikalismus eher eine Randerscheinung, radikale wie reformistische Sozialisten sahen in ihm einen Ausdruck politischer Rückständigkeit. Willy Brandt bemühte sich, die Eigenheiten, Schwächen und Stärken dieser

so anderen Arbeiterbewegung unvoreingenommen kennenzu-
lernen und zu begreifen. Noch Jahrzehnte später, als er in seinem
Buch »Links und frei« die Ereignisse beschrieb, spürte man dicht
neben dem Kopfschütteln über die Eigenheiten der todesmutigen
Fronttruppen der CNT die Faszination, die vom elementaren Frei-
heitsdrang dieser einfachen Menschen ausging.

Die Bruderpartei der SAP in Katalonien war die POUM, die
»Arbeiterpartei der marxistischen Einheit«. Gegenüber den An-
archosyndikalisten und der kommunistisch dominierten Sozialistischen Einheitspartei Kataloniens war sie eindeutig in einer
Minderheitenposition. Trotzdem stellte sie in der Region keinen
völlig unbedeutenden Faktor dar. Die POUM war antistalinistisch
eingestellt und bekämpfte die Kommunisten, weil diese die So-
zialrevolution bremsten. Diese sei in Spanien eine proletarisch-
sozialistische Revolution im Geburtsstadium. Die Machtexpan-
sion der Kommunistischen Partei, die bei Beginn des Bürgerkriegs
noch keine große Rolle gespielt hatte, geschah also, um die Revolu-
tionsbewegung einzudämmen, die die bürgerlich-kapitalistische
Ordnung transzendierte. Die entschiedenen Träger der Revolution hingegen waren POUM, CNT und der linke Flügel der Sozialisten. Was die spanischen einschließlich der katalanischen Kommunisten dann taten, unterstützt und dirigiert von insgesamt
3.000 sowjetischen »Beratern«, ähnelte mehr der Übertragung
stalinistischer Herrschaftsmethoden auf die Iberische Halbinsel
als der von ihnen offiziell propagierten »bürgerlich-demokratischen« Volksrevolution.

Mit dieser scharf ausgeprägten und für Katalonien typischen
Konfliktlinie war Willy Brandt in Barcelona konfrontiert. Bald
saß er zwischen allen Stühlen. Anders als sein SAP-Genosse Peter
Blachstein, der in einer Einheit der POUM kämpfte, hielt Brandt
das Vorgehen und die Positionen der POUM »trotz einiger ganz
richtiger Grunderkenntnisse« fast durchweg für falsch. Das be-

traf ihr Auftreten, das in seinen Augen überheblich war, und ihr Versäumnis, sich nicht konsequent um eine Aktionseinheit aller Arbeiterorganisationen zu kümmern. Brandt machte die deprimierende Erfahrung, dass es ihm nicht einmal gelang, eine gemeinsame 1. Mai-Feier der linken Jugendverbände zustande zu bringen. Eine politische Orientierung, die gleichermaßen gegen den Faschismus *und* gegen die bürgerliche Demokratie gerichtet war, erschien ihm sektiererisch und ultralinks. Zudem neigte er, wie die Kommunisten auch, zu der Ansicht, dass der Spanische Bürgerkrieg durch die Intervention Italiens und Deutschlands mit zusammen rund 75.000 Soldaten, Panzern und Flugzeugen zu einem »national-revolutionären« Kampf geworden sei. Brandt ging also von einem Doppelcharakter der spanischen Ereignisse aus: Die soziale Revolution würde gewissermaßen überlagert von einem mit konventionellen Mitteln geführten Bürger- und Interventionskrieg mit starken national-emanzipatorischen Elementen.

Das war die eine Seite – die Kritik an der POUM. Ebenso deutlich artikulierte Willy Brandt aber auch sein Entsetzen über die skrupellose Gleichschaltungspolitik der spanischen Kommunisten. Im Mai/Juni 1937 wurde er Zeuge dieser Politik, als die katalanische Regionalregierung die Telefonzentrale Barcelonas, die von der CNT kontrolliert wurde, in Besitz zu nehmen versuchte und damit mehrtägige Streiks und Straßenkämpfe provozierte. Während die CNT zu stark war, um sie einfach auszuschalten, begann ein regelrechter Vernichtungsfeldzug gegen die POUM. Nach dem Muster innersowjetischer »Säuberungen« wurde sie beschuldigt, »objektiv« dem Faschismus zuzuarbeiten, ja regelrecht in seinen Diensten zu stehen. Es kam zu mehreren Entführungsfällen, denen auch Bekannte Willy Brandts zum Opfer fielen. So wurde einer der beiden führenden Köpfe der POUM, Andrés Nin, gefangen genommen und höchst wahrscheinlich ermordet. Auch Brandt fühlte sich bedroht und wagte nicht mehr, im Hotel zu übernachten. Eine mittelbare Folge der Mai-Kämpfe in Barcelona war dann der Sturz des gesamtstaatlichen Regierungschefs Francisco Largo Caballero, eines linken Sozialisten. Ihm folgte Juan Negrin, der eher dem rechten Parteiflügel der Sozialisten angehörte und auf eine enge Zusammenarbeit mit den Kommunisten setzte.

Dass die POUM gegen die abenteuerlichen Beschuldigungen der KP und gegen die Repression verteidigt werden musste, stand für Willy Brandt außer Frage. In einem Referat mit dem Titel »Ein Jahr Krieg und Revolution in Spanien«, das er Anfang Juli 1937 in Paris vortrug, fasste er seine in Barcelona gewonnenen Einschätzungen bündig zusammen: Die kommunistischen Methoden »drohen die ganze internationale Arbeiterbewegung erneut zu vergiften und zurückzuwerfen, sie drohen die Ansätze der Einheitsentwicklung in einen Scherbenhaufen zu verwandeln.« In dem Bestreben, ihr Führungsmonopol durchzusetzen, schicke sich die Kommunistische Internationale an, »alle Kräfte zu vernichten, die sich ihr nicht gleichschalten wollen«.

Diese eindeutige Positionierung bewahrte Willy Brandt nicht davor, auf einer Sitzung des »Londoner Büros« zu Unrecht mit dem Vorwurf konfrontiert zu werden, er habe durch Unachtsamkeit die Verhaftung von ausländischen POUM-Sympathisanten verschuldet. Er widersprach heftig, und eine Untersuchung stützte seine Lesart. Doch nach der bekannten Devise Joseph Goebbels', »Irgendwas wird schon hängen bleiben«, machten ihm einschlägige Gerüchte bis weit in die Nachkriegszeit das Leben schwer: Während Kommunisten aus verschiedenen Ländern Willy Brandt wegen seiner Verbindungen zur POUM als »Trotzkisten« attackierten – eine zeitweilig lebensgefährliche Anklage –, verdammten linkssozialistische Sektierer ihn für angeblich »stalinistische« Auffassungen, weil er unbeirrt am Konzept der Volksfront festhielt.

Auch nach seiner Rückkehr aus Barcelona vertrat Willy Brandt noch die Auffassung, dass die Unterstützung der Republik durch die Sowjetunion eine objektiv fortschrittliche Tatsache bleibe. Weiterhin nahm er auch an, ein Sieg der Republikaner sei möglich bis wahrscheinlich. Die Erfahrung des Spanischen Bürgerkriegs und des innerrepublikanischen Bürgerkriegs in Barcelona hatte ihn tief beeindruckt. Der Einfluss dieses Negativbeispiels führte ihn vermutlich in die gleiche Richtung wie die friedliche und auf Konsens ausgerichtete politische Kultur Skandinaviens. Doch zeit seines Lebens hat Willy Brandt auf die Feststellung gepocht, dass die Spanische Republik als solche verteidigungswert war und der Bürgerkrieg eine Chance gewesen wäre, den fast ungehinderten Siegesmarsch Hitlers und Mussolinis zu stoppen. Jahrzehnte später bewunderte er die Spanier dafür, wie sie beim Übergang in die parlamentarische Demokratie nach Francos Tod 1975 den Bürgerkrieg ruhen lassen und sich der Zukunft zuwenden konnten.

Die SAP und Willy Brandt erkannten um die Mitte der dreißiger Jahre, dass der Zusammenbruch der großen Arbeiterparteien und der Gewerkschaften die dominierende Position der Sozialdemokratie und des Kommunismus innerhalb des linken Exils und der illegalen Gruppen in Deutschland keineswegs zerstört hatte. Vor allem die KPD schaffte es, Widerstandszirkel, die von der Gestapo zerschlagen worden waren, immer wieder zu ersetzen und kühne, ja tollkühne Aktivitäten zu entfalten. Dieser Umstand trug dazu bei, dass sich die SAP für neue Bündnisse aufgeschlossen zeigte. Dabei spielte der VII. Weltkongress der Kommunistischen Internationale im Sommer 1935 eine Rolle. In endgültiger Abkehr vom Kampf gegen den »Sozialfaschismus« sprachen sich Komintern und KPD jetzt für ein Zusammengehen mit der Sozialdemokratie und bürgerlich-demokratischen beziehungsweise antihitlerschen Kräften aus. Hintergrund für diesen von Moskau diktierten Kurswechsel war, dass die UdSSR inzwischen Interesse daran hatte, mit den Westmächten gegen die aggressiven faschistischen Staaten zu kooperieren. Die SAP sah darin einerseits ein opportunistisches Manöver, sie erkannte andererseits aber auch an, dass es mit dem Sieg der NSDAP in Deutschland und dem Trend zu rechts-autoritären Regierungsformen in anderen Ländern tatsächlich zu einer breiten antifaschistischen Gegenmobilisierung gekommen war, der sogenannten »Volksfront«. Namentlich in Frankreich und in Spanien stellten Volksfronten für einige Zeit sogar die Regierungsbasis. Da dürfe man nicht besserwisserisch-sektiererisch abseitsstehen, meinte insbesondere auch Willy Brandt.

1936 konstituierte sich im Pariser Hotel »Lutetia«, einer Luxusabsteige im Stadtteil Saint-Germain-des-Prés, der Volksfrontausschuss des deutschen Exils: Diesem sogenannten Lutetia-Kreis schlossen sich auch einzelne Sozialdemokraten, nicht aber der SPD-Vorstand an. Die SAP war mit von der Partie. Unter den Aufrufen des Jahres 1936 stand neben 117 anderen Namen, so auch dem von Walter Ulbricht, der Willy Brandts. An den Sitzungen hatte er aber gar nicht teilgenommen. Der Vorstand der SAP verfügte über seine Unterschrift. Als Brandt im September 1938 zum ersten und einzigen Male den Lutetia-Kreis besuchte und seinen Lübecker Landsmann Heinrich Mann traf, stand die Runde bereits vor dem Aus. Die Hoffnung, dass Existenz und Arbeit des Ausschusses die innerdeutsche Opposition ermutigen und beleben könnten, war verflogen, und das Gremium selbst durch innere Querelen und die antitrotzkistische Obsession der KPD in Agonie gefallen. Auch wenn es dem Teil des deutschen Exils, der sich nach Skandinavien begeben hatte, gelang, ein insgesamt sachlicheres und kooperativeres Verhältnis zwischen den diversen Gruppen, auch zwischen SAP und KPD, herzustellen, änderte das nichts an der erneuten Verschärfung der Spannungen innerhalb der Linken seit 1937.

Größere Bedeutung hatte für die SAP daher die »Sozialistische Konzentration«. Diese schloss diverse deutsche sozialistische

Gruppen und sogar die österreichischen Sozialdemokraten, zusätzlich Repräsentanten der sudetendeutschen, tschechischen und slowakischen Flüchtlinge ein. Die Hinwendung zum linken Flügel der Sozialdemokratie und ihren »aktiven Kräften«, die nicht zuletzt dazu dienen sollte, ein Gegengewicht zu den Kommunisten zu schaffen, wurde von Willy Brandt stark befürwortet. Die Rückkehr der Norwegischen Arbeiterpartei in die Sozialistische Arbeiter-Internationale der Sozialdemokraten war für Brandt ein Vorbild und ein starkes Argument, sich mit der Sozialdemokratie intensiver zu verbinden. Im Oktober 1938 beendete die SAP ihre Mitgliedschaft im Londoner Büro. Willy Brandts Position innerhalb der SAP wurde seit 1937 bedeutender.

Auch wenn er in der Osloer Gruppe heftige Streitigkeiten zu bestehen hatte, eher persönliche als politische, und zeitweilig sogar in die Minderheit geriet, übertrug man ihm bei Kriegsbeginn die Geschäftsführung. Die immer grundsätzlichere Abgrenzung Willy Brandts vom Sowjetkommunismus kulminierte im Sommer 1939 in der Verurteilung des deutsch-sowjetischen Nichtangriffspakts. Die kritisch-unterstützende Haltung vieler europäischer Linkssozialisten zur UdSSR in der Zwischenkriegszeit beruhte auch darauf, dass sie einen Gegenpol zum Faschismus bildete. Dieser Grund war nun obsolet geworden, denn der Kreml und die ganze kommunistische Weltbewegung mit ihm unterstützte kaum verhohlen die NS-deutsche Seite. Walter Ulbricht, Brandts späterer Widersacher in Ost-Berlin, griff die deutschen Kritiker des Hitler-Stalin-Pakts in unnachahmlicher Wendigkeit als »Feinde des deutschen Volkes« und »Helfershelfer des englischen Imperialismus« an. Willy Brandt hatte sich schon vor dem Paktabschluss in Artikeln und Broschüren mit der KPdSU und der Komintern auseinandergesetzt. Dabei unterschied er zwischen der Notwendigkeit, die UdSSR gegen drohende Aggression von außen zu verteidigen, und der Anmaßung Moskaus, die Arbeiterbewegung im Rest der Welt den Interessen der sowjetischen Außenpolitik unterzuordnen. Die Prämissen dieser Politik waren für ihn nichts weniger als »verhängnisvoll«.

Nachdem die Außenminister Molotow und Ribbentrop den Pakt unterzeichnet hatten, stellte Brandt fest, die Stalin'sche Führung habe »einen tiefen Graben zwischen sich und der europäischen Arbeiterbewegung« aufgerissen und sei damit neben Hitlerdeutschland als »reaktionäre Kraft erster Ordnung« in Erscheinung getreten. Gleichwohl sah er auch die Westmächte kritisch. Auch wenn sie die Niederlage Deutschlands im Krieg für äußerst wünschenswert hielten, sahen er, die SAP-Genossen und die Freunde aus der Norwegischen Arbeiterpartei die Westmächte als Bestandteile eines kapitalistisch-imperialistischen Weltsystems, das man zugunsten einer neuen sozialistischen Ordnung internationaler Zusammenarbeit ablösen müsse. Das deutsche antinazistische Exil, so unterstrich er zu Recht in seinem Erinnerungsbuch »Links und frei«, habe zwar nachdrücklich vor der Gefahr gewarnt, die dem Weltfrieden durch NS-Deutschland drohte, doch einen Interventionskrieg hätte es nie gefordert.

Es gehört zu den Paradoxien des menschlichen Lebens, dass die knapp drei Jahre zwischen der Rückkehr aus Spanien, als sich der Krieg in Europa erkennbar abzeichnete, und der deutschen Besetzung Norwegens für Willy Brandt persönlich die glücklichsten seiner Exilzeit, ja vielleicht die glücklichsten seines Lebens wurden. Nachdem er Mot Dag verlassen hatte, verlief die Mitarbeit im Jugendverband der Arbeiterpartei konfliktfrei. Dabei lernte er Mitstreiter kennen wie den späteren langjährigen Außenminister Halvar Lange und den späteren norwegischen Ministerpräsidenten Trygve Bratteli, die nach dem Krieg zu den Förderern des neuen, demokratischen Deutschland gehören sollten. Er genoss die jährlichen Sommerlager, die er schon seit 1933 besucht hatte. Die norwegische Jugendbewegung war unbeschwert, hier kamen

»neben der Politik« auch »Unterhaltung und Tanz zu ihrem Recht«. Er erfuhr dort viel Aufgeschlossenheit für die geistigen Strömungen Westeuropas und Amerikas. Das zeugte von Geistesfreiheit und einem weiten Horizont. Die Anstecknadel des Arbeiterjugendverbandes bewahrte Willy Brandt zeitlebens auf.

In den Zeitschriften und der Tagespresse der norwegischen Arbeiterpartei beziehungsweise in den Einrichtungen des Arbeiterbildungsverbandes schrieb und dozierte Brandt beinahe täglich. Er wurde zu einem einfluss- und kenntnisreichen Kommentator des Weltgeschehens innerhalb der norwegischen Partei. Als er 1937 eine permanente Aufenthaltsgenehmigung bekam und dann im Herbst 1938 als Sekretär für Öffentlichkeitsarbeit der humanitären Spanienhilfe erstmals auch eine feste Stelle, normalisierte sich sein Dasein. Auch seine Wohnungssituation verbesserte sich und die seiner Lübecker Freundin Gertrud Meyer, die ihm ins Exil gefolgt und ebenfalls für die SAP tätig war.

Inzwischen trug die Regierungstätigkeit der Arbeiterpartei Norwegens, die sich seit den erfolgreichen Parlamentswahlen 1936 auf die Tolerierung durch die Liberalen stützte, Früchte. Ein feudales Erbe hatte das Land freier Bauern, das seit langem fast keinen Adel kannte, zwar nicht, doch der Antagonismus von Arbeit und Kapital hatte noch in den frühen dreißiger Jahren zu scharfen Konfrontationen geführt. Daneben besaß die Agrarwirtschaft und damit das Dorf immer noch beträchtliches Gewicht in Norwegen – gewissermaßen ein dritter Pol des sozialen und politischen Lebens.

Die Arbeiterpartei fasste die Dinge im Wesentlichen pragmatisch an, obwohl sie sich über mehr als ein Jahrzehnt als eine revolutionäre, rätesozialistische Formation verstanden hatte und auch syndikalistische Züge trug. In den frühen dreißiger Jahren war sie gleich mehrfach herausgefordert: durch eine industrielle und agrarische Krise sowie den deutlichen Rechtstrend in den bürgerlichen Parteien und in der Bauernpartei. Sie nahm die Herausforderung an. Auch wenn der Wirtschaftsaufschwung in der zweiten Hälfte der dreißiger Jahre wohl überwiegend von der Veränderung der internationalen Konjunkturverhältnisse gespeist wurde, gelang den norwegischen Sozialisten – übrigens den dänischen und schwedischen auch – mit der Stabilisierung der Landwirtschaft, mit öffentlicher Arbeitsbeschaffung und der Stärkung des Binnenmarktes ein psychologischer Umschwung, der mit dem Ausbau sozialstaatlicher Sicherungen abgerundet wurde. Die »Nationale Sammlung« eines Vidkun Quisling verlor den größeren Teil ihrer ohnehin nicht sehr zahlreichen Wähler, und die Sympathien für den Faschismus in den etablierten Mitte-rechts-Parteien ließen nach. Am Ende des Jahrzehnts waren die einst ausgedehnten Arbeitskämpfe durch korporative Regulierung erheblich reduziert. Die parlamentarische Demokratie folgte einer konsensualen Grundströmung.

Willy Brandt wurde Norweger im staatlich-politischen Sinn des Wortes, als er im Sommer 1940 nach Schweden floh. Mit den Parlamentsabgeordneten und führenden Mitgliedern der Arbeiterpartei war er nach der Invasion der Wehrmacht am 8. April 1940 ins Landesinnere ausgewichen. Eine effektive Verteidigung Norwegens kam mit britischer Unterstützung nur im Norden zustande, wo die Kämpfe bis zum Juni anhielten. Am Ende mussten König und Regierung nach England fliehen. Lange hatten Brandt und seine Freunde es für unwahrscheinlich gehalten, dass Norwegen vor Beginn der erwarteten deutschen Westoffensive angegriffen werden könnte. Immerhin hatte die Osloer Regierung auch gegenüber den Briten stets auf die Neutralität Norwegens gepocht.

Als die norwegischen Truppen im Südteil des Königreichs kapitulierten, kamen Willy Brandt und seine Freunde zu dem Ergebnis, es wäre sicherer, sich mit den Streitkräften gefangen nehmen zu lassen. Paul René Gauguin, der französisch-norwegische Enkel des berühmten Malers, überließ ihm seine Uniform. Brandt ging, sein 1936 in Berlin praktiziertes Deutsch mit norwegischem Akzent reaktivierend, in eine vierwöchige und recht sanfte Kriegsgefangenschaft. Danach hielt er sich in Oslo auf, zog sich in die Hütte eines Kollegen am Oslofjord zurück und wurde am 30. Juni 1940 über die Grenze nach Schweden geschleust. Bei einem heimlichen Besuch in Oslo zur Weihnachtszeit, der auch der Kontaktaufnahme zu Widerstandskreisen diente, sah er seine Ende Oktober geborene kleine Tochter Ninja. Sie und ihre Mutter Carlota folgten dem Vater Mitte Mai 1941 illegal in die schwedische Hauptstadt Stockholm, wo die Beziehung von Carlota und Willy legalisiert wurde.

Seinen Lebensunterhalt bestritt das Paar recht ordentlich mit Pressearbeit. Willy arbeitete als freier Journalist, tätig für Agenturen und Zeitungen auch außerhalb Skandinaviens, Carlota beim Pressebüro der norwegischen Legation in Stockholm. Mehrfach wurde Willy jedoch von der schwedischen Polizei verhaftet, die besorgt war, er könne gegen das politische Neutralitätsgebot für Flüchtlinge verstoßen, und außerdem gab es in der schwedischen Polizei auch Leute, die mit Hitlerdeutschland sympathisierten. Zeitweilige Überlegungen des Paares, in die einzig sicher erscheinenden USA auszureisen und dort für seine politischen Ziele zu arbeiten, verliefen im Sande. Zudem hatte Willy Brandt am 2. August 1940 von der norwegischen Exilregierung die im Vorjahr beantragte norwegische Staatsangehörigkeit erhalten. Diese verlieh ihm eine gewisse Sicherheit, und das Exil war eine sehr unsichere Zeit. Immerhin war am 5. September 1938 sein Name auf der 51. Ausbürgerungsliste des nationalsozialistischen Deutschland veröffentlicht worden – erstaunlich spät angesichts seiner diversen regimefeindlichen Aktivitäten, aber offenbar hatten die zuständigen Stellen Schwierigkeiten, Herbert Frahm, Willy Brandt, Felix Franke und die unterschiedlichen Osloer Deckadressen einer einzigen Person zuzuordnen.

Zwischen Sommer 1940 und Herbst 1941, und dann noch einmal im Sommer 1942, sah es so aus, als würde Deutschland den Krieg gewinnen oder sich zumindest eine mittelfristig nicht zu erschütternde militärische Machtposition erkämpfen. Auch die neutralen Staaten Schweiz und Schweden passten sich bis zu einem gewissen Grad an. Dänemarks sozialdemokratisch geführte Regierung, die unter deutscher Besatzung bis 1943 weiter amtieren durfte, sah sich sogar veranlasst, dem Antikomintern-Pakt beizutreten. Finnland, ebenfalls demokratisch regiert, kämpfte sogar mit Deutschland ab Juni 1941 gegen die Sowjetunion, um die Verluste des Winterkrieges 1939/40 rückgängig zu machen.

Wie mir mein Vater in mehreren Gesprächen eindrücklich schilderte, rechnete er damals durchaus mit der Möglichkeit eines deutschen Sieges, ja, er hielt ihn zeitweise sogar für wahrscheinlich. Dabei erwog er verschiedene Alternativen, so auch die, dass Sozialisten in einem faschistischen Europa längerfristig überwintern müssten. Das hätte bedeutet, sich innerhalb oder am Rande von offiziellen NS-Organisationen zu betätigen, vorsichtig und in reduzierter Form, und da, wo sich elementarer Protest in der Arbeiterschaft regte, diesen zu fördern. Vielleicht hätte man dazu sogar bestimmte kapitalismuskritische Elemente der faschistischen beziehungsweise nationalsozialistischen Ideologie für sich ausnutzen können. Für profilierte und bekannte NS-Gegner kam eine solche Strategie naturgemäß nicht in Betracht. Deshalb regte der todkranke frühere Mot Dag-Chef Erling Falk, dem Willy Brandt in einer Stockholmer Klinik einen letzten Besuch abstattete, an, eine sozialistische Geistes- und Aktivistenelite nach Nordamerika zu überführen, um dort den Zeitpunkt abzuwarten, an dem die faschistischen Regime Erosionserscheinungen zeigten und dann in die europäische Entwicklung zu intervenieren. Mein Vater trat stattdessen für eine Art Endkampf der alten Arbeiterbewegung ein – für einen Untergang mit wehenden Fahnen: nicht aus romantischen Gründen, sondern weil er den moralischen Gewinn eines solchen heroischen Ereignisses als Leuchtfeuer für kommende Generationen höher einschätzte als die zweifelhaften Chancen, in einer feindlich-diktatorischen Umwelt politisch wirken zu können. Jedenfalls rechnete er auch mit seinem physischen Ende und fand Trost in der Vorstellung, dass in seiner Tochter etwas von ihm weiterleben würde. Mit dem Scheitern des von Hitler als Blitzkrieg geplanten Russlandfeldzugs im November 1941, dem kurz darauf folgenden Kriegseintritt der USA und endgültig mit dem Untergang der 6. Armee der Wehrmacht in Stalingrad ein gutes Jahr danach war dieses Fenster in den Abgrund verschlossen.

Willy Brandt stellte seine Arbeitskraft in der Stockholmer Zeit hauptsächlich in den Dienst der norwegischen Exilregierung und der »Heimatfront« – des Zusammenschlusses norwegischer Widerstandsgruppen. Wie sie vertrat auch er die Meinung, man solle in Norwegen auf den spontanen zivilen Ungehorsam setzen – Pfarrer, Lehrer und Richter verweigerten sich massenhaft den Loyalitätsforderungen der norwegischen NS-Kollaborateure um Quisling. Bewaffnete Aktionen standen nicht im Vordergrund. Brandts zahlreiche Artikel, Broschüren und Bücher wurden von den Norwegern später als eine höchst effektive publizistische Unterstützung ihres Unabhängigkeitskampfes gewürdigt. Währenddessen trat er konsequent gegen die auch unter Norwegern zunehmende Tendenz auf, die Deutschen pauschal mit dem Hitlerregime zu identifizieren. Dabei geriet er insbesondere mit den norwegischen und schwedischen Kommunisten aneinander, die ihn im Sommer 1943 in ihren Zeitungen als »Deutschen mit zweifelhafter Vergangenheit« bezeichneten. In einem typisch stalinistischen Amalgam sagten sie ihm Verbindungen zum ehemaligen polnischen Generalstab, zu Kollaborateuren, Hilfsdienste für Trotzkisten, Faschisten und die Gestapo nach. In einem offenen

Antwortbrief wies Willy Brandt die mit seiner Herkunft verbundenen Verdächtigungen zurück und formulierte den oftmals zitierten Satz: »Ich fühle mich durch tausend Fäden mit Norwegen verbunden, aber ich habe Deutschland – das andere Deutschland – niemals aufgegeben. Ich arbeite dafür, dass der Nazismus und seine Verbündeten in allen Ländern zerschmettert werden, damit sowohl das norwegische wie das deutsche Volk und alle anderen Völker leben können.«

Im schwedischen Exil wurde Willy Brandt endgültig zum außenpolitischen Denker. Was schon in den Schriften vor Kriegsausbruch thematisiert worden war, wurde jetzt zu einem konzeptionellen Entwurf. Sein Zentrum war die Verbindung der deutschen Problematik mit der europäischen: Abrüstung und ein kollektives Sicherheitssystem, übernationale wirtschaftliche Zusammenarbeit und Planung, letztlich ein vereintes Europa mit gewählten Leitungsorganen. Ein zweites durchgehendes Motiv war die Überzeugung, dass die deutsche antinazistische Opposition »sich nur auf der Grundlage der gesellschaftlichen Entwicklung in Deutschland orientieren kann und dass sie nicht mithilfe ausländischer Bajonette der Sieger von morgen sein wird.« Dazu gehörte die Verteidigung des Selbstbestimmungsrechts auch für die Deutschen. Dass die Volksmassen sich gegen die NS-Führung erheben würden, wurde während des Krieges immer unwahrscheinlicher, dennoch bestand Brandt auf der politischen Eigenständigkeit der deutschen Antifaschisten. Das galt zunächst mit Blick auf die Sowjetunion. Doch dürfe man auch nicht zum Agenten der Westmächte werden. Gleichwohl unterhielt er, der schon damals Pragmatiker war, Kontakte zu diplomatischen und nachrichtendienstlichen Stellen der alliierten Mächte. Auf solchen Kanälen versuchte er immer wieder Einfluss zu nehmen und seine Auffassungen in die Planungs- und Entscheidungsvorgänge der Kriegsalliierten einzuspeisen. Die Überwindung des Nazismus könne jedenfalls, so seine felsenfeste Überzeugung, nur das Werk »der deutschen Demokratie, des arbeitenden deutschen Volkes« sein.

Zusammen mit Martin Tranmæl, dem ebenfalls nach Stockholm geflüchteten norwegischen Arbeiterführer, initiierte und koordinierte Willy Brandt eine »Internationale Gruppe demokratischer Sozialisten« aus deutsch besetzten und neutralen Ländern. In monatelangen Diskussionen erarbeiteten sie die Denkschrift »Friedensziele der demokratischen Sozialisten«, die über weite Strecken Brandts Handschrift trug, ebenso wie der außenpolitische Teil der SAP-nahen Broschüre »Zur Nachkriegspolitik deutscher Sozialisten«. Der Internationalen Gruppe demokratischer Sozialisten gehörten etliche spätere Minister, Staatssekretäre und Parlamentarier verschiedener Länder an. Dort lernte er seinen lebenslangen politischen und persönlichen Freund Bruno Kreisky kennen, späterer Bundeskanzler Österreichs, sowie Alva und Gunnar Myrdal, die sozialwissenschaftlichen Vordenker des schwedischen Wohlfahrtsstaates und einer neuen internationalen Ordnung. Den Spitzenpolitikern der schwedischen Sozialdemokratie begegnete er erst in der Nachkriegszeit persönlich, kannte aber die Schriften ihrer bedeutendsten konzeptionellen Denker, vor allem die von Ernst Wigforss und Gustav Möller.

Eine konstruktive europäische Zukunft sah Willy Brandt nur gewährleistet, wenn die Koalition der späteren Siegermächte zusammenhielte. Deutschland seinerseits solle sich nicht festlegen, sondern mit beiden Seiten zusammenarbeiten, auch um die staatliche Einheit zu erhalten. Zwar lehnte er schon damals den Sowjetkommunismus kategorisch ab, trotzdem sah er in der Verständigung mit dem Osten, vor allem mit Polen und Russland, eine der wichtigsten Aufgaben der künftigen deutschen Außenpolitik. Dass Brandt die sowjetrussische Gegenwart und Zukunft seit dem Überfall Hitlers durch das »Unternehmen Barbarossa« in einem freundlicheren Licht sah als während des Hitler-Stalin-

Paktes, war verständlich. Wie bei fast allen Linken, galt das auch für die Westalliierten. Der Verteidigungs- und Opferwille der Russen im »Großen Vaterländischen Krieg« fand viele Bewunderer.

Für die Stockholmer SAP-Gruppe um August Enderle, zu der nun auch Willy Brandt gehörte, stand für die Nachkriegszeit eine Zielsetzung weit oben. Sie glaubte an die Möglichkeit einer sozialistischen Einheitspartei: unabhängig, von breiten Schichten des werktätigen Volkes getragen und demokratisch strukturiert. Eine solche Partei sollte sich auch solchen Linken öffnen, die nicht in der Tradition der alten Arbeiterbewegung standen, aber auch den Kommunisten, wenn sie dieser Grundorientierung zustimmten. Die verhängnisvolle Spaltung des Sozialismus in der Zwischenkriegszeit gelte es zu überwinden, damit die Kräfte gebündelt werden könnten für den gesellschaftlichen Neubau. Während diesbezügliche Verhandlungen andernorts in der Regel schnell scheiterten, konnten sich die Einheitsbestrebungen in Deutschland erst seit dem Frühjahr/Sommer 1945 entfalten. Die unter früheren Sozialdemokraten, Kommunisten und parteilosen Arbeitern anfangs vermutlich sogar mehrheitsfähige Grundströmung wurde dann von der moskautreuen KPD-Führung, die sich in Berlin mithilfe der sowjetischen Besatzungsmacht neu aufstellte, gebremst, gestoppt und im eigenen Interesse umgeleitet.

Als die Stockholmer SAP-Gruppe am 30. September 1944 ihre Aufnahme in die dortige SPD beantragte, begründete sie ihren Schritt in einem Schreiben an die Parteigenossen in anderen Exilländern. Man vollzog den Schritt in der Hoffnung, der Einheitspartei näher zu kommen. Willy Brandt ahnte schon, dass die »totale Einheit« bis auf Weiteres wohl nicht realisierbar sei, und gerade deshalb müsse man die Einheit zwischen der alten SPD und den linkssozialistischen Gruppen im Rahmen einer erneuerten Sozialdemokratie verwirklichen und das SAP-Experiment beenden.

Die Entscheidung für die SPD stieß in SAP-Kreisen teilweise auf heftigen Widerspruch, und auch diejenigen, die sie mittrugen, wurden desillusioniert. Der alte Funktionärsgeist schien immer noch lebendig zu sein mit seinem gedankenlosen Traditionalismus, der vielfach den örtlichen Parteiaufbau der SPD bestimmte. Das empfanden zumindest ehemalige SAPler so wie etwa Irmgard und August Enderle, die in Bremen gelandet waren. In den Westzonen gingen die meisten früheren SAP-Mitglieder wieder zurück in die SPD. Otto Brenner, der spätere IG-Metall-Vorsitzende, und Willi Eichler, der spätere »Vater des Godesberger Programms«, schlossen mit dem Büro Dr. Schumacher ein formelles Wiedereingliederungsabkommen für die SAP beziehungsweise für den ISK. Die Stockholmer SAP-Gruppe war sich völlig darüber im Klaren gewesen, dass die angestrebte vereinigte Partei der Arbeiterbewegung – neben der wieder zu errichtenden einheitlichen Gewerkschaftsbewegung – nur in Deutschland selbst und nicht im Exil entstehen konnte. »Jahrzehntelang heiß umstrittene Probleme«, hieß es in dem Aufnahmegesuch der SAP in die SPD-Gruppe, »sind gegenstandslos geworden«. Die neuen Aufgaben könnten nur bewältigt werden, wenn es gelinge, die frühere Zersplitterung zu verhindern.

Auch wenn die lange aufrechterhaltene Hoffnung trog, die deutschen Volksmassen, insbesondere die Arbeiter, würden wenigstens im Todeskampf der NS-Führung als eigener Faktor in Erscheinung treten und den Hasardeuren in den Arm fallen, blieben die inhaltlichen Bestandteile der Nachkriegsprogramme davon unberührt. Neben der Ausschaltung von Nazis, der Aburteilung der Verbrecher, der Installation demokratischer Organisationen und Institutionen, wozu man auch Betriebsräte zählte, ging es im Kern darum, die »Nutznießer« und Stützen des Nazismus zu entmachten, so vor allem Schwerindustrie, Großgrundbesitz, Offizierskorps, bürokratische und akademische Eliten. Das entsprach

indessen nicht den Intentionen der westlichen Besatzungs-
mächte. In der sowjetischen Zone wurde die »antifaschistische
Demokratie« von Anfang an stalinistisch überformt. Aber auch
im Westen kündigten sich für die Sozialisten Wahlentscheidun-
gen an, die ihnen nicht unbedingt Mut machen konnten. Willy
Brandt, der sich im Lauf der Jahre die Fähigkeit erworben hatte,
Situationen relativ realistisch zu beurteilen, fand bei seinen Besuchen in Deutschland seit Herbst 1945 ermutigende Zeichen. So erfasste die halblegale Kampfgemeinschaft gegen den Faschismus
in Bremen, wo frühere SAPler eine zentrale Rolle spielten, Tausende. Aber Brandt erfuhr auch, wie viel »Schutt in den Köpfen
der Menschen« lag. »Selbst die Pessimisten haben unterschätzt«,
schrieb er 1946, »welche Wirkungen zwölf Jahre Faschismus in den
Köpfen hinterlassen würden, welche Leere und welche Dummheit
in großen Massen des Volkes nach dieser planmäßigen Verseu-
chung zu verzeichnen sind.«

Die Berliner Jahre – »Kampf um Freiheit«

In jenem Jahr der Tätigkeit in der Norwegischen Militärmission, 1947, bereitete Willy Brandt seinen Wiedereinstieg in die deutsche sozialdemokratische Politik vor. Er fand, er sei am wichtigsten Ort Deutschlands und an einem der wichtigsten Orte Europas gelandet, in einer faszinierenden Stadt, trotz der Zerstörungen, mit Bewohnern, die er in ihrer besonderen Mentalität rasch liebgewann. Es dauerte nicht lange – und Berlin wurde seine Heimatstadt. Dass er dort weder geboren noch aufgewachsen war, unterschied ihn nicht von vielen anderen »Berlinern«. Das galt zum Beispiel auch für die Symbolfigur des Westberliner Selbstbehauptungskampfes: Ernst Reuter. Immerhin war Reuter in der Weimarer Republik einige Jahre Stadtrat für Verkehr und danach Oberbürgermeister von Magdeburg gewesen. Nach seiner Rückkehr aus dem türkischen Exil im Dezember 1946 übernahm er das Berliner Stadtratsamt erneut. Brandt traf Reuter zum ersten Mal im Hause Annedore Lebers, der Witwe von Julius Leber. Sie hieß Brandt willkommen auf eine Art, die ihm gefiel und zu ihm passte: Als er auf seine Funktion als »Alliierter« verwies, meinte sie nur: Es sei unwichtig, in welcher formalen Stellung er käme, man wisse ja, wer käme.

Brandt war von Reuter gleich fasziniert: die Freundlichkeit, die innere Ruhe, das humanistisch-freiheitliche Ethos, die fundierte Bildung, die rednerischen Gaben, zu denen neben Pathos auch Ironie gehörte, und nicht zuletzt Reuters Kämpfernatur. Wie Willy

Brandt hatte der 1889 geborene Ernst Reuter eine radikale sozialistische Phase hinter sich, noch »linker« und schärfer. Als deutscher Kriegsgefangener des Ersten Weltkriegs hatte er sich 1917/18 in Russland den Bolschewiki angeschlossen, war einige Monate Volkskommissar in der autonomen Wolgadeutschen Republik und 1921 in Deutschland sogar kurz KPD-Generalsekretär gewesen, bevor er mit einer kommunistischen Dissidentengruppe über die USPD wieder in der vereinigten Sozialdemokratie seinen Platz fand. Er meinte die Gedanken und Gefühle der Kommunisten im Ostteil Berlins genau zu kennen. Schon Mitte 1947 wurde Reuter anstelle des Sozialdemokraten Otto Ostrowski, der angeblich zu unpolitisch und gegenüber der SED zu kompromissbereit gewesen war, zum Oberbürgermeister gewählt. Doch aufgrund eines Vetos der Sowjets konnte er formell das Amt erst nach der Spaltung der Berliner Stadtverwaltung im November/Dezember 1948 antreten. De facto war er aber schon davor zum politischen Führer West-Berlins avanciert. Nach Reuters Tod verfassten Willy Brandt und Richard Löwenthal eine Biografie dieses antitotalitären Liberalsozialisten, die bis heute lesenswert ist.

Brandt wurde »Reuters junger Mann«, so wie er in der SAP »Walchers junger Mann« gewesen war. Die Freundschaft, die Reuter ihm entgegenbrachte, tat ihm gut und machte es ihm leichter, das Ende seiner Hoffnungen auf ein Zusammenwirken aller progressiven Kräfte des deutschen Volkes zu akzeptieren.

Gemessen an Reuters Rhetorik, der von einem »teuflischen« System östlich der Elbe sprach, klangen Brandts Anklagen gegen den Sowjetkommunismus und die SED geradezu gemäßigt. Allerdings blieb auch er diesem Gegner nichts schuldig. Er und Reuter gelangten Anfang 1948 zu der Überzeugung, mit dem Ost-West-Konflikt habe ein weltweites Ringen eingesetzt – nicht zwischen Kapitalismus und Sozialismus, wie die Kommunisten behaupteten, sondern zwischen Freiheit und Tyrannei. Demgegenüber seien die innergesellschaftlichen Kontroversen im westlichen Lager zweitrangig. Eine »Äquidistanz« – also ein gleicher Abstand zu den Westalliierten und zur Sowjetunion – wie sie aus wirtschafts- und gesellschaftspolitischen Gründen für demokratische Sozialisten nahegelegen hätte, erschien ihnen unvertretbar.

Der Wendepunkt im Denken ist für Willy Brandt leicht auszumachen: Es war die kommunistische Machtübernahme in der Tschechoslowakei im Februar 1948. Zu diesem Zeitpunkt waren dort die Schlüsselindustrien längst im breiten Konsens verstaatlicht worden und die sozialistische Umgestaltung auf einem guten Wege. Dabei gab es eine pluralistische Öffentlichkeit, mehrere eigenständige Parteien und eine parlamentarische Regierungsform. Mein Vater hatte sich im Sommer 1947 bei einem Besuch in Prag selbst vom politischen Leben an der Moldau überzeugt. Dies alles hätten die Kommunisten mit einem Schlag zerstört. »Heute werden leider nicht Brücken gebaut, sondern gesprengt«, äußerte er entrüstet nach den Prager Ereignissen. Jetzt müsse man zuerst die »eigenen Reihen ordnen und keinen Schritt zurückweichen«.

Auf dem Berliner Landesparteitag der SPD am 8. Mai 1948 betonte Willy Brandt, dass es für die Sozialdemokraten »keine Neutralität in der Auseinandersetzung zwischen Freiheit und Knechtschaft, zwischen Demokratie und Diktatur« gäbe. Er fügte aber hinzu, »das bedeutet nicht eine einseitige Festlegung in einem Spiel von Großmächten«. Auch grenzte er sich klar von der bürgerlichen Rechten ab, den »starken reaktionären Tendenzen« der Gegenwart, und wiederholte die Prämisse der Schumacher'schen SPD, dass »die Demokratie nur von Dauer sein kann, wenn sie sozialistisch untermauert wird«. Schon damals lag in der Luft, dass der Ost-West-Konflikt sehr bald die absolute Frontlinie der deutschen Politik markieren würde, vor allem für Berlin, Brandt und Reuter – die Blockade des Westteils begann am 24. Juni 1948.

Seit Anfang dieses Jahres 1948 war Willy Brandt der Berliner Vertreter des SPD-Vorstands für die Westzonen, der sich zunächst in Hannover etabliert hatte. Er unterhielt »quasidiplomatische« Kontakte zu den Alliierten. Seine Aufgaben hießen: in politischen Stäben der westlichen Befehlshaber konstruktive Politikansätze unterbringen oder fördern, ausländische Pressekorrespondenten und Gäste in Berlin betreuen und die noch nicht fest institutionalisierten Beziehungen zwischen der westdeutschen und der Berliner SPD pflegen. Mit diesem Aufgabenfeld konnte er in vieler Hinsicht an seine frühere Tätigkeit anknüpfen, und es ermöglichte ihm, sich mit der Zeit Schritt für Schritt direkt in die Berliner SPD und ihre Berlinpolitik einzubringen: als Bundestagsabgeordneter, als Vorsitzender des SPD-Kreises Wilmersdorf und als Chefredakteur der örtlichen Parteizeitung.

Schon im Oktober 1947 hatte Brandt das Angebot erhalten, den SPD-Vorstand in der Viersektorenstadt zu vertreten, und sich dazu auch bereiterklärt. Als er über etliche Wochen ohne weitere Nachricht blieb und erfuhr, dass der frühere SPD-Reichstagsabgeordnete Kurt Heinig, mit dem er schon in der Stockholmer Exilzeit Probleme gehabt hatte, massiv gegen seine Berufung intrigierte, bat er den allmächtigen Kurt Schumacher am 23. Dezember brieflich um eine schnelle Entscheidung. Auch von anderen Seiten gab es Bedenken. Er sei, schrieb mein Vater an Schumacher, nie ein einfacher Jasager gewesen und könne nicht im Voraus jeder Einzelformulierung zustimmen, »auch wenn sie von dem ersten Mann der Partei geprägt« sei. Er behalte sich vor, sich »über neu auftauchende Fragen selbst den Kopf zu zerbrechen«. Er werde die Mehrheitsmeinungen und offiziellen Positionen der SPD nach außen leichter vertreten können, wenn er Gelegenheit erhalte, abweichende Auffassungen bei Wunsch intern einzubringen. Der Brief scheint Eindruck gemacht zu haben. Ungeachtet der reibungslosen Zusammenarbeit fand Willy Brandt zu Schumacher, anders als zu Reuter, jedoch keinen persönlichen Draht. Er empfand Hochachtung für den Unbeugsamen, aber keine spontane Zuneigung. Schumachers autoritärer Führungsstil und die Apodiktik seines Denkens und Redens blieben ihm fremd und unheimlich. Obwohl er in vielem, wohl dem Meisten, mit dem Vorsitzenden sachlich übereinstimmte, befürchtete er, dass dieser beim Wiederaufbau der deutschen Sozialdemokratie letztlich nur »kosmetische Korrekturen« vornehmen würde.

Franz Neumann, der traditionssozialistische Berliner SPD-Vorsitzende, war keinerlei Sympathie für den Sowjetkommunismus verdächtig. Er galt als Schumachers Vertrauter. Neumann war ein schwieriger und sperriger Charakter. Nun hatte die Berliner Stadtverordnetenversammlung in den ersten Nachkriegsjahren eine Reformgesetzgebung für Berlin in Gang gesetzt, in der sie gewissermaßen auch ein Modell für Gesamtdeutschland sah. Die Sozialdemokraten waren an ihr federführend und mit Herzblut beteiligt. Als diese Reformgesetzgebung abgebaut werden sollte, stemmte der Haudegen Neumann sich dem entgegen. Das Sozialisierungsgesetz stoppten die Amerikaner sehr bald, und nicht nur in Berlin. Die Einheitsversicherung, die Einheitsschule, die Abschaffung des Beamtenstatus – in allen diesen Fällen musste die Berliner Sozialdemokratie mühsam zum Verzicht gedrängt werden. Auch Ernst Reuter beklagte die »dämlichen Gesetze« des Bundes, doch sahen er und Willy Brandt keine Alternative zur automatischen Übernahme von Bundesgesetzen: Es war ein westdeutscher Kernstaat errichtet worden, den Reuter und Brandt stark befürwortet hatten. Nun wollten sie, dass West-Berlin (mit Gesamtberliner Anspruch) voll in die Bundesrepublik integriert werde. Sollte man sich da der Bundesgesetzgebung verweigern?

Aus dieser Sicht zog Reuter, wie später auch Brandt, eine breite Regierungsbildung in Berlin unter Einschluss der Bonner Regierungsparteien einer Alleinregierung der SPD vor – selbst wenn sie möglich gewesen wäre. Und nach der schweren Wahlniederlage von 1950 warnte er davor, sich in die Opposition zu verabschieden, was Neumann in dieser Situation gern getan hätte. Er hätte die sozialdemokratischen Senatsmitglieder – anders als Reuter und Brandt – sowieso gern stärker der Kontrolle der leitenden Parteigremien unterworfen.

Zu alledem kamen Differenzen in der Außen-, Sicherheits- und Deutschlandpolitik. Vereinfacht gesagt: Die Mehrheit der SPD in Berlin und im Bundesgebiet wollte keine Westbindung der Bundesrepublik, weil sie darin eine Hürde für die Wiedervereinigung Deutschlands sah. Reuter, Brandt und ihre Anhänger verlangten dagegen eine eindeutige Entscheidung für den Westen, auch in militärisch-sicherheitspolitischer Hinsicht, ohne den konkreten Projekten wie der Europäischen Verteidigungsgemeinschaft von 1952 unbedingt zuzustimmen. Die eventuelle Mitgliedschaft der Bundesrepublik in einem westlichen Militärbündnis müsse auf Gleichberechtigung beruhen und, das unterschied sie von Adenauer und seinen Leuten, eine Ausstiegsklausel für den Fall der deutschen Einigung enthalten. Bis dahin dürfe die Verteidigungskraft des Westens nicht geschwächt werden. In diesem Sinne tat Willy Brandt 1958 alles, um die große SPD-Kampagne gegen eine Atombewaffnung der Bundeswehr und gegen Atomwaffen auf deutschem Boden in Berlin zu domestizieren und eher klein zu halten.

So verfestigten sich schon in Reuters Regierungszeit zwei Flügel, wobei das Neumann-Lager, zu dem die Parteilinke gehörte, bis 1957/58 die Mehrheit stellte. Während Ernst Reuter das Amt des Berliner SPD-Vorsitzenden nicht anstrebte, ermutigte er Willy Brandt dazu. Dieser trat erstmals 1952 gegen Neumann an und verlor mit 93 zu 196 Stimmen. Zwei Jahre später fehlten ihm aber nur noch zwei Stimmen, was ihn ebenso gut dünkte wie ein knapper Sieg. Das Ringen der Flügel wurde von beiden Seiten mit harten Bandagen geführt. Der junge Assistent an der Deutschen Hochschule für Politik, später Otto-Suhr-Institut der FU, Klaus Schütz verschrieb sich der Aufgabe, Willy Brandts Vormarsch zum Vorsitz der SPD in Berlin zu organisieren. Auch Brandt selbst war sich nicht zu fein, durch die Abteilungen zu ziehen, mit den Genossen Bier zu trinken und so manchen Kleingärtner- und Kaninchenzüchterverein aufzusuchen. Wie immer man das bewerten mag: Wer sich durch die Niederungen des Berliner SPD-Parteilebens der fünfziger Jahre hindurchboxte, durfte weder zartbesaitet noch machtblind sein. Nun wäre diese Wettbewerbssituation für eine Partei eigentlich recht normal, wären nicht aus dem Neumann-Lager erstmals persönliche Diffamierungen in die Welt gesetzt worden – etwa gegen frühere Emigranten, die das Verständnis für die Verhältnisse in Deutschland während ihrer Abwesenheit verloren hätten.

In der ersten Hälfte der fünfziger Jahre war der Kalte Krieg am kältesten. In Korea hatte er bereits die Linie zum heißen überschritten. Einen Tag nach dem Beginn des Koreakriegs, am 27. Juni 1950, trat in Berlin der Kongress für kulturelle Freiheit zusammen, der Exkommunisten und antikommunistische Linke, Liberale und Liberalkonservative aus Westeuropa und Nordamerika versammelte. Man stritt für die Freiheit des Geistes, gegen Zensur, Unterdrückung und Terror im Ostblock. *Spiritus rector* der Versammlung war Melvin J. Lasky, der 1948 in Berlin die Zeitschrift »Der Monat« gegründet hatte, eines der wichtigsten Diskussionsorgane im frühen Nachkriegsdeutschland, wo gelegentlich auch Willy Brandt schrieb. Als lange später bekannt wurde, dass die CIA Zeitschrift und Kongress finanziert hatte, meinte mein Vater, der US-Auslandsgeheimdienst habe sein Geld schon für schlechtere Zwecke ausgegeben.

Es konnte in Berlin aber auch noch härter zugehen. Immer wieder wurden Personen, die dem Osten missliebig waren, aus West-Berlin in den sowjetischen Sektor entführt, was leicht möglich war, da die Grenze offenstand. Diese Vorfälle veranlassten Willy Brandt, bei Reisen in das Bundesgebiet den Landweg zu meiden, bis ihm das Amt des Parlamentspräsidenten eine gewisse Sicherheit verschaffte. Besonders die Entführung eines befreundeten Mitarbeiters des sogenannten »Ostbüros der SPD«, Heinz Kühne, im Februar 1949, machte ihm zu schaffen. Brandt war einer der Westberliner Vertrauensleute des Ostbüros, das im Graubereich von politischer Opposition in der DDR, Analysearbeit für den SPD-Vorstand und nachrichtendienstlicher Tätigkeit operierte. In den Mitteln kannte man nicht allzu viele Skrupel, wenngleich die SPD Sabotage und andere gewaltsame Aktionen ablehnte. Doch selbst der extrem antikommunistischen »Kampfgruppe gegen Unmenschlichkeit«, die in der DDR operierte, stand Brandt zunächst mit Sympathie gegenüber. Noch gegen Anfang der sechziger Jahre hatte er bei Teilen der sozialistisch-sozialdemokratischen Parteien des Auslands und auch in der SPD den Ruf eines Scharfmachers, der unter einer Frontpsychose leide, weil er Kompromisse über Berlin beziehungsweise West-Berlin, die seiner Meinung nach in die falsche Richtung gingen, ablehnte und zu vereiteln suchte. Das damals wenig umstrittene Gebot der totalen Nichtanerkennung der DDR-Regierung, und allemal des Ostberliner Magistrats, kollidierte aber offenkundig mit frühen Überlegungen Brandts über »technische« Verhandlungen, die den Menschen und dem städtischen Organismus bestimmte Erleichterungen verschaffen sollten. Alle Anstöße, konkrete Probleme zu lösen, endeten daher beiderseits des Brandenburger Tors in ritualisierten Propagandaschlachten.

Willy Brandts wertvollste Begabung zeigte sich an anderer Stelle. Bei einer Kundgebung gegen die Niederschlagung des Ungarnaufstands durch die Sowjetarmee am 5. November 1956, begleitet auch von Protesten gegen die britisch-französische Intervention in Ägypten, wo der Suezkanal verstaatlicht worden war, kam es zu großem Unmut. Die Sprecher der Parteien, darunter Franz Neumann, hatten nicht den richtigen Ton getroffen, sodass die Massenversammlung aus dem Ruder zu laufen drohte. Teilgruppen setzten sich Richtung Osten in Bewegung. Brandt, damals Präsident des Abgeordnetenhauses, fuhr ihnen in einem Polizeiauto hinterher, redete auf sie ein, fasste ihre Empfindungen in Worte und beschwor ihre Vernunft. Dann sang er mit ihnen das Lied vom »Guten Kameraden«, an anderer Stelle die Nationalhymne. Damit entschärfte er eine äußerst kritische Lage: Volkspolizei und sowjetische Panzer standen bereit. Ein Blutbad hätte die Folge sein können, eventuell kriegerische Verwicklungen. Die Westberliner Öffentlichkeit war sich einig in der positiven Beurteilung dieses spontanen Einsatzes von Willy Brandt. Diese außerordentliche Leistung sollte nicht seine letzte dieser Art sein.

Die Aktion trug nicht unerheblich dazu bei, ihm den Weg ins Amt des Regierenden Bürgermeisters zu ebnen. Nachdem seine innerparteilichen Gegner keine vorzeigbare Alternative auf die Beine stellen konnten, fiel die Wahl im Berliner Abgeordnetenhaus am 3. Oktober 1957 mit 86 gegen 22 Stimmen bei 10 Enthaltungen auf meinen Vater. Zu Hause wurde mir eher beiläufig und betont nüchtern mitgeteilt, was passiert war.

Zu den Faktoren, die Willy Brandts politischen Aufstieg in der zweiten Hälfte der fünfziger und Anfang der sechziger Jahre unterstützten, gehörte zweifellos die bürgerliche Presse von Berlin, namentlich die Zeitungen des Springer-Konzerns. Axel Springer, dem die Wiedervereinigung Deutschlands ein echtes Anliegen war, stand der Linie Adenauers – vorbehaltlose Westintegration – distanziert gegenüber. Er fand Anknüpfungspunkte eher in der damaligen Haltung der SPD, auch beim vorrangig kommerziell begründeten Engagement für und in Berlin. Erst eine misslungene Moskau-Reise von 1958 ließ Springer zu einem aggressiven »Kalten Krieger« werden. Offenbar sah er in dem Altersgenossen Brandt, über diesen halben Positionswechsel hinaus, einen Verbündeten, den man fördern sollte. Schon 1955 erschien in der BILD-Zeitung ein erster ausführlicher Bericht über den neuen Präsidenten des Berliner Abgeordnetenhauses, und es folgten in zunehmender Dichte Artikel, später auch Homestorys, die den Repräsentanten einer »modernen Sozialdemokratie« und »Erben Ernst Reuters« unverhohlen empfahlen. Insbesondere Brandts Auslandsreisen während der zweiten Berlinkrise wurden in den Springer-Blättern fast hymnisch gefeiert, die 1960 schon 70 Prozent des Berliner Zeitungsmarkts beherrschten. Selbst die bundesweiten Ambitionen Willy Brandts im Bundestagswahlkampf 1961 konnten unverkennbar auf eine wohlwollende Resonanz von »Welt« bis »BILD« zählen – für einen Sozialdemokraten ein unschätzbarer Vorteil. Dazu kam, dass Großverleger Springer sogar die Zentrale seines Unternehmens von Hamburg nach Berlin verlegte. Bei der Grundsteinlegung des Springer-Verlagshauses im Mai 1959 in der Kreuzberger Kochstraße, nahe der Sektorengrenze, war Willy Brandt dabei, ebenso bei der Einweihung im Oktober 1966. Springers Berlin-Engagement wurde vom Senat mit allen rechtlich möglichen Vergünstigungen finanziell gefördert. Der Draht zwischen Axel Springers Arbeitszimmer und dem Büro Willy Brandts im Rathaus Schöneberg war kurz. Allerdings zog Brandt eine Grenze, wenn Springers Pläne mit seinen grundlegenden gesellschaftspolitischen Auffassungen kollidierten. Ein Beispiel dafür war 1961 das kommerzielle »Verlegerfernsehen« in Berlin, mit dem Springer das bundesweite Monopol der öffentlich-rechtlichen Rundfunkanstalten sprengen wollte.

Bei den Passierscheinverhandlungen sahen Springer und seine Redakteure die Brandt-Crew auf die schiefe Ebene geraten und begannen, publizistisch gezielt zu stören. Der Entfremdungsprozess zwischen den beiden Männern zog sich durch die sechziger und frühen siebziger Jahre, als BILD, Welt und Konsorten auch zu persönlichen Angriffen übergingen. Man war sich gegenseitig wohl nicht unsympathisch, aber Willy Brandt hoffte immer wieder vergebens, Springer in direkten Gesprächen zur Mäßigung veranlassen zu können.

Der Wahl Willy Brandts zum Regierenden Bürgermeister folgte der Sturz Franz Neumanns. Auf einem Sonderparteitag gewann Brandt mit 163 gegen 124 jetzt auch die Wahl zum Berliner SPD-Vorsitzenden. In den fünf Jahren, da er sein Amt ausübte, errichteten seine Mitstreiter und er ein ähnlich strenges Regiment in der Berliner Partei, wie Herbert Wehner es mit einigem Erfolg auf Bundesebene versuchte. Danach übernahm Kurt Mattick den Vorsitz. Brandt und Mattick – Spitzname »Dog-Mattick« – engten den Spielraum für andere Auffassungen als die, die der neuen Parteimehrheit genehm waren, deutlich ein. Wer bestimmte Reizwörter benutzte, etwa über den Imperialismus der USA sprach oder inhaltlich verpönte Aussagen machte, konnte mit empfindlichen Disziplinarstrafen rechnen. Dieses wenig tolerante innerparteiliche Klima wurde für Brandt zum Problem, als Mattick und die Protagonisten eines stramm antikommunistischen Kurses die ersten vorsichtigen Entspannungsbemühungen gen Osten nur widerwillig unterstützten. Allerdings ließ Brandts enorme Popularität ihnen keine andere Wahl. Dieser war vor wie nach dem Mauerbau ein echter Volkstribun. Immer wieder wird betont, im Unterschied zu dem dumpfen Antibolschewismus des Mitterechts-Spektrums sei Willy Brandts Antikommunismus von argumentativer Art gewesen. Im Prinzip ist das richtig, doch in seinen Reden, die sich an die breiten Massen richteten, pflegte er naturgemäß eher die Polemik als rationale Argumentation. Man muss jedoch bedenken, dass der Westberliner Antikommunismus sozialdemokratischer Provenienz teilweise ein anderes Gesicht hatte als der westdeutsche: Er war nicht besitzbürgerlich, sondern populär, nicht klerikal, sondern eher freigeistig, weniger autoritär als antiautoritär. Wenn man dieses Profil zugrunde legt, stand ein Mann wie Willy Brandt nicht zufällig neun Jahre an der Spitze der Halbstadt.

Die größere Flexibilität Willy Brandts in der Berlin- und Deutschlandpolitik ab 1962/63 hatte keineswegs gleich zur Folge, dass man mit Kontrahenten, Konkurrenten oder Kritikern innerhalb der Berliner SPD großzügiger verfahren wäre. Das harte administrative Durchgreifen der Landespartei bekamen ausgerechnet zwei frühere SAP-Genossen meines Vaters zu spüren. Einer von beiden war der ausgesprochen populäre Kreuzberger Bezirksbürgermeister Willy Kressmann. In manchen seiner Äußerungen wich er von der Frontstadtdeutung der Berliner Situation ab, so während einer USA-Reise. Die Mauer, wagte er zu sagen, sei ein Ergebnis der Politik beider Machtblöcke. Kressmann wurde daraufhin als Bezirksbürgermeister abgewählt und verlor das Recht, Ehrenämter in der SPD zu bekleiden. Noch peinlicher war für Willy Brandt der Parteiausschluss von Max »Mäcki« Köhler, eines der Helden des SAP-Prozesses vor dem Volksgerichtshof 1934. Köhler war Redakteur der »Stimme des Freidenkers«, wo er im Februar 1961 einen religions- und kirchenkritischen Artikel veröffentlichte. Dass er den christlichen Kirchen mit ihrer Vergangenheit der Inquisition, Hexenverfolgung und Intoleranz Chruschtschows Abrechnung mit den Verbrechen Stalins mit hintergründiger Ironie als Vorbild hinstellte, war Grund genug, dem alten Genossen die Mitgliedschaft in der SPD zu kündigen. Er habe die »erdrückende Mehrheit« des deutschen Volkes »beschimpft«, rechtfertigte Willy Brandt Köhlers Ausschluss in eigenwilliger Deutung. Für eine Aussprache stand er nicht zur Verfügung. Am Ende war er aber wohl erleichtert, als »Mäcki« anderthalb Jahre später von der Schiedskommission der Bundespartei wieder aufgenommen wurde. Jedenfalls erläuterte er mir einige Jahre später, als ich gelegentlich Veranstaltungen des Marxistischen Arbeitskreises der Berliner SPD besuchte, den Max Köhler leitete, sein nachträgliches Bedauern. »Mäcki« bestellte dem Vater über mich einfach nur beste Grüße.

In der Bürgermeisterzeit Willy Brandts beginnen meine eigenen intensiveren Erinnerungen: jubelnde Menschenmengen, »Willy, Willy«-Rufe, Schulterklopfen, vertrauliches Einreden wildfremder Menschen auf ihren »Regierenden«. Ich hatte als Kind nicht den Eindruck, als gäbe es einen einzigen Berliner in Ost oder West, der nicht für meinen Vater war. Im Februar und März 1959 brach er zu einer Weltreise auf, die von der Bundesregierung finanziert wurde und ihn in die USA, nach Kanada, Japan, Thailand, Burma, Ceylon, Pakistan und Indien führte. Ihr Ziel war es, dem sogenannten Chruschtschow-Ultimatum, das auf eine »Freie, entmilitarisierte Stadt West-Berlin« zielte, durch Sympathiewerbung im Ausland entgegenzuwirken. Nicht überall wurde diese Forderung als abwegig empfunden. Brandts Rückkehr nach Berlin geriet zum Triumphzug, nachdem schon der Aufenthalt in Nordamerika einen großen Imageerfolg für West-Berlin und seinen Regierungschef gebracht hatte: Die New Yorker ehrten ihn mit einer Konfettiparade, von der einige, die sie bei strömendem Regen erlebt hatten, berichteten, die New Yorker hätten ihre Telefonbücher zerrissen, um zu genug Papierschnipseln zu kommen. Keine Frage: Diese Begeisterung galt dem Vorkämpfer der »Freien Welt«, sei er auch so etwas Ähnliches wie ein Sozialist. Denn in Berlin waren amerikanische Truppen noch willkommen, anders als in vielen Teilen der Welt, und die Sorge der West-Berliner war groß, Amerika könnte sich seine Siegerrechte und feierlichen Garantien ganz oder teilweise abhandeln lassen. Anzeichen dafür hatte es bei der Genfer Außenministerkonferenz im Sommer 1959 gegeben.

Die Bonner Haltung zu Berlin empfand Brandt als starr und rein defensiv. Er hatte im Sinne Ernst Reuters eine weitergehende Angliederung West-Berlins an die Bundesrepublik im Auge und befürwortete die Volkswahl der Bundestagsabgeordneten und deren volles Stimmrecht. 1957 hatte er zusammen mit dem CDU-Bundestagsabgeordneten und ZEIT-Verleger Gerd Bucerius eine politisch-publizistische Offensive gestartet, die bezweckte, Regierungsfunktionen auch unter den Bedingungen der Teilung schrittweise von Bonn nach Berlin zu verlagern. Die rechtliche und machtpolitische Situation in und um Berlin war eben nicht nur ein Hindernis für die Entspannung des Ost-West-Konflikts, sondern bremste auch die Konfrontation der Blöcke unterhalb der Schwelle eines Krieges. In militärischen Begriffen gesprochen, wünschte sich Willy Brandt im Kalten Krieg eine bewegliche Kampfführung, und Berlin war für ihn eine Operationsplattform für deutschlandpolitische Offensiven.

Das Chruschtschow-Ultimatum ging vorüber, ohne dass etwas geschah. Die Phase zwischen Frühjahr 1959 und Frühjahr 1960 brachte sogar eine zwischenzeitliche Klimaverbesserung zwischen den Weltmächten. Dann ließ Chruschtschow die Pariser Gipfelkonferenz platzen, nachdem ein amerikanisches Spionageflugzeug abgeschossen worden war und man den Piloten hatte lebend bergen können. In der DDR forcierte die SED die vollständige Kollektivierung der Landwirtschaft und heizte damit die Massenflucht an. Als 1961 der sowjetische und ostdeutsche Druck auf West-Berlin wieder stärker wurde, erreichte die Fluchtwelle eine nie gekannte Höhe. Durch die Abwanderung von Facharbeitern und akademischen Fachkräften drohte die DDR auszubluten. Viele Menschen schlossen sich den Flüchtlingsströmen, die hauptsächlich über die Berliner Sektorengrenze gingen, auch aus Sorge an, das Schlupfloch könnte bald verschlossen werden. Allein am 12. August 1961 kamen rund 2.500.

Es war klar, dass die östliche Seite handeln musste. Doch die Befürchtungen richteten sich eher auf eine zweite Blockade West-Berlins oder die Errichtung einer Grenze zwischen Ost-Berlin und

»der Zone«. Da Berlin trotz zweier Stadtverwaltungen und zweier Währungen in vieler Hinsicht noch wie ein einziger sozialer Organismus funktionierte – Hunderttausende gingen täglich hin und her, Zehntausende wohnten und arbeiteten in unterschiedlichen Teilen, Familien wohnten hier wie dort –, konnte man sich eine Mauer schwer vorstellen. Willy Brandt hatte wenige Tage vor dem 13. August einen Bericht des Ostbüros der SPD erhalten: Absperrungsmaßnahmen gegen West-Berlin seien geplant und Truppen der Nationalen Volksarmee, der Volkspolizei und der Betriebskampfgruppen zusammengezogen wurden. Offenbar hoffte Brandt, dass bis zur Bundestagswahl am 17. September nichts Einschneidendes geschehen und dass das Wahlergebnis einen größeren Einfluss auf die Bundespolitik erlauben würde. In den vorhergehenden Wochen hatte er verschiedene Vorschläge lanciert, darunter eine Friedenskonferenz über Deutschland mit sämtlichen 52 Kriegsgegnern. Das mochte aktionistisch wirken, war aber der verzweifelte Versuch, Verhandlungen im großen Stil in Gang zu bringen, die verhindern sollten, dass Ost-Berlin währenddessen einseitig Maßnahmen ergriff, die den Status Berlins als Viermächtestadt und Ort der Begegnung der Deutschen tangierten.

Das Dilemma der Sowjets und der DDR-Führung beunruhigte auch die Westalliierten, insbesondere die USA. Die neue Kennedy-Administration baute zwar die militärische Stärke des Landes aus, steuerte aber politisch auf einen *Modus vivendi* mit der östlichen Hegemonialmacht zu. Seit Mai 1961 gingen deutliche Signale an Moskau, dass die originären Siegerrechte in Berlin einschließlich des freien Zugangs und die bestehende politische Ordnung im Westteil der Stadt notfalls mit kriegerischen Mitteln verteidigt, Aktionen im östlichen Machtbereich einschließlich Ost-Berlins aber geduldet würden. Umgekehrt signalisierten die Sowjets, dass diese »Essentials« nicht berührt werden würden. Dass man die Errichtung des Stacheldrahtzauns quer durch Berlin, aus dem dann die Mauer wurde, in Washington, London und Paris mit kaum verhohlener Erleichterung registrierte und kaum mehr als Routineproteste der drei westlichen Stadtkommandanten und Botschafter herauskamen, leuchtet aus deren Sicht ein.

Die Perspektive der Berliner und des Regierenden Bürgermeisters Brandt war eine andere. Für sie gehörte die ungehinderte Freizügigkeit innerhalb Gesamtberlins zum Viermächtestatus, dessen Verteidigung und Sicherung man erwartete. Willy Brandt warnte am 12. August in Nürnberg auf dem Deutschlandtreffen der SPD beschwörend vor »einem Anschlag gegen unser Volk«, den die Sowjetunion vorbereite. Er kritisierte die Untätigkeit der Bundesregierung wie der Westmächte und wies auf die Gefühlslage der Ostdeutschen hin, die befürchteten, »sie könnten vergessen werden, abgeschrieben werden, geopfert werden auf dem Altar der Gleichgültigkeit und verpasster Chancen«. Die Überraschung kann nicht groß gewesen sein, als er auf der Zugfahrt nach Kiel mit der Nachricht geweckt wurde, an der innerstädtischen Demarkationslinie sei mit der Befestigung der Sektorengrenze begonnen worden. Zurück in Berlin suchte er zum ersten und einzigen Mal die westlichen Stadtkommandanten im Dahlemer Kommandanturgebäude auf und forderte von ihnen – der *pro forma* höchsten Autorität – wenigstens symbolische Handlungen wie vermehrte Patrouillenfahrten von Militärjeeps. Doch es gab keine Anweisungen aus den Hauptstädten. Die Regierungschefs waren im Wochenendurlaub. Eine so demonstrative Ruhe hatte Brandt nicht erwartet.

Die Westberliner waren nicht nur schockiert und zornig wie ihr Stadtoberhaupt, sondern auch tief verunsichert im Hinblick auf die Haltbarkeit der Garantien, die man ihrer Stadt gegeben hatte. Wieweit war darauf Verlass, wenn es die Alliierten hinnahmen, beim Übergang nach Ost-Berlin erst auf drei Übergangsstellen, und dann nur noch auf eine einzige beschränkt zu werden? Es musste etwas geschehen, um die Moral in West-Berlin zu stärken. Die Führung der Halbstadt rief für den 16. August zu einer Kundgebung vor dem Rathaus Schöneberg auf. Willy Brandt würde sprechen. Diese Rede vor 350.000 Berlinern wurde zu einer der größten Herausforderungen seiner politischen Laufbahn. Es galt, den Protest gegen die entstehende Mauer und die zweite Spaltung Deutschlands unüberhörbar zu artikulieren und dem Empfinden der Berliner Ausdruck zu verleihen. Zugleich musste er vermeiden, dass die Massen zur Selbsthilfe griffen und damit möglicherweise einen Weltkrieg auslösten. Diese Aufgabe bewältigte Brandt in einer beinahe optimalen Weise. Die anfangs skeptisch verharrenden Zuhörer, die Plakate mitführten wie »Vom Westen betrogen« und »Hau auf die Pauke, Willy« ließen sich von der leidenschaftlichen Rede mitnehmen und applaudierten schließlich lange und heftig der Schlusspassage: »Wir fürchten uns nicht. Ich habe heute dem Präsidenten der Vereinigten Staaten, John Kennedy, in aller Offenheit unsere Meinung gesagt. Berlin erwartet mehr als Worte. Berlin erwartet politische Aktion.«

Es war ein Brief an Kennedy unterwegs, der sämtliche diplomatische Gepflogenheit missachtete und nach Meinung der Bundesregierung einen Versuch eigener Westberliner Außenpolitik darstellte. Eine solche bewusste Dramatisierung widersprach der abwägenden Haltung Adenauers. Der beruhigte den sowjetischen Botschafter, führte ungerührt den Wahlkampf gegen den Herrn »Brandt alias Frahm« fort und tauchte erst am 22. August in Berlin auf, begleitet von Pfiffen. Brandts Brief nach Washington enthielt nicht nur unverhohlene Kritik an der lahmen Reaktion des Westens, sondern auch unerbetene Ratschläge, so eine diplomatische Offensive für Verhandlungen über Deutschland im Ganzen und die Proklamation eines Dreimächtestatus für West-Berlin (wodurch auch dessen lange erstrebte stärkere Einbeziehung in die Bundesrepublik erleichtert worden wäre). Damit sollte einem

Mitspracherecht der Sowjets in West-Berlin ein Riegel vorgeschoben werden. Kennedy, der zunächst erbost gewesen war über die Anmaßung dieses deutschen »Bastards«, antwortete dann in freundlichem Ton, wies aber fast alle Punkte zurück. Er schickte lediglich eine Verstärkung der amerikanischen Besatzungstruppen um 1.500 Mann, die am 19. August in Kriegsausrüstung über die Autobahn rollten und in Berlin erleichtert und überschwänglich begrüßt wurden. Mit den Soldaten kamen US-Vizepräsident Lyndon B. Johnson und der amerikanische Militärgouverneur der Jahre 1947 bis 1949, der »Held der Luftbrücke« und enge Verbündete Ernst Reuters, General Lucius D. Clay.

Ich selbst war um den 13. August 1961 mit einer Jugendgruppe in den Kärntner Bergen, fernab der Zivilisation: ohne Zeitungen und Radio, geschweige denn Fernsehen. Dass »irgendetwas in Berlin im Gange« war, erfuhren wir während einer längeren Wanderung auf einer Alm, wo ein Einheimischer äußerst vage Hinweise gab. Obwohl wir alle hellwache Berliner Jungs im Alter von zwölf bis fünfzehn Jahren und Spannungen um unsere Halbstadt gewohnt waren, kapierten wir nicht, was da gerade zu Hause passierte. Andererseits verspürten wir – das hatte man als Berliner gelernt – auch keine Angst. Als wir etwa eine Woche nach dem Beginn der Sperrmaßnahmen des 13. August die Rückfahrt antraten, realisierten wir nach und nach die neue Situation, ohne dass wir die altbayerischen und fränkischen Stationen unserer Gruppenreise übersprungen hätten. Als wir in Berlin ankamen, waren die Tage der höchsten Erregung schon vorbei, auch wenn man von einer wesentlichen Beruhigung der Lage kaum sprechen konnte. Ende Oktober standen sich in der Friedrichstraße die sowjetischen und amerikanischen Panzer gegenüber – ein zweifaches Muskelspiel, das eine einzige falsche Reaktion leicht hätte außer Kontrolle geraten lassen können. Hundert Tage nach dem 13. August demonstrierte die Westberliner Jugend – von den linkssozialdemokratischen Falken bis zur Deutschen Jugend des Ostens – gegen die Mauer. Mit mehreren Klassenkameraden nahm ich an dem großen Aufmarsch teil, der in den üblichen zornigen Verwünschungssprechchören endete: »Die Mauer muss weg!« – »Nieder mit Ulbricht!« – »Hängt ihn auf!« (Meine Mutter zeigte sich schon in den frühen Nachkriegsjahren davon irritiert, dass in deutschen politischen Versammlungen, auch der SPD, dermaßen aggressive Rufe zu hören waren. Irgendjemanden »aufhängen« zu wollen, schien ihr sehr befremdlich.)

In den Wochen zwischen dem 13. August und dem 17. September 1961 bekam die Familie Brandt den Vater noch seltener zu sehen als üblich. Zu Hause wie in der Stadt verbreitete er den Eindruck von Festigkeit, Unerschrockenheit und Ruhe. Nicht nur Egon Bahr kam zu dem Ergebnis, dass er immer dann am besten war, wenn er mit dem Rücken zur Wand stand. Nachdem er den Wahlkampf zunächst unterbrochen hatte, teilte Willy Brandt seine Tage zwischen Berlin und Westdeutschland auf. Ein kleines Charterflugzeig transportierte ihn am frühen Nachmittag in den Wahlkampf und mitten in der Nacht zurück. Ob ihm die Berliner Ereignisse in der Wahl wirklich halfen, ist unklar, denn die Mehrheit der Bundesdeutschen war zwar antikommunistisch, aber dabei in erster Linie auf Sicherheit bedacht. Ich selbst war auf der erwähnten Rückreise von Kärnten irgendwo im Fränkischen während einer Busfahrt Zeuge eines Gesprächs geworden, dessen Teilnehmer übereinstimmend meinten, man solle den ewigen Unruheherd West-Berlin besser »dem Russen« zum Fraß vorwerfen und stattdessen Thüringen einhandeln ...

Den Mauerbau geißelte Willy Brandt mit denkbar scharfen Worten. Seine Sprache verhärtete sich bis hin zu quasi religiösen Floskeln, wenn er am Abend des 13. August im Berliner Abgeordnetenhaus von den »Mächten der Finsternis« sprach, die am Ende nicht triumphieren würden. Die DDR tauchte auf als schlimme Diktatur (nicht selten parallel gesetzt mit der Hitlers), und »Kolonialregime besonderer Art«. Diese Terminologie, die Rhetorik des Kalten Krieges, dominierte das gesprochene und geschriebene Wort Brandts noch ein bis zwei Jahre, teilweise länger. Und doch bildete das Schockerlebnis des 13. August den Ausgangspunkt einer Neuorientierung. Die Westalliierten, namentlich die USA, verhielten sich so, wie sie ihre eigenen Interessen definierten. Einen anderen Maßstab gab es für sie nicht und konnte es nicht geben. Wenn sie aus Selbsterhaltungsinteresse eine gewisse Entspannung mit dem Ostblock anstrebten, musste man diese Konstellation nach Ansatzpunkten absuchen, um die spezifisch deutschen und namentlich Berliner Anliegen einbringen zu können. Niemand würde den Deutschen erträglichere Verhältnisse oder gar die staatliche Einheit auf dem Tablett servieren. Sie müssten das selbst in die Hand nehmen. Zwar gab es gute Gründe, den 13. August in erster Linie als Scheitern von Adenauers Deutschlandpolitik anzusehen, jedenfalls ihrer offiziellen Parolen, doch war zugleich die Fortsetzung der bisherigen Linie Brandts blockiert: die deutsche Frage in und durch Berlin offenzuhalten. Mochten die berlin- und deutschlandpolitischen Vorstellungen Brandts ein größeres Maß an Flexibilität und politischer Phantasie enthalten haben und offensiver angelegt gewesen sein als die der Bonner Regierung, so ändert das nichts an diesem Befund. Es mussten neue Wege beschritten werden, und wenn man die Mauer auf absehbare Zeit nicht würde verschwinden lassen können, so musste man eben versuchen, sie »durchlässiger« zu machen. Schnell und radikal spürte der Westberliner Senat unter Willy Brandt also den Zwang, der von der amerikanischen Respektierung der östlichen Machtsphäre ausging – schneller jedenfalls als die Regierung in Bonn.

Abgesehen davon, dass die Konsequenzen, die sich aus dieser neuen Lage für das weitere Vorgehen ergaben, erst nach und nach erkennbar wurden, erlaubte die psychologische Situation der Stadt zunächst wenig oder nichts Experimentelles. Viele Ventile, um Luft abzulassen, gab es dort nicht. Um die DDR-Seite wenigstens ein bisschen zu schädigen, boykottierten die Westberliner jahrelang die von der ostdeutschen Reichsbahn betriebene S-Bahn. Studenten organisierten in großer Zahl Fluchthilfe und verübten Sprengstoffanschläge auf die Mauer. Aufgrund des Schießbefehls kam es aber auch zu Todesfällen bei gescheiterten Fluchtunternehmen und zu Schusswechseln mit der Westberliner Polizei. Offiziell durfte sie nur zur Selbstverteidigung oder bei Beschuss von Westberliner Gebiet zur Waffe greifen.

Das Umdenken im engeren Zirkel um Willy Brandt wurde beschleunigt durch einen tragischen Vorfall. Volkspolizisten ließen den angeschossenen und nach Hilfe schreienden Flüchtling Peter Fechter am 17. August 1962 im Minenfeld verbluten. In der Nähe befindliche amerikanische Offiziere erklärten sich für unzuständig. Ich habe meinen Vater niemals so empört erlebt wie an diesem Tag, wo sich am Abend vor dem Rathaus Schöneberg eine Menschenmenge versammelte und er mit uns, der Familie, dorthin fuhr, um spontan zu den überwiegend jungen Menschen zu sprechen. Wieder einmal galt es, dem Zorn Ausdruck zu verschaffen und ihn gleichzeitig zu beschwichtigen. Die ohnmächtige Wut der Menschen, die an der Mauer demonstrierten, sodass die Polizei in die missliche Situation kam, die Grenze von der Westseite her schützen zu müssen, signalisierte eine dramatische Entfremdung zwischen den Westberlinern und den Westalliierten. Die Vertrauenskrise zwischen »Schützling« und »Schutzmächten«, die im Vorjahr aufgebrochen war, drohte nun mit voller Wucht durchzuschlagen. Ich selbst konnte in den Tagen beobachten, wie sowjetische Militärfahrzeuge mit Steinen beworfen wurden, und es hätte nicht viel gefehlt, dass Steine auch gegen die amerikanischen Jeeps geflogen wären.

Ohne dass die Öffentlichkeit damals davon Kenntnis genommen hätte, registrierten die Westmächte in den folgenden Wochen auffällige Truppenkonzentrationen, die den Eindruck erweckten, ein Großangriff auf West-Berlin stünde unmittelbar bevor. Mein Vater wurde in das operative Hauptquartier der Alliierten im Olympiastadion gerufen und mit dieser Aussicht konfrontiert. Man vermutete folgendes Kalkül des Kreml: Zwar hatte der Mauerbau den Flüchtlingsstrom gestoppt, aber die Lage in und um Berlin nicht in ihrem Sinn beruhigt. Auch der Selbstbehauptungswille der Westberliner war nicht gebrochen worden. Deshalb sollte unter irgendeinem Vorwand eine blitzartige Militäraktion die Lösung erzwingen. Man hoffte, schnell vollendete Tatsachen zu schaffen, auf dieser Grundlage Verhandlungen anzubieten, bevor der Westen es wagen würde, mit einem massiven Militäreinsatz, gar mit atomaren Waffen zu antworten.

Wie mir mein Vater später erzählte, bestand der Abwehrplan darin, einen kleinen Bezirk um das Rathaus Schöneberg – oder die verbunkerte »Alarmzentrale« am Fehrbelliner Platz – mithilfe von Alliierten, Bereitschaftspolizei, freiwilliger Polizeireserve und anderen Freiwilligen aus der Bevölkerung (die ja in großer Zahl noch über aktive militärische Erfahrungen verfügte) bis zum Letzten zu verteidigen. Günstigenfalls wollte man so lange aushalten, bis Gegenmaßnahmen eingeleitet würden, zum Beispiel eine Einberufung des UN-Sicherheitsrats. Weitere Optionen hätten darin bestanden, die Nationale Volksarmee zum Ungehorsam und die DDR-Bevölkerung über den Rundfunk zu einem Aufstand aufzurufen.

Ich war indirekt Teil dieser Überlegungen, denn ich erinnere mich, wie mein Vater im Spätsommer 1962, ich war dreizehn Jahre alt, das Wort an mich richtete, nachdem meine Mutter schlafen gegangen war. »Es kann sein, dass ich längere Zeit nicht nach Hause kommen kann, dann bist Du der Mann und musst der Mutter in allen Fragen helfen.« Diese Sätze wurden so ernst und eindringlich gesprochen, dass ich nicht wagte, nach dem Anlass seiner Mahnung zu fragen.

Mit der Kubakrise Ende Oktober 1962 war die Gefahr eines militärischen Vorgehens der Sowjetarmee gegen West-Berlin gebannt. Eine zeitweise drohende Invasion der USA auf der Karibikinsel hätte mit hoher Wahrscheinlichkeit auf Berlin durchgeschlagen, wo die UdSSR am längeren Hebel saß. Dennoch hatte Willy Brandt Kennedy der unbedingten Loyalität und Unterstützung versichert, als dieser ihm ankündigte, dass die Seeblockade bevorstünde und eventuell Folgen für Berlin haben könnte. In diesen Tagen der Konfrontation, die bedrückend ausweglos erschien, und der erwarteten Eskalation, die bis zu einem atomaren Weltkrieg hätte führen können, zeigte sich mein Vater bewusst entspannt mit seiner Familie in der Stadt. Wir gingen z. B. auf die »Grüne Woche«. Willy Brandt bewunderte die Entschlossenheit des Präsidenten ebenso wie seine Umsicht bei der Lösung der Krise, ohne den Gegner total zu demütigen. (Die Zusage über den Abbau amerikanischer Mittelstreckenraketen in der Türkei blieb der Öffentlichkeit verborgen.) In der Tat trafen die beiden Supermächte ein vernünftiges Arrangement über Kuba: Rückzug der sowjetischen Raketen gegen Verzicht auf die US-Invasion. Damit war der Weg zu ersten konkreten Ergebnissen der Entspannung zwischen ihnen beschritten. Für Notfälle wurde ein »Rotes Telefon« zwischen Weißem Haus und Kreml installiert und ein atomares Teststoppabkommen vereinbart.

Am 6. Dezember 1961 hatte Willy Brandt im Bundestag angemahnt, die Beziehungen zur Sowjetunion zu verbessern – um der Landsleute in der DDR willen, denen man »nicht den Rücken zuwenden« dürfe. Im Rathaus Schöneberg formierte er einen kleinen Beraterkreis, zu dem außer Senatspressesprecher Egon Bahr auch der Senator für Bundesangelegenheiten Klaus Schütz und der Leiter der Senatskanzlei Pfarrer Heinrich Albertz gehörten. Albertz war für Brandt außerordentlich nützlich, da er ihm viel administrative Routinearbeit abnahm und vor zeitraubenden Besuchern abschirmte. Die beiden verband auch persönlich ein Vertrauensverhältnis. Albertz' Schwäche war seine Unlust an der Pflege innersozialdemokratischer Parteikommunikation. Sie sollte ihm bald nach der Übernahme der Westberliner Spitzenposition, Ende 1966, zum Verhängnis werden. Zusammen mit Egon Bahr war Albertz der Vordenker der »Rathaus-Runde«. 1962/63 preschte er mit Äußerungen hervor, dass eine Relativierung des Asylrechts für Ostberliner erforderlich sei, falls das Zugangsverbot nach West-Berlin gelockert würde. Außerdem drohe sich die deutsche Teilung mit der DDR als »sowjetischer Kolonie« und der Bundesrepublik als »Rheinbundstaat« zu verfestigen. Er erntete Entrüstungsstürme. Brandt nahm seine Mitarbeiter stets öffentlich in Schutz, aber wenn es ihm taktisch geboten schien, distanzierte er sich auch von Formulierungen oder Gedanken. Er selbst ging nur sehr behutsam an eine umfassende Neuformulierung der Berlin- und Deutschlandpolitik. Als er im Oktober 1962 in Harvard Vorträge hielt über »Koexistenz – Zwang zum Wagnis«, deutete er die Entspannungspolitik hauptsächlich als eine veränderte Methode der Systemauseinandersetzung. Der Westen solle erkennen, dass Deutschland und Berlin den »schwächsten Punkt, eine Achillesferse der sowjetischen Politik« bildeten. Das Ulbricht-Regime könne sich nur in einer Atmosphäre der Ost-West-Spannung halten. Koexistenz bedeute also »eine friedliche Methode des Wettstreits und der Durchdringung«.

Der als »Heilige Familie« verspottete Beraterkreis Willy Brandts zeichnete sich durch lange interne Diskussionen aus. Völlig offen und vertraulich wurde gesprochen, durchgespielt und abgewogen. Am Ende entschied natürlich der Chef. Man ging im Bedarfsfall unkonventionell, sogar trickreich vor. War zum

Beispiel ein Plazet aus Bonn notwendig, holte man es mal auf Umwegen oder mal mitten in der Nacht ein, um Widerstände der Konservativen gering zu halten. Als der christdemokratische Koalitionspartner der Berliner SPD im Januar 1963 in letzter Minute erzwang, dass der Regierende Bürgermeister ein Gespräch mit dem KPdSU-Chef Chruschtschow absagte, zu dem man unter Mühen die Billigung der Bundesregierung und der Westalliierten eingeholt hatte, murrten die Westberliner laut. Als Ermutigung durfte auch der umjubelte Besuch John F. Kennedys in Berlin am 26. Juni 1963 verstanden werden. Das Verhältnis zwischen Brandt und Kennedy hatte sich inzwischen zu einem beinahe freundschaftlichen entwickelt, und Kennedys Ermordung am 22. November 1963 war für meinen Vater ein schwerer menschlicher und politischer Verlust.

Bei der Wahl zum Berliner Abgeordnetenhaus am 17. Februar 1963 hatte die SPD 61,9 Prozent der Stimmen erzielen können. Willy Brandt erhielt in seinem Weddinger Wahlkreis sogar 75 Prozent. Von nun an regierte Brandt mit der FDP, die in Berlin deutschlandpolitisch auf gleicher Linie lag wie die »Heilige Familie«. Ein wichtiges Argument im Wahlkampf war der Hinweis auf die Bremserrolle der CDU beim geplanten Treffen mit Chruschtschow gewesen.

Im Dezember 1963 gab es echte Bewegung. In Reaktion auf eine Offerte der DDR ernannte der Senat zum ersten Mal einen Beauftragten, der Gespräche mit der Pankower Regierung über Passierscheine führen sollte, damit Besuche von West- nach Ost-Berlin möglich würden. Ein Tabu war gebrochen. Die Personalie des Verhandlungsführers war brisant. Also fiel die kluge Wahl auf den größten Skeptiker der Passierscheinverhandlungen im eigenen SPD-Lager, den Senatsrat Horst Korber. Beide Seiten kamen sich näher, auch wenn die Umstände rau und widrig blieben. Trotz der Abneigung von Bundeskanzler Erhard und trotz wachsender

Unzufriedenheit in der SED-Spitze erreichte man zwischen 1963 und 1966 mehrere befristete Abkommen. Heinrich Albertz hatte eine Formel ersonnen, die es erlaubte zusammenzufinden, ohne die jeweils eigene Rechtsposition zu desavouieren: Man habe sich nicht auf Amts-, Behörden- und Ortsbezeichnungen verständigen können.

Die Resonanz auf das erste Passierscheinabkommen für Weihnachten und Neujahr übertraf alle Erwartungen. Nicht weniger als 1,2 Millionen Besuchsgenehmigungen von West- nach Ost-Berlin wurden um die Jahreswende 1963/64 ausgestellt. In Berlin trafen viele Menschen auch mit Verwandten aus der restlichen DDR zusammen. Ich sehe heute noch die endlosen Schlangen in eisiger Kälte an den Ausgabestellen vor mir. An einer davon half ich, zusammen mit anderen Mitgliedern meiner Falken-Gruppe, bei der Versorgung der Wartenden mit heißen Getränken. Für meinen Vater war sein 50. Geburtstag am 18. Dezember 1963 auch deshalb einer der schönsten Tage seines Lebens, weil am Vorabend die Unterschriften unter die Übereinkunft geleistet worden waren. Erst im Nachhinein wurde ihm klar, dass es der Testlauf einer Neuen Ostpolitik gewesen war.

Erst jetzt wurden regelmäßige Kontakte zu den sowjetischen Politikern aufgebaut. Egon Bahr hatte seinen ersten informellen und geheimen »Kanal« gegraben, der zur sowjetischen Botschaft in Ost-Berlin führte. Brandt selbst kam 1966 in Tuchfühlung mit dem Botschafter Pjotr Abrassimow, und zwar in dessen Eigenschaft als Hochkommissar der UdSSR für Deutschland. Vermittelt hatte den Kontakt der mit meinem Vater befreundete Generalkonsul von Schweden in West-Berlin, Sven Backlund. Man traf sich mehrfach, auch in Ost-Berlin, kam sich bei Wodka und Cognac menschlich näher und sondierte nebenbei das Terrain für die westdeutsche Außenpolitik der Folgejahre, die, was man aber noch nicht wissen konnte, unter der Leitung Willy Brandts stehen würde. Ob die Gespräche konkrete Erträge für Berlin brachten, ist fraglich. Die Entscheidung über die Einbeziehung West-Berlins in die bundesdeutsch-sowjetischen Kulturbeziehungen dürfte an höherer Stelle gefallen sein.

Nun musste sich der Regierende Bürgermeister von Berlin (West) auch und nicht zuletzt mit dem Überleben und dem Wohlergehen seiner Kommune befassen. Kommune war Berlin ja auch. Noch mehr als vor dem Mauerbau galt, dass West-Berlin ohne die massive Finanzhilfe aus Bonn nicht überlebensfähig war. Nach dem Chruschtschow-Ultimatum und nach dem Mauerbau setzte jeweils eine verstärkte Abwanderung ins Bundesgebiet ein, obwohl die meisten Berliner gelassen blieben und den wegziehenden Hasenfüßen mit stiller Verachtung begegneten. Da der ständige Arbeitskräftezufluss aus der DDR gestoppt war und die Ausländerbeschäftigung noch keinen großen Umfang angenommen hatte, schuf man materielle Anreize für westdeutsche Arbeitnehmer und außerdem die sogenannte »Zitterprämie« für die Dableibenden. Der von Willy Brandt als Wirtschaftssenator nach Berlin geholte Karl Schiller, einer der profiliertesten Fachleute aus den Reihen der SPD, entwarf ein ganzes Ensemble von Steuernachlässen und -präferenzen, erhöhten Abschreibungen und unverzinslichen Darlehen. Zwar zogen sich Firmenzentralen weiterhin aus Berlin zurück, doch gelang es durch die diversen Vergünstigungen, verarbeitende Industrien in West-Berlin zu engagieren, das gewissermaßen zu einer verlängerten Werkbank der Bundesrepublik wurde. Große Bauvorhaben, wie das Kongresszentrum am Funkturm und die Stadtautobahn, brachten Arbeitsplätze und verbesserten die Infrastruktur. Eine von Brandt selbst getroffene Personalentscheidung belebte die Westberliner Kulturszene, die Ernennung des russischstämmigen Komponisten Nicolas Nabokov zum Leiter der Festspiele. Beide kannten sich vom Kongress für kulturelle Freiheit. Nabokov, der die internationale Kunstszene bestens kannte und exzellent vernetzt war, bekam ungewöhnlich günstige Konditionen für seine Tätigkeit an der Spree.

Zweifellos war auch schon das alte West-Berlin eine faszinierende Stadt. Kurz nachdem er in Bonn Außenminister geworden war und mit einigen Mitarbeitern, die den Wechsel mitgemacht hatten, im Flugzeug den Anflug auf das am Abend hell erleuchtete Berlin beobachtete, soll mein Vater gesagt haben: »Kinder, wie konnten wir nur so blöd sein, jemals von hier wegzugehen?«

Sozialdemokratie und demokratischer Sozialismus

Die Blockade West-Berlins war noch in vollem Gange, da sah Willy Brandt sich veranlasst, die Scheidelinie der SPD zum Sowjetkommunismus und zur SED besonders scharf und grundsätzlich zu markieren. Die Abwehr der KPD-Fusionskampagne vom Winter 1945/46, aus der heraus SPD und KPD in der Sowjetzone zur SED zwangsvereinigt wurden, lag drei Jahre zurück. Aus der jetzigen Blockade, aber auch aus der diktatorischen Entwicklung in den Ländern des östlichen Mitteleuropa, schloss Brandt, »dass die Kommunisten keine Bundesgenossen sind, sondern Exploiteure von Scheinbündnissen zum Zweck ihrer brutalen Parteiherrschaft«. Zwischen demokratischem Sozialismus beziehungsweise »sozialistischer Demokratie« und kommunistischem Totalitarismus existierten nicht nur Differenzen über den richtigen Weg zum Ziel. Es handele sich, so Brandt im Mai 1949, um prinzipiell unterschiedliche, unvereinbare Zielsetzungen. Man könne nicht mehr »Demokrat sein, ohne Antikommunist zu sein. Aber«, so fügte er mit Blick auf die deutsche Rechte hinzu, »Antikommunismus ist nicht das einzige Kriterium des Demokraten«.

Nur der demokratische Sozialismus liefere »in unserer Zeit« eine »haltbare Alternative« zum Kommunismus und sei imstande, ihn zu überwinden, indem er ihm den »Nährboden sozialer Unsicherheit und wirtschaftlicher Ungerechtigkeit« entziehe. Das war charakteristisch für Willy Brandt: Zum Kommunismus und zu anderen Ansätzen, die sich sozialistisch nannten, auch antiautoritären, hat er sich bis an sein Lebensende abgegrenzt, wenn sie nicht zweifelsfrei demokratisch waren und seine unbedingte Forderung nach dem Vorrang der Freiheit akzeptierten. Gelegentlich erschien ihm »freiheitlicher Sozialismus« sogar als die passendere Bezeichnung für das, was er wollte.

Die inhaltliche Übereinstimmung von Sozialdemokratie und demokratischem Sozialismus bedeutete jedoch nicht, dass er den Begriff strikt auf die SPD und verwandte Organisationen eingegrenzt sehen wollte. Er sah schon früh die Transformationsprozesse mit demokratisch-sozialistischer Tendenz im Sowjetblock: Titos Emanzipation von der Moskauer Führung 1948; den Arbeiter- und Volksaufstand vom 17. Juni 1953 in der DDR, wo er die »Kernschichten der alten Arbeiterbewegung« in Aktion sah; oder die demokratisch-revolutionäre Entwicklung in Ungarn im Herbst 1956, als er große Hoffnungen in den reformkommunistischen Regierungschef Imre Nagy setzte. Nachdem aber alle diese Volksbewegungen am Eingreifen der Roten Armee gescheitert waren und als dann 1968 auch noch der »Prager Frühling« an sowjetischen Panzern erstickte, setzte Brandt verstärkt auf Veränderungen von oben, und damit war er unter westlichen Entspannungspolitikern bekanntlich nicht allein. Schon seit den fünfziger Jahren erwartete Willy Brandt eine »Transformation« des Kommunismus. Dem lag die Einschätzung zugrunde, dass die sprunghafte Industrialisierung und Modernisierung die Gesellschaft der Sowjetunion zwangsläufig langfristig verändern müsse. Der frühere SAP-Genosse, Zeitdiagnostiker und Publizist Fritz Sternberg, mit dem er weiter Kontakt hielt, bestärkte ihn in dieser Sicht der Dinge.

Doch noch einmal zurück zu den Vorstellungen des Jahres 1949. Der damals von Willy Brandt beschriebene »demokratische Sozialismus« beinhaltete noch wie selbstverständlich die Idee, dass

Bodenschätze, Großbanken und Schlüsselindustrien in Gemeineigentum überführt werden sollten und eine demokratische Wirtschaftsplanung nötig sei – nicht als Selbstzweck, sondern um soziale Gerechtigkeit und die Demokratisierung von Staat, Wirtschaft
und Gesellschaft durchzusetzen. Der demokratische Sozialismus
war für Brandt auch »revolutionär«, da er »zur Neugestaltung auf-
ruft«, und er war »konstruktiv«, weil er den alten Gegensatz zwischen dem revolutionären und dem reformistischen Flügel der
Arbeiterbewegung »auf höherer Ebene« überwinden sollte.

Als Marxist hat er sich in den fünfziger Jahren sicher nicht mehr
gesehen – ein Theoretiker wollte er ohnehin nie sein –, gleichwohl
kritisierte er auch in späteren Jahren noch vehement die »Ver-
zerrung« der Marx'schen Lehre durch die Kommunisten. Die von
Marx beeinflusste Befreiungslehre der Arbeiterbewegung sei zur
Rechtfertigung einer »Parteidiktatur über das Proletariat« benutzt
worden. In den späten fünfziger und in den sechziger Jahren hätte
man solch einen differenzierten Satz nur mit Vorsicht äußern können. Brandt und die SPD insgesamt wagten kaum, das marxistische Erbe zu benennen. Die verschämten Formulierungen des
Godesberger Programms sahen die geistigen Traditionen der Sozialdemokratie nur noch »in christlicher Ethik, im Humanismus
und in der klassischen Philosophie«. Der Parteivorsitzende der
siebziger und achtziger Jahre hingegen blieb nicht unbeeinflusst
von der intellektuellen Wiederentdeckung sozialistischer Theorie
und Geschichte auch außerhalb der SPD und wollte die prägenden
Gestalten des Sozialismus vergangener Epochen bis hin zu Rosa
Luxemburg nicht den Deutern der SED überlassen. In einer Reihe
noch heute lesenswerter Reden skizzierte er die Altvorderen der
Sozialdemokratie, hob ihr Wesen als Freiheitskämpfer hervor und
ordnete ihre Ideen dem zeitlichen Umfeld zu. Vor allem fragte er,
worin denn ihre Bedeutung für die derzeitige Sozialdemokratie
bestünde. Zu Marx stellte er später einmal fest, seine Analysen

seien »vielfach richtig« gewesen, seine Kategorien, seine Instrumente und seine Methode seien teilweise »auf faszinierende Weise modern geblieben«. Doch seine Antworten hätten sich vielfach als falsch und seine Hoffnungen als trügerisch erwiesen.

Der demokratische Sozialismus sei, so meinte Brandt 1949, »ein in sich nicht abgeschlossenes System von Vorstellungen über eine Neugestaltung der gesellschaftlichen Verhältnisse«. Sie beinhalte keine verbindliche Weltanschauung, kein »bestimmtes religiöses oder philosophisches Bekenntnis«. Damit nahm Brandt vorweg, was zehn Jahre später im Godesberger Programm niedergelegt wurde, das übrigens ohne sein Zutun entstand. Godesberg stellte keinen Bruch in der Programmgeschichte der Partei dar. Das neue Parteiprogramm bot immer noch Spielraum für ein breites Spektrum an Positionen – von sozialliberaler Zähmung bis zur Überwindung des Kapitalismus –, auch wenn sein Zweck eher in der demonstrativen Abkehr vom Traditionssozialismus bestand. Im Verlauf der fünfziger Jahre war immer deutlicher geworden: Die nach Ende des Zweiten Weltkrieges bis weit in die CDU verbreitete Ansicht, dass eine Rekonsolidierung der kapitalistischen Wirtschafts- und Gesellschaftsordnung in Deutschland weder ökonomisch noch sozial noch politisch möglich sei, war überholt. Für jedermann erkennbar, zog die Wiederaufbaukonjunktur an und ging in einen lang anhaltenden Boom, in ein »Wirtschaftswunder«, über. Die positiven Folgen für den Lebensstandard wurden spürbar, auch für die Menschen in der unteren Hälfte der Einkommenspyramide. Je mehr das so war, desto zurückhaltender wurden die kapitalismuskritischen Aussagen der SPD. Schließlich fand sich im Godesberger Programms das Diktum, staatliche Wirtschaftsplanung käme nurmehr da in Betracht, wo der Markt überfordert sei oder korrigiert werden müsse, und die Überführung von Unternehmen in Gemeineigentum sei nur noch ein mögliches Instrument unter anderen.

Godesberg war auch insofern eine Abkehr vom Alten, als jetzt auf eine verbindliche Gesellschaftsanalyse verzichtet wurde. Manche in der Partei sahen darin einen Verzicht auf theoretische Debatten überhaupt. Die auch von Willy Brandt propagierte Gemeinsamkeitspolitik nach dem Motto »Wir sind *alle* eine Familie« konnte nur bedeuten, dass Gesellschaftskritik meist im Diffusen verharrte.

In jener Rede auf dem Hannoveraner Parteitag im November 1960, die seiner Kür zum Kanzlerkandidaten vorausging, berief sich Willy Brandt auf das schwedische *folkhem,* das er treffend mit »Heimstätte des Volkes« übersetzte. Das war ein schillernder Begriff, der in Schweden nicht nur sozialdemokratische, sondern auch liberale und konservative Wurzeln hatte. Harmonie, Gemeinsinn, aber auch dezidiert sozialkritische Bedeutungselemente wohnten diesem Konzept inne. Per Albin Hansson, der ungemein populäre sozialdemokratische Ministerpräsident der Jahre 1932–1946, hatte 1928 mit dem Volksheim vor allem die Forderung verbunden, sich der ärmsten und am meisten ausgebeuteten Schichten des arbeitenden Volkes anzunehmen und sie in die Nation zu integrieren. Im schwedischen Wohlfahrtsstaat sah man diese Forderung verwirklicht.

Willy Brandt war aufgrund seiner Exilerfahrungen ein lupenreiner Pragmatiker der kleinen Schritte und Reformer geworden. Graduelle, aber kontinuierliche Veränderungen – davon lebt in seinen Augen der soziale Fortschritt. Er sah im demokratischen Sozialismus kein definierbares Endziel, sondern eine ständige Aufgabe, die nie erledigt sei. Der Blick auf das »soziale Laboratorium« Schweden zeige, dass die einzelnen Reformschritte sehr verschieden aussehen könnten, die Gesellschaft sich in der Summe aber binnen vier Jahrzehnten entscheidend verändert habe. Allmähliche, aber undramatische Umgestaltung – in diesem Geist sah er wohl auch die reichhaltigen bildungs- und sozialpolitischen Reformen seiner Kanzlerschaft, vor allem bei der Arbeiternehmermitbestimmung, in der Neufassung des Betriebsverfassungsgesetzes, die weit hinter den Vorstellungen von Sozialdemokraten und Gewerkschaftern zurückblieb.

Doppelt herausgefordert fühlte er sich zu Beginn der siebziger Jahre durch die außerparlamentarische Protestbewegung und die von der parlamentarischen Opposition forcierte innenpolitische Polarisierung. Die axiomatischen »Grundwerte« der Sozialdemokratie Freiheit, Gerechtigkeit und Solidarität waren unverrückbar. Aber Willy Brandt verstand es, zentrale Prinzipien so zu vermitteln, dass sie den politischen Umständen entsprechend variiert werden konnten oder von ihm einen besonderen Akzent erhielten. Das hatte für ihn den Zweck, einen verbindlichen Rahmen sozialdemokratischen Denkens und Handelns zu schaffen, aber genügend Raum für die verschiedenen sozialdemokratisch-sozialistischen Strömungen zu lassen, die in der Partei präsent waren oder eine Heimat finden sollten.

In Auseinandersetzung mit einer konservativen Demokratie-auffassung und einer »liberalistischen Verengung des Freiheitsbegriffs« vertrat er offensiv die Position, Demokratie sei eine institutionelle und geistige Ordnung, die »alles gesellschaftliche Sein der Menschen beeinflussen und durchdringen muss«, entgegen ihrer Einengung auf die staatliche Sphäre. Ihm ging es um die Freiheit der vielen, »die bislang wenig oder nichts entscheiden konnten«. Doch beinhaltete das »Mehr Demokratie wagen« keine Konzessionen an Konzepte der direkten Demokratie oder gar Rätedemokratie. Die repräsentative Parteiendemokratie sollte partizipatorisch, vielleicht auch plebiszitär erweitert, nicht aber ersetzt werden. Und: Für jeden einzelnen Menschen in gleicher Weise die gesellschaftlichen Bedingungen für seine freie, individuelle Entwicklung zu schaffen, beinhalte »mehr als bloße Chancengleichheit«. Die persönlichen und Freiheitsrechte des Einzelnen müssten soziale Wirklichkeit werden.

Willy Brandt trat seit den vierziger Jahren immer wieder für die soziale und ideologische Öffnung der SPD ein. Mit dem Godesberger Programm hatte sich dafür der Terminus »Volkspartei« durchgesetzt. Nun hat »Volk« im Deutschen neben der ethnisch-kulturellen und politischen auch eine soziale Bedeutung, die in der Geschichte der SPD stets präsent war, nämlich das »arbeitende Volk in Stadt und Land«. So hießen schon im Görlitzer Programm von 1921 die abhängig Beschäftigten und die kleinen Selbstständigen. In diesem Sinne stellte Brandt 1954 auf dem Berliner Landesparteitag fest, eine »Volkspartei« könne die SPD nur als »umfassende soziale Volksbewegung – im Dienste einer grundlegenden Erneuerung in Wirtschaft und Gesellschaft« sein. Angehörige der gehobenen Schichten waren dann willkommen, wenn sie diese Zielsetzung teilten. Und auch Anfang 1958 betonte er noch einmal, es gehe ihm darum, »innerhalb der Arbeiterschaft verlorengegangene Positionen wiederzugewinnen, neue Schichten zu gewinnen und die Sozialdemokratie zur Mehrheitspartei unseres Volkes auszubauen«.

Das Wort »Mitte«, »Neue Mitte« oder auch »Neue soziale Mitte« diente in der Regierungszeit der SPD dazu, die Mehrheitsfähigkeit der Sozialdemokratie zu stützen. Welche Gruppen diese Mitte ausmachen sollten, wurde damals nicht konkret gesagt. Später sah Brandt das offenbar kritisch-selbstkritisch. Als er vom Amt des Vorsitzenden im Juni 1987 zurücktrat, merkte er an, mit solchen »Allgemeinheiten« wie der, es käme »auf die Mitte« an, sei der SPD wenig gedient.

Die Mitte besetzen zu wollen, bedeutete für ihn nicht, sich selbst partout in der Mitte zu verorten. Die neuen Bevölkerungsgruppen, die er seit etlichen Jahren für die SPD gewinnen wollte, verstanden sich in der Regel nicht als Mitte, sondern eher als Linke oder als Menschen, die einer Strömung angehörten, der mit den herkömmlichen Zuordnungen nicht beizukommen war. In früheren Jahrzehnten hatte er um kirchlich engagierte Christen beider Konfessionen geworben, im Herbst 1982 um enttäuschte Sozialliberale wie Genschers früheren Generalsekretär Günter Verheugen, schließlich sah er in den Angehörigen und Sympathisanten der Umwelt- und Friedensbewegung zu Beginn der achtziger Jahre potenzielle Verbündete, auch wenn ein Teil dieser »angegrünten Schichten« damit begann, ein Konkurrenzunternehmen zur Sozialdemokratie zu gründen. Gewiss wäre es ihm am liebsten gewesen, das Erstarken der »Grünen« und ihren Einzug in Landtage und Bundestag durch die Öffnung der SPD für grüne Themen zu verhindern. Da das nicht gelang, und wohl auch kaum gelingen konnte, dachte er schon frühzeitig über eine Regierungszusammenarbeit nach. Die SPD müsse »zur Bindung unterschiedlicher Menschen und Menschengruppen fähig bleiben«, indem sie deren Interessen und Anliegen bündelte. Seine Partei war davon nicht unbedingt begeistert.

Brandt wandte sich gegen Versuche, die Kernwählerschaft der Arbeiter gegen »neue Schichten« auszuspielen. Er war durchaus dafür, das gesellschaftspolitische Profil der Partei für die Arbeitnehmer wieder zu schärfen und das Bündnis mit den Gewerkschaften zu vertiefen. Das schließe aber nicht aus, sich um die friedens- und umweltbewegten Menschen zu bemühen, da ihr Widerstand gegen unkontrollierte Großtechnologien, Naturzerstörung und Wettrüsten und die Suche nach einer authentischeren Lebenswelt nichts sei, »was den Zielen des demokratischen Sozialismus fremd« sein müsse. »Volkspartei ist man nicht ein für alle Mal«, sagte er 1979, »man wird es immer wieder (oder auch nicht) ...«

In der SPD gab es einen Abwehrreflex gegen diese Überlegungen, der zeitweilig sogar die Gestalt einer Fronde anzunehmen schien. Einer der bedeutendsten sozialdemokratischen Intellektuellen und ein alter Freund meines Vaters, Richard Löwenthal, for-

mulierte ein Gegenpapier, das auf die antimodernistischen, anti-
industriellen und deshalb vermeintlich arbeitnehmerfeindlichen
»Aussteiger« gemünzt war. Es fand die Unterstützung mehrerer
Gewerkschaftsvorsitzender und sogar Herbert Wehners. Trotzdem kann man hier sagen, dass sich die von Brandt skizzierte
Neuorientierung in der SPD und letztlich auch in den Gewerkschaften ab Mitte der achtziger Jahre nach und nach durchsetzte.
Das Berliner Programm von 1989, das Willy Brandt noch angesto-
ßen hatte und das »Godesberg« nach dreißig Jahren ablöste, vollendete diesen Prozess.

Nachdem mein Vater und ich uns im Laufe der siebziger Jahre
politisch behutsam näher gekommen waren, wurde auch der inhaltliche Austausch allmählich intensiver. Einen ersten gemeinsamen Auftritt hatten wir bei einer Veranstaltung zum 35. Jahrestag
der Urabstimmung gegen die Zwangsvereinigung von SPD und
KPD, wo ich mich aber noch ganz auf die Rolle als geschichtswis-
senschaftlicher Experte beschränkte. Mein Vater setzte – stärker
als früher – kapitalismuskritische Akzente. Der SPD-Vorsitzende
beharrte zwar auf dem Markt als einer unverzichtbaren Steue-
rungsinstanz, betonte nun aber auch, dass »eine marktwirtschaft-
liche Orientierung nicht an spezifische Formen von Unterneh-
mensverfassung oder Eigentum gebunden« sei. Das war außer
auf der Parteilinken seit Godesberg kaum hervorgehoben worden.

1986 verdichtete sich der innerfamiliäre Brandt'sche Dialog
zur Gemeinschaftsarbeit. Mein Vater bat Detlef Lehnert und mich,
den ihm zugedachten Artikel »Demokratischer Sozialismus« für
das »Lexikon des Sozialismus« zu entwerfen. Nun war klar, dass
ein Lexikonartikel weniger eigene Meinung (schon gar nicht die
der Ghostwriter) als vielmehr knappe verlässliche Information zu
liefern habe. Aber natürlich würde man beim Autor Willy Brandt
darauf achten, wie er diese Aufgabe erledigte. Zu meinem Erstau-
nen wurde der Entwurf, nur wenig verändert, von meinem Vater

übernommen. Offenbar hatten wir die Sichtweise und Einstellung des Vorsitzenden getroffen und lexikalisch brauchbar ausgeformt.

Linkssozialisten, Marxisten verschiedener Richtungen, auch gemäßigte Sozialdemokraten aus dem In- und Ausland traf Willy Brandt Ende November 1988 auf einer wissenschaftlichen Tagung mit dem Thema »Sozialismus in Europa – Bilanz und Perspektiven« in der Ruhr-Universität Bochum, wohin Helga Grebing, Leiterin des Instituts zur Erforschung der europäischen Arbeiterbewegung, Hans Mommsen und ich den SI-Vorsitzenden eingeladen hatten, kurz vor seinem 75. Geburtstag. Einen besonderen Coup landeten wir damit, Otto Reinhold vom SED-Institut für Gesellschaftswissenschaften in eine der Veranstaltungen zu locken, in der er mit dem DDR-Oppositionellen Wolfgang Templin zusammentraf und *coram publico* diskutieren musste. Das System des »real existierenden Sozialismus« befand sich bereits sichtbar in Auflösung, als die Veranstalter der Konferenz westliche Sozialdemokraten, linksgerichtete Dissidenten aus dem östlichen Europa, marxistische beziehungsweise sozialistische Gesellschafts- und Geschichtswissenschaftler zusammenbringen konten. An einem der Konferenztage nahm auch mein Vater teil. Die »Frankfurter Rundschau« schrieb mit unnachahmlicher Treffsicherheit:

»Der triste neonerleuchtete Raum füllte sich plötzlich mit Atmosphäre. Da stand ein Mensch im Raum, ohne akademische Titel und wissenschaftliche Aura, aber mit einer besonderen Geschichte. Willy Brandt ... genoss sichtlich die Wärme und den Respekt, der ihm in diesem nüchternen Raum, der eigentlich keine Gefühle zulässt, entgegengebracht wurden. Diese knapp vierzig Männer und sehr wenigen Frauen, die vor ihm saßen, waren seinetwegen nach Bochum gekommen ... Es war ein (vorgezogenes) Geburtstagsgeschenk für Willy Brandt ... Und Brandt spürte, dass es ein seltenes Ereignis war. Doch der großen Worte müde und überdrüssig, dankte er leise dafür, ›wenn mein Name noch ein wenig mit Sozialismus und Demokratie und der Zukunft in Europa in Verbindung gebracht wird‹.«

Eine Sektion der Bochumer Tagung hatte die Problematik des globalen Südens zum Inhalt. Wenn es stimmt, dass Willy Brandt gegenüber Egon Bahr privat geäußert habe, er werde mit zunehmenden Alter immer »linker« – und ich bezweifle nicht, dass das stimmt –, so kam dies daher, dass er sich verstärkt mit internationalen beziehungsweise globalen Fragen befasste, seit er 1976 den Vorsitz der Sozialistischen Internationale (SI) und 1977 der Nord-Süd-Kommission übernommen hatte. Eine »gewisse Weltläufigkeit«, wie er selbst meinte, und die Fähigkeit, sich in die Interessenlagen anderer Länder hineinzuversetzen, gehörten zu den Voraussetzungen seines Erfolgs. Auch mit den nationalen Befreiungsbewegungen der Kolonialvölker war er bereits über seine linkssozialistischen Kontakte in den mittleren und späten dreißiger Jahren in Berührung gekommen. Doch erst in den erwähnten neuen Leitungsfunktionen kam er dazu, die vielfach quer zum Ost-West-Konflikt liegenden Probleme der südlichen Hemisphäre und die globalen Bedrohungen der Menschheit systematisch zu bearbeiten. Es entspricht der selbstbezogenen Natur der nationalstaatlichen politischen Systeme und der zugehörigen Öffentlichkeiten, dass die SI- und Nord-Süd-Aktivitäten Brandts in ihrer Bedeutung hierzulande wenig wahrgenommen wurden. Nach dem Rücktritt vom SPD-Vorsitz tauchte Willy Brandt in den Nachrichten meist als »Ehrenvorsitzender« der Sozialdemokratie auf (ein reiner Ehrentitel), obwohl er als erster Mann der Sozialistischen Internationale weiterhin Politik gestaltete.

Zusammen mit Bruno Kreisky und Olof Palme widmete er sich in der Sozialistischen Internationale hauptsächlich den drei Themen Friedenssicherung, Menschenrechte und Nord-Süd-

Beziehungen. »Massenhunger« als mögliche Ursache von Kriegen oder Bürgerkriegen zu erkennen und den Hungertod auch moralisch mit dem Tod im Krieg auf eine Stufe zu stellen, war ihm ein Anliegen, das heute fast vergessen ist. Die Nord-Süd-Problematik war für ihn »die große soziale Frage beim Übergang zum neuen Jahrhundert« – also dem 21. – und erforderte in seinen Augen eine »solidarische Weltinnenpolitik«. Wenn er am Ende seines Lebens das Massenelend in der »Dritten Welt« als Grund sah, auch ökologisch umsteuern zu müssen, so schloss sich hier der Kreis seines integrativen Sozialismusverständnisses. »Da alltägliche Armut Millionen Menschen zum Raubbau an der Natur geradezu zwingt«, dürfe man die soziale Frage des Südens bei der »Erarbeitung von Entwicklungsstrategien im Weltmaßstab« nicht ausklammern. Dass er versuchte, diese »Probleme ohne Lobby« einem großen Publikum im Westen nahezubringen, wissend, dass er sie nicht würde lösen können, fand zu seinen Lebzeiten wenig Beachtung. Doch vielleicht war gerade dies eine seiner großen politischen Leistungen.

Jugendradikalisierung:
die Protestbewegung der späten sechziger Jahre

Vielleicht könnte man sagen: Willy Brandt ist Ende 1966 gerade noch rechtzeitig aus Berlin weggekommen und Außenminister geworden. Die dramatischen Ereignisse seit dem 2. Juni 1967, die Erschießung Benno Ohnesorgs und der Mordanschlag auf Rudi Dutschke am 11. April 1968, gingen nicht mehr auf sein politisches Konto als verantwortlicher Regierender Bürgermeister. Sonst wäre es schwer vorstellbar, dass sich sein öffentliches Image vom »rechten« Sozialdemokraten so reibungslos zu dem eines Förderers der kritischen Jugend wandeln konnte.

Tendenziell Abgrenzung und Abwehr: So lässt sich Willy Brandts Haltung zur Jugendradikalisierung bis 1966/67 beschreiben. In späteren Jahren öffnete er sich, äußerte sich ambivalent, mit einer optimistischeren Note. Bei den Wirkungen, die er von den Protestbewegungen für die Sozialdemokratie erwartete, fiel die Note allerdings auch in späteren Jahren manchmal weniger optimistisch aus. Das, was er anerkannte, und das, was er unbedingt ablehnte, blieb sich im Wesentlichen gleich. Aber die Akzente verschoben sich zum Teil erheblich übers Jahr 1968.

Im Januar 1969, auf einem jugendpolitischen Kongress der SPD, sprach Brandt schon von »einem im ganzen positiven Prozess«. Das »Aufbegehren der Jugend« habe bereits viel bewirkt, »vor allem den Abbau obrigkeitsstaatlichen Denkens«. Neben der »Bereitschaft zur Vorausschau« sei der »Wille zur Reform« in der Gesellschaft stärker geworden. Ich musste oft daran denken, wie

Willy Brandt zeitlebens über seine eigene linkssozialistische Vergangenheit sprach und schrieb: Er hat sie nie als »Jugendsünde« oder Unfug abgetan, sondern als ein aus den objektiven und subjektiven Umständen erklärbares Stadium politischer Entwicklung verstanden. Trotz der ganz anderen historischen Konstellation erinnerte ihn das Geschehen der Jahre vor und um 1968 durchaus in merkwürdiger Weise an seine eigene Jugend.

Nun war mein Vater aufgrund seiner eigenen Geschichte offenbar der Meinung – oder vielleicht tendierte er auch unbewusst dazu –, dass ein junger Mensch von fünfzehn oder sechzehn, allemal von achtzehn oder neunzehn Jahren im Wesentlichen seine Orientierung selbst finden solle und, vor allem, seine Erfahrungen selber machen müsse. Seine viel gescholtene und viel gerühmte Toleranz war bis zu einem gewissen Grad ein Verzicht, sich einzumischen und ständig Auseinandersetzungen zu führen. Auch im Privaten und in der Familie.

Seinen ältesten Sohn kannte er gut genug, um zu wissen, dass er mich mit Drohungen und Repression vielleicht oberflächlich disziplinieren könnte, solange ich zur Schule ging – da war ich rational genug. Aber gleich danach wäre er mich los gewesen. Ohne elterliche Geldzuwendungen hätte das Studium dann eben etwas länger gedauert. So war ich bestrebt, die finanzielle Abhängigkeit, die mir unangenehm war, durch einen zügigen Studienabschluss nicht länger als nötig auszudehnen und das Jobben in der vorlesungsfreien Zeit auf gelegentliche Zuverdienste für die eine oder andere Ferienreise zu beschränken. Was mein Vater mir monatlich überwies, war in der Summe nicht fürstlich, aber mehr als ausreichend. Durch das gemeinsame Leben mit meiner Freundin, die deutlich weniger erhielt, ergab sich für uns beide unter dem Strich so etwas wie der normale studentische Lebensstandard.

Mein politisches Engagement war für den Vater aus drei Gründen recht erträglich: Erstens hegte Brandt Junior keinerlei Sympathien für den Sowjetkommunismus und die SED – im Gegenteil. Auch der Marxismus-Leninismus chinesischer Observanz, wie er die meisten »K-Gruppen« beseelte, die 1968/69 entstanden, war nicht mein Ding. Dennoch wurde verbreitet, Peter Brandt oder gar beide Brandt-Söhne würden in Moskau – wahlweise auch mal Peking – studieren. Dieses kuriose Gerücht hielt sich lange. Noch zu Beginn des 21. Jahrhunderts bin ich darauf angesprochen worden, wie es denn zu dieser Zeit in Moskau so gewesen sei. Zweitens gab es auf meiner Seite keine Neigung zu gewalttätigen Aktionen, die kleine Gruppen stellvertretend für die breiten Massen durchführten. Schon die ersten Anzeichen terroristischer Gewalt – im Sinne bewaffneter Anschläge – stießen bei mir auf schärfste Kritik. Drittens wirkte es für meinen Vater paradoxerweise eher entlastend, dass ich seit 1968 in kleinen Zirkeln und Kaderorganisationen tätig war und nicht innerhalb der SPD, der Jusos oder der Falken. Denn dort wäre jegliche Konfrontation viel direkter ausgetragen und schneller öffentlich geworden, so wie bei Peter Kreisky und seinem Vater, dem österreichischen SPÖ-Bundeskanzler Bruno Kreisky.

Meine Politisierung nach links begann schon als Vierzehnjähriger. Anfang 1963 trat ich den Falken bei. Innerhalb der Berliner Sozialdemokratie, die vollkommen auf die Konfrontation mit dem SED-Staat fixiert war, standen die Falken, die damals noch überwiegend eine Organisation der arbeitenden Jugend waren, auf dem linken Flügel. Innerhalb des Verbandes gab es eine konspirative trotzkistische Gruppierung, die der kleinen Vierten Internationale angeschlossen war. Ich sympathisierte mit ihr und wurde Ende 1966 schließlich »rekrutiert« (so hieß das damals im militärischen Jargon).

Aus den trotzkistisch beeinflussten Kreisverbänden der Falken und einer Schüler-, Lehrlings- und Studentengruppe, die sich um die Zeitschrift »Neuer Roter Turm« bildete, entstand unter meiner Mitwirkung im Herbst 1968 die Organisation »Spartacus« (nicht zu verwechseln mit der DKP-Studentenorganisation »MSB Spartakus«). Sie sah sich als Initiative für eine breitere revolutionär-sozialistische Jugendorganisation. Hinsichtlich Organisations- und Politikvorstellungen war der »Spartacus«, der sich 1970 bundesweit ausdehnte, aber nie mehr als wenige hundert Mitglieder zählte und schon 1971 von der ersten Spaltung heimgesucht wurde, eher links-traditionalistisch als antiautoritär, dabei allerdings Moskau- und Peking-kritisch. Ich selbst schied 1973 wieder aus und verstand mich von da an als unabhängiger Sozialist, gehörte dem Sozialistischen Büro, später einige Jahre der Berliner Alternativen Liste an. Erst 1994 trat ich wieder der SPD bei – frei nach dem Motto Paul Levis, der 1921 aus der KPD ausgeschlossen worden war: Mein Bedarf an Spaltungen ist gedeckt.

Es liegt auf der Hand, dass das Verhältnis zur DDR für junge Linke in West-Berlin von zentraler Bedeutung war. Die DDR war ja nicht irgendein sowjetkommunistisch geführter Staat, sondern ein Regime direkt vor der Haustür, das die eigenen Ideale permanent beleidigte und diskreditierte. »Geht doch rüber«, war eine beliebte Reaktion auf die Kritik an Zuständen oder Vorgängen westlich der Mauer. Mit heftiger öffentlicher Kritik an westlichen Regierungen, so am Algerienkrieg der Franzosen oder an der mörderischen Kriegsführung der Amerikaner in Vietnam, machten sich schon die Falken unter den staatstragenden Parteien West-Berlins wenig Freunde. Für meine Entwicklung hatten der Protest und die Solidarisierung mit dem kommunistisch geführten Unabhängigkeitskampf der Vietnamesen eine kaum zu überschätzende Bedeutung.

Die tiefenpsychologische Dimension meines politischen Engagements, für das die Studentenbewegung eher ein Verstärker war als ein Auslöser, kann ich selbst nicht wirklich ermessen. Wer kann das schon für seine eigene Person? Mir scheint aber, dass

Formeln wie »Protest gegen den Vater« meine Haltung nicht treffen. Natürlich hatte ich wie jeder erwachsen werdende Jüngling das Problem, unter dem Gewicht einer Vatergestalt – in diesem Fall einer überragenden, gleichzeitig meist abwesenden oder nicht leicht zugänglichen – eine eigene Identität entwickeln zu müssen. Soweit ich mir dessen bewusst war und bin, gab es neben den ideologischen Differenzen ein persönlich relativ gutes Verhältnis. Ich empfand auch die berufsbedingten Kränkungen und Erfolge des Vaters stark mit. Im Sommer 1968 – ich hatte gerade mein erstes Semester an der Freien Universität Berlin hinter mir – schrieb ich ihm einen Brief. Darin bat ich ihn um Verständnis dafür, dass ich meinen politischen Überzeugungen folgte – ich sprach von »Pflicht« – und sagte, ich hoffte, dass es nie zum persönlichen Bruch kommen müsse und es mir möglich sein werde, in Zukunft zu vermeiden, was ihm direkt schaden könnte.

Eine meiner ersten politischen Einmischungen, die öffentlich wurde, war die Unterschrift unter einen Aufruf, der sich gegen die Bombenangriffe der USA auf Nordvietnam und die militärische Intervention mit Bodentruppen in Südvietnam wandte, im Sommer 1965. Ich unterschrieb bedenkenlos. Ich hatte mich sachkundig gemacht und zudem die Namen der ASTA-Vorsitzenden der Freien Universität, Wolfgang Lefèvre und Peter Damerow, auf der Liste der Unterstützer entdeckt. Beide gehörten zum Sozialistischen Deutschen Studentenbund (SDS). Es hätte mich schon stutzig machen können, dass die initiierende Organisation »Ständiger Arbeitsausschuss für Frieden, nationale und internationale Verständigung« hieß, das klang nach dem damaligen Jargon der SED. Allerdings wusste ich nicht, dass Lefèvre und Damerow bewusst unterschrieben hatten, um im Zuge des Vietnam-Protests auch den Antikommunismus zurückzudrängen. Ich wiederum hielt es für verkehrt, beides auch nur indirekt zu verbinden: Das taten ansonsten vor allem die Apologeten des amerikanischen Krieges, um den Protest zu diskreditieren.

Meine Unterschrift hatte ich schon fast vergessen, da wurde sie ein paar Wochen vor der Bundestagswahl bekannt und hatte einen zornigen väterlichen Anruf vom Autotelefon aus der Wahlkampfkolonne zur Folge. Mein Vater warf mir in selten eindeutigen Worten vor, ihm in den Rücken gefallen zu sein. Später hatte ich Egon Bahr am Apparat. Er sprach von einem »Sturm im Wasserglas«, bat mich aber, wenn ich mich recht erinnere, die Unterschrift zurückzuziehen. Ich sagte zu, darüber nachzudenken, unterstrich jedoch, dass ich mit dem Inhalt des Aufrufs völlig einverstanden wäre. In einem knappen, aber fein austarierten Brief an den »Arbeitsausschuss« verband ich die Rücknahme der Unterschrift mit der ausdrücklichen Bekräftigung der in dem US-kritischen Aufruf genannten Forderungen. Und ich nahm mir vor, nie mehr in eine solch demütigende Situation zu kommen. Lieber verbale Prügel einstecken, als noch einmal eine öffentlich gemachte Äußerung widerrufen zu müssen.

Einige Monate später nahm ich an einer der ersten nicht genehmigten Vietnam-Demonstrationen teil. Öffentlich bekannt wurde meine Teilnahme meiner Erinnerung nach nicht. Mein Vater muss aber auf anderem Wege davon erfahren haben. Eines Abends drohte er zu Hause mit Rücktritt. Wenn ich mit meinen Aktivitäten fortführe, könne er sein Amt nicht mehr ausüben. Ganz ernst war das wohl nicht gemeint, sondern eher seine Art, Unmut zu äußern. Natürlich waren meine abweichenden Positionen für ihn lästig, wenn sie öffentlich ruchbar wurden. Ich war erst siebzehn.

Niemals kam mein Vater mehr auf seinen verbalen Ausfall an diesem Abend zu sprechen. Dabei wäre es gar nicht aussichtslos gewesen, mich um Zurückhaltung unter bestimmten Umständen oder für die Zeit meiner schulischen Ausbildung zu bitten; jedenfalls solange es nicht darauf hinausgelaufen wäre, mein politisches Engagement einfach zu unterbinden. Mitstreiter von damals berichten, sie hätten mich stets mit Achtung über meinen Vater sprechen hören. Von außerhalb der Familie hat er sich Ratschläge, wie er mit seinem Sohn umgehen sollte, stets verbeten. Vor allem auf dem Höhepunkt der außerparlamentarischen Protestbewegung im Frühjahr 1968 wurde ihm im Parteivorstand nahegelegt, mich an die Kandare zu nehmen oder außer Landes zu schaffen. Von solchen Anmutungen erfuhr ich damals erfreulicherweise nichts.

Gelegenheiten, Schwierigkeiten zu machen, gab es genug. Horst Mahler, einer der damals führenden APO-Leute, meinte zum Beispiel während der Osterunruhen 1968, ich solle öffentlich den Rücktritt meines Vaters fordern. Ich fragte mich, ob dieser aberwitzige Vorschlag sein Ernst war. Ein anderes Mal traf ich den Reporter der britischen Boulevardzeitung »Sun«, die ich damals mit einer linksgerichteten Zeitung ähnlichen Namens verwechselte, sonst hätte ich den Herrn nie empfangen. Er begleitete mich im Bus auf dem Weg zur Uni, sprach mit mir und dichtete sich am Ende zurecht: Ich hätte den Sturz des Systems und die Beseitigung der ganzen Führungsschicht »einschließlich meines Vaters« propagiert. Das war Quatsch. In der Tat hatte ich diverse radikale Parolen von mir gegeben. Aber den gierig gewünschten familiären Bezug hatte ich bewusst nicht hergestellt. Deshalb lag die hämische Sottise des »Spiegel«, Filius Brandt hätte von den Berufspolitikern gelernt und flugs dementiert, daneben: Ich hatte das »Interview« der »Sun« in der Grundtendenz bestätigt, zugleich aber wahrheitsgemäß darauf beharrt, keine Äußerungen gegen die Person meines Vaters gemacht zu haben.

Das war mir eine lehrreiche Erfahrung. Das Letzte, was ich wollte, war, als Profilneurotiker oder Skandalnudel wahrgenommen zu werden. Von denen gab es in der APO ja auch welche. Nur noch in Ausnahmefällen äußerte ich mich öffentlich. Ich wurde ziemlich vorsichtig und vermied nach Möglichkeit, fotografiert zu werden.

Zunächst musste ich unter den Augen der medialen Öffentlichkeit noch zwei Gerichtstermine hinter mich bringen. Der Vorwurf lautete: Zusammenrottung einer Menge trotz dreimaliger Aufforderung der Polizei, sich zu zerstreuen, in zwei Fällen. Dieses Delikt des »Auflaufs« gibt es heute nicht mehr. Insbesondere ging es um den Ostersamstag 1968, als ich zusammen mit zweihundert weiteren Demonstranten verhaftet, erkennungsdienstlich behandelt und erst nach etwa 30 Stunden wieder freigelassen worden war. Vor Gericht vertrat mich Horst Mahler, der ein brillanter Jurist und als APO-Anwalt schon berühmt-berüchtigt war. Ich wäre auch grundsätzlich bereit gewesen, den Rechtsanwalt zu beauftragen, den mir ein Mitarbeiter des Vaters empfahl. Die Bereitschaft währte aber nur eine halbe Stunde. Der gute Mann schlug mir allen Ernstes vor auszusagen, ich sei jeweils nur zufällig am Ort der Demonstration spazieren gegangen. Diese geniale Anregung zeigte, dass hier nicht die geringste Vorstellung von der Person des Angeklagten existierte. Am Ende bezahlte mein Vater sogar Mahlers vergebliche Bemühungen, was ich so nicht einkalkuliert hatte. Es gab für solche Fälle nämlich einen Rechtshilfefond der APO; der sollte aber, fand ich, so wenig wie möglich in Anspruch genommen werden.

Der Prozess wurde erstinstanzlich vor dem Jugendgericht verhandelt, da ich zu den »Tatzeiten« neunzehn Jahre alt und nach damaligem Recht noch nicht volljährig war. Die Richterin sah »Auflauf« in beiden Fällen als erwiesen an und verhängte zwei Wochen Dauerarrest. Für den Heranwachsenden hielt sie Jugendstrafrecht für angezeigt. Zwar fehle dem Angeklagten nicht die geistige, aber die »sittliche« Reife – angeblich hätte ich eine von mir als Schutzbehauptung vorgebrachte juristische Meinung des Rechtsanwalts Mahler kritiklos übernommen. Ferner unterstellte sie eine Auflehnung gegen den Vater, die im Prozess gar nicht thematisiert worden war.

Das war ausgesprochen diskriminierend. Nicht nur ich und die APO-Leute empfanden das so. Auch mein Vater war sehr verärgert. Ohne dass ich irgendwas zu ihm gesagt hätte, erklärte er: »Wenn eine Richterin die vermutete Protesthaltung eines Sohnes gegen seinen Vater als kindliche Unreife betrachtet, dann frage ich mich, wie wir bei solcher Weltfremdheit zu einem besseren Verständnis der Jugend kommen können.« In der Berufungsverhandlung im Oktober 1968 vor einem ordentlichen Gericht wurde der Schuldspruch bestätigt, diesmal nach Erwachsenenstrafrecht, denn auch die Staatsanwaltschaft hatte Einspruch erhoben, und zwar gegen meine Einstufung als Jugendstraftäter. Die verhängte Geldstrafe fiel 1970 unter eine allgemeine Amnestie für Demonstrationsdelikte.

Bei der Eröffnung des Nürnberger SPD-Parteitags Mitte März 1968 wurden während einer Demonstration führende SPD-Politiker körperlich attackiert. Auch Willy Brandt musste einen Schirmhieb auf den Kopf einstecken. In seiner Empörung erzählte er seiner Ehefrau, »Peters Gesinnungsgenossen« hätten ihn tätlich angegriffen. Nun sei er mit seiner Geduld am Ende. Mutter, die stets zu vermitteln versuchte, rief mich an und schlug vor, ich solle mit Vater sprechen. Nun hat mich die Aussicht, dass es mit seiner »Geduld« zu Ende sei, nicht geschreckt. Was immer das hätte bedeuten können – meine Mutter hatte mir die Drohung auch wohlweislich verschwiegen. Vielmehr bedrückte mich die Vorstellung, er könnte meinen, ich hätte für die Rempler und Schläger vor der Kongresshalle irgendwelche Sympathien. Leute, die so agierten, waren in meinen Augen Provokateure im Interesse der Reaktion.

Von einem Telefonanruf nahm ich aber Abstand, weil ich befürchtete, ins Stammeln zu kommen. Einen Anlass, von meinen politischen Positionen abzurücken, sah ich nicht. In einem längeren und entsprechend teuren Telegramm distanzierte ich mich aufrichtig scharf von dem Geschehen und äußerte noch einige Freundlichkeiten. Allerdings unterstrich ich die grundsätzliche Berechtigung, gegen die SPD-Vorstandspolitik zu demonstrieren und zu versuchen, den Parteitag zu beeinflussen, damit das Ganze ja nicht als Anbiederung oder politische Kapitulation erschien. Das bizarre Telegramm fiel auf fruchtbaren Boden. Vater nahm es sogar mit und zeigte es anderen Führungsgenossen, wie ich erfahren konnte.

Möglicherweise war Willy Brandt überrascht, im Jahr 1968 auf seinen Reisen als Außenminister gelegentlich ganz anders auf seinen ältesten Sohn angesprochen zu werden als in den heimischen Gefilden. Sein chilenischer Amtskollege, der der christdemokratischen Partei angehörte, brachte im November 1968 auf einer Lateinamerikareise des deutschen Außenministers bei einem Essen einen Trinkspruch auf »unsere rebellischen Söhne« aus. Und jugoslawische Spitzenpolitiker richteten sogar Grüße ihrer Söhne und Töchter an mich aus.

Bei einem Besuch in Norwegen fragte mein Vater seinen alten Freund Vogel: »Was sagst du zu Peter?«

Vogel: »Er imponiert mir.«

Willy: »Mir auch.«

Das hat J. N. J. Vogel mir erzählt. Mein Vater hatte nicht einmal eine Andeutung in diese Richtung gemacht. Ich kann nur vermuten, was er dachte, nämlich dass das Engagement des Sohnes nicht in Klamauk und jugendlichem Ungestüm stecken blieb, sondern von einem ernsthaften Studium der gesellschaftlichen Verhältnisse wie auch der sozialistischen Theoretiker begleitet war. Er hielt nichts von dem Diktum des Zynikers Winston Churchill, der gemeint hatte: Wer mit zwanzig kein Sozialist ist, hat kein Herz, wer es mit dreißig immer noch ist, keinen Verstand.

Er sah durchaus die Möglichkeit, dass der Radikalismus junger Jahre sich verfestigen und im Lauf des Lebens zu einer fundierten Position weiterentwickeln kann. Andererseits wird er gehofft haben, zu Recht, dass ich mein universitäres Studium und meine wissenschaftlichen Ambitionen ernst nähme und damit ein Gegengewicht zum politischen Aktivismus entstünde.

Was meinen Vater von vielen anderen, auch manchen Linken, unterschied, war der Respekt gegenüber Standpunkten, die er für falsch hielt, selbst dann, wenn sie ins Grundsätzliche gingen. Ich erinnere mich, dass er mir Anfang der sechziger Jahre einmal den Unvereinbarkeitsbeschluss der SPD gegenüber dem SDS erklärte. Dort seien, meinte er, ganz überwiegend zwar keine Anhänger des Sowjetkommunismus, aber doch großenteils Leute versammelt, die ein System wie den jugoslawischen Selbstverwaltungssozialismus befürworteten. Das sei zwar eine ehrenwerte Position, nur habe sie keinen Platz in der SPD. Gelegentlich zweifelte er auch daran, ob die führenden Falken-Funktionäre um Harry Ristock in der richtigen Partei wären, was er später revidierte.

In der Vor- und Frühphase der Jugendradikalisierung war Willy Brandt Regierender Bürgermeister in West-Berlin. Die Sicherung der Halbstadt gegen äußere Bedrohungen hatte absolute Priorität. Diese Perspektive speiste seine Loyalität gegenüber den westlichen Besatzungs- und Schutzmächten. Die SED sah in ihm zeitweise sogar den Vertreter eines proamerikanischen Flügels in der Sozialdemokratie.

Es liegt auf der Hand, dass er den aufkommenden studentischen Protest vorwiegend aus dem Blickwinkel der Ämter des Regierenden Bürgermeisters und des Vorsitzenden der erneuerten Sozialdemokratie sah. Deren Erscheinungsbild sollte nicht leiden. Zudem konnte die deutschlandpolitische Auflockerung, wie er sie mit der DDR anstrebte, seines Erachtens ständige Proteste und Demonstrationen in West-Berlin nicht gebrauchen. Als im Dezember 1964 der kongolesische Politiker Moïse Tschombé West-Berlin besuchte, war ihm das gewiss nicht angenehm. Dennoch hatte er Repräsentationspflichten gegenüber »seiner« Stadt, und die wollte er wahrnehmen. Als beim Tschombé-Besuch dann erstmals einige hundert Demonstranten Polizeiketten durchbrachen und Tomaten warfen, fühlte er sich in seiner Amtsführung beeinträchtigt. Die Frage nach der sachlichen Berechtigung der Demonstration stellte er dahinter zurück.

Weitaus gravierender war die Auseinandersetzung über den Vietnamkrieg, der als Bürgerkrieg schon einige Zeit in Gang war. Mit regelmäßigen Bombardements im Norden dieses Landes und mit der Verstärkung der amerikanischen Interventionstruppen im Süden im Frühjahr 1965 kam eine schreckliche Eskalation. Während der SDS ein »Vietnam-Semester« vorbereitete, stellten sich die Bundesregierung und weite Teile der Öffentlichkeit demonstrativ hinter die USA. Selbst die Entsendung von Bundeswehrtruppen schien nicht ganz ausgeschlossen. In West-Berlin führten Weihnachten 1965 sämtliche Tageszeitungen eine Geldsammlung zum Wohle der Familien gefallener US-Soldaten durch, um ihnen Nachbildungen der Freiheitsglocke übersenden zu können. Was für ein kurioses Treuebekenntnis! Als dann am 5. Februar 1966 plötzlich 2.000 Menschen gegen den »schmutzigen Krieg« der Amerikaner auf die Straße gingen, meist junge Westberliner, überwiegend Studenten, und am Rande der Demonstration Eier auf das Amerika-Haus flogen und die amerikanische Fahne auf Halbmast gesetzt wurde, da brach in der Stadt ein Sturm der Entrüstung los. Der Regierende Bürgermeister Willy Brandt machte sich zum Sprachrohr der Empörten, als er vor dem Abgeordnetenhaus den linken Studenten vorwarf, angegriffen zu haben, was den Bürgern West-Berlins heilig sei: die Freundschaft mit den amerikanischen Beschützern.

Ich für meinen Teil hatte dem Vater im Frühjahr 1965 schwere

Vorhaltungen gemacht, weil er sich auf einer USA-Reise mit Fritz Erler auf die Seite der Amerikaner gestellt hatte, weniger nachdrücklich als Erler, aber trotzdem. Was die Einschätzung des Vietnamkriegs betrifft, hat er später behutsam und eher implizit Selbstkritik geübt, zum einen, weil er sich nur unzureichend mit den inneren Verhältnissen Südvietnams beschäftigt, zum anderen, weil er die internationalen Wirkungen des Konflikts nicht richtig eingeschätzt hätte. 1965/66 ging es ihm, mit Blick auf Berlin, um die Glaubwürdigkeit amerikanischer Garantien. Und er wollte die kommunistischen Hardliner aller Länder, die er auch in der SED vermutete, entmutigt wissen, damit sich die Voraussetzungen globaler Entspannung verbesserten. So jedenfalls lautete seine damalige Analyse. Insofern stand er in einem scharfen inhaltlichen Gegensatz zu denjenigen, die in West-Berlin und Westdeutschland gegen den Krieg der Amerikaner in Vietnam auftraten und für den Norden des Landes und die südvietnamesische Befreiungsfront Partei ergriffen.

Es war nur ein scheinbares Paradox, dass sich dieser Gegensatz in Willy Brandts Zeit als Außenminister abzuschwächen schien. In den USA selbst und unter den NATO-Verbündeten wuchs die Kritik an dem Krieg der westlichen Führungsmacht. Dies wurde seinerseits zu einem realen außenpolitischen Faktor. Für Willy Brandt kam erleichternd hinzu, dass er auf die Mehrheitsverhältnisse in der Berliner SPD – der »CSU der deutschen Sozialdemokratie« – sehr viel weniger Rücksicht nehmen musste als früher. Wichtiger war nun die Meinungsbildung in der Gesamt-SPD: Als Erwin Beck und Harry Ristock am 18. Februar 1968 in West-Berlin an der großen internationalen Vietnam-Demonstration teilnahmen, und dies ausdrücklich als Sozialdemokraten taten, exekutierte die Berliner Landesorganisation einen Sofortausschluss gegen die beiden. Die Bundes-SPD machte auf dem Nürnberger Parteitag den Ausschluss über eine Satzungsänderung rückgängig.

Seit den Übergriffen der Berliner Polizei während der Proteste gegen den Schah-Besuch im Juni 1967 breitete sich die APO flächenbrandartig aus. Das hielt bis zu den Osterunruhen 1968 an und setzte sich dann weniger spektakulär fort. An den Hochschulen geriet eine Organisation nach der anderen in den Sog der Protestbewegung, teilweise und zeitweise bis in die Reihen des RCDS – des Rings Christlich-Demokratischer Studenten. Selbst waffenstudentische Korporationen konnten sich dem nicht ganz entziehen, ähnlich die etablierten Jugendorganisationen wie Pfadfinder und kirchliche Gruppen. Wie Meinungsumfragen belegten, sympathisierte im Frühjahr 1968 eine Mehrheit der Studenten und Oberschüler mit der Bewegung, wie immer sie im Einzelnen verstanden worden sein mag. Viele waren demonstrationsbereit, erheblich weniger wurden auch regelmäßig aktiv. Nun machten diese jungen Menschen, die ihrer Herkunft nach weitgehend den bürgerlichen Schichten entstammten, Ende der sechziger Jahre nicht mehr als ein Zehntel der entsprechenden Jahrgänge aus. Willy Brandt wies immer wieder auf das Faktum hin: Es handelte sich um die Mehrheit der studierenden Minderheit und zusätzlich um eine ziemlich kleine, wenn auch nicht ganz bedeutungslose Minderheit der lohnarbeitenden Mehrheit. Das unterstrich er aus zwei Gründen: Zum einen wollte er die ansprechbaren Teile der APO auf die Gefahr eines völligen Auseinanderklaffens der Generationen und der Jugend in sich hinweisen. Zum anderen bat er um Verständnis dafür, dass eine Partei wie die SPD die Verbindung zur Mentalität der arbeitenden Bevölkerung nicht verlieren dürfe. Während des Wahlkampfs 1969 und davor sollte die SPD bei den Arbeitern »nicht waschlappig erscheinen«. Und ihren Gegnern sollte es unmöglich sein, sie mit Gewaltaktionen und Gesetzlosigkeit zu identifizieren. Outlaws waren die Sozialdemokraten lange genug gewesen. Nun wollten sie den Regierungschef stellen.

In manchen Momenten des Zorns über systematische Störungen von SPD-Veranstaltungen drohte Willy Brandt sogar damit, die »schweigende Mehrheit« zu mobilisieren. Sollten sich die »gutgesonnenen Bürger« gefallen lassen, dass der »demokratische Rechtsstaat ausgehöhlt und seine Einrichtungen zu einer Ruine gemacht« würden? Brandt verwies mehrfach auf seine Lebenserfahrung: das Erlebnis des Untergangs der Weimarer Republik. Doch – und das war ein charakteristischer Unterschied zu manch anderen auch innerhalb der SPD – zog er keine Parallelen zwischen APO und NSDAP. Er erinnerte vielmehr an die Hilflosigkeit des demokratischen Rechtsstaats, die seiner Entlegitimierung 1933 vorausging. Es war ihm durchaus bewusst, dass die Linksentwicklung der jungen Intelligenz Deutschlands anders zu sehen war als die antiliberal-rechtsnationalistischen Tendenzen in der Weimarer Republik und dass – nach der Indifferenz der »skeptischen Generation« in den Nachkriegsjahren – der Linkstrend in der jungen Intelligenz aus sozialdemokratischer Sicht nicht nur negativ zu sehen war. Aber als SPD-Vorsitzender fürchtete er zugleich stets, dass die Revolte von links einen Rechtsruck in der Bevölkerung auslösen könnte. Tatsächlich, der größte Wahlerfolg der rechtsextremen NPD, 1968 in Baden-Württemberg, kurz nach den Osterunruhen, ging per saldo fast ausschließlich zulasten der SPD.

Wenn Willy Brandt über die Radikalisierung der Jugend sprach, vermied er Bezeichnungen wie »sozialistisch« und »kommunistisch«. »Kommunistisch« – das war fast so wie »Sowjetsystem« und wäre für jeden offiziellen Dialog mit den Jüngeren tödlich gewesen. Er bevorzugte Worte wie »Radikalismus«, »Anarchismus« oder »Neigung zur Revolution«, bei gewalttätigen und gewaltbereiten Gruppen sprach er von »Extremismus« und »Terrorismus« und vereinzelt von »Nihilismus«.

Als nach dem Dutschke-Attentat Zehntausende von Demonstranten versuchten, die Auslieferung von Springer-Zeitungen zu verhindern, auch gewaltsam, und als dabei in München zwei Menschen den Tod fanden, wandte sich das SPD-Parteipräsidium am 14. April 1968 »mit aller Entschiedenheit gegen die flagranten, teilweise vorsätzlich organisierten Rechtsverletzungen« und beschwor »die Autorität des Rechtes und die Autorität des Gesetzes«, die »mit Besonnenheit, aber ebenso auch mit großer Energie« gewahrt werden müssten. Brandt war die Schwierigkeit durchaus bewusst, von außen einen Spalt in die Protestbewegung zu treiben. Sie funktionierte nach anderen Kriterien als denen, die die SPD vorgab. Man verweigerte zum Beispiel ein Bekenntnis zur verfassungsmäßigen Ordnung der Bundesrepublik. Das machte die Sache komplizierter. Willy Brandt betonte immer wieder, dass es bei dem Versuch, »Extremisten« auszugrenzen, nicht um die Studenten ginge, auch nicht um die linken Studenten, ja nicht einmal um diejenigen, die »überkommene Werte und etablierte Ordnungen« vehement und radikal infrage stellten.

Mitte Februar 1969 diskutierte die Bundesregierung über einen Vorschlag von Innenminister Ernst Benda (CDU), der die NPD und den SDS gleichzeitig verbieten wollte. Das kam manchen Sozialdemokraten nicht ungelegen. Die SPD-Führung stellte sich hauptsächlich deswegen quer, weil die CDU/CSU außerdem die DKP verbieten lassen wollte, die Justizminister Gustav Heinemann, auch als freundliches Signal an den Osten, gerade erst mühsam legalisiert hatte.

Willy Brandts strategisches Ziel hieß, der »heimlichen Koalition zwischen Konservatismus und Revoluzzertum« eine »Koalition der Reformwilligen« entgegenzustellen, sowohl an den Universitäten wie auch in der Gesamtgesellschaft. Allerdings kamen er und die SPD damit nicht sehr weit, bis sich die Dauerrevolte mehr oder weniger totlief. Direkte Gespräche brachten wenig konkrete Erfolge. Auf dem jugendpolitischen Kongress der SPD im Januar 1969, der als geschlossene Veranstaltung abgehalten wurde, zeigte sich das Dilemma der Sozialdemokratie im Umgang mit der Protestbewegung in seiner ganzen Tragweite. Den SDS hatte man gar nicht erst eingeladen. Auch der scharf linksoppositionelle Sozialdemokratische Hochschulbund (SHB) erhielt erst Zutritt, als öffentlich ruchbar wurde, dass man ihn bei der Kartenvergabe (angeblich irrtümlich) übergangen hatte. Trotz aller Vorsichtsmaßnahmen gelang es den APO-Sympathisanten unter den Teilnehmern doch noch, für mehrere SPD-kritische Resolutionen die Zustimmung der Mehrheit zu erhalten.

Brandt entwickelte nach und nach mehr Verständnis für die Positionen der radikalisierten Jugend. Das war unverkennbar. Seine Analyse wurde umfassender und präziser. Er bemerkte, wie gravierend die generationsspezifischen Erfahrungen auseinanderklafften – die der »Achtundsechziger« einerseits und der Altersgruppen, die die politische Führungsschicht stellten, andererseits. Und, das sagte er sich und anderen, Erfahrungen waren schwer übertragbar. Die Weigerung, die Anliegen der oppositionellen jungen Menschen als legitim oder gar berechtigt anzuerkennen, wich dem Werben um gegenseitiges Verstehen.

Es war auch der APO geschuldet, dass die SPD 1968/69 ihr progressives, reformerisches Profil schärfte und gegen den Konservatismus wieder härter Stellung bezog. Eine Modernisierung der Hochschulen zielte auch die Sozialdemokratie an. Willy Brandt anerkannte, dass die Forderung aus der Studentenschaft und dem Mittelbau nach einschneidender Reform sehr berechtigt war. Sicherlich spielte auch die Hoffnung mit, die studentischen Unruhen auf diesem Weg teilweise kanalisieren zu können. Brandt rief die kritische Jugend auf, sich stärker in den bestehenden Parteien zu engagieren, und das hieß konkret: in der SPD. Bekanntlich folgte sie dem Ruf in beträchtlicher Zahl.

Klarer als andere Politiker, auch klarer als viele Sozialdemokraten, erkannte Willy Brandt die elementare Kraft der Jugendradikalisierung. Vor der UNESCO sprach er am 6. November 1968 von einem »Aufbegehren gegen Phänomene der Entfremdung und Entseelung« in der modernen Industriezivilisation. Es gehe um einen Protest gegen das »Missverhältnis zwischen veralteten Strukturen und neuen Möglichkeiten«, gegen die »innere Unwahrhaftigkeit des Staates und der Gesellschaft«. »Die Jugend misst das, was ist, nicht an dem, was war ..., sondern an dem, was sein könnte.« Man müsse sich der Jugend stellen, sich selbst infrage stellen und hinzulernen. Insbesondere von seiner Partei verlangte Willy Brandt, sie müsse fähig und bereit sein, sich inhaltlich mit der Jugend auseinanderzusetzen. Die Sozialdemokratie sei »diejenige politische Gemeinschaft, die alle wichtigen Impulse, auch die ihrer Kritiker, in sich aufnimmt«. Das schrieb er ihr wenige Wochen vor seiner Wahl zum Bundeskanzler ins Stammbuch.

Mit sicherem Gespür für Gemeinsamkeiten und Unterschiede begriff er die internationale Dimension der Studenten- und Jugendbewegung, die von Mexiko bis Japan und sogar in Osteuropa ihre Wellen schlug. Besonders Frankreich beeindruckte ihn, wo Studentenproteste im Mai 1968 den größten Generalstreik der französischen Geschichte auslösten – bis an die Schwelle des revolutionären Staatsumsturzes. Bei diesen Einschätzungen spielte ein Mann eine Rolle, der zu den Jüngeren in der SPD-Führung zählte: der Staatssekretär und frühere Freiburger Juraprofessor Horst Ehmke, damals um die 40 Jahre alt. Ehmke unterdrückte die scharfe Kritik am SDS zwar nicht, warb aber auf dem Nürnberger Parteitag für einen rationalen Umgang mit der APO. Sie sei »von guten Absichten, Enttäuschungen, Ängsten, berechtigter wie unberechtigter Kritik und auch von verstiegenen Ideen« getragen. Für ihn stand fest: Die Unruhe habe »gerade erst begonnen« und werde bald auch Schüler und Lehrlinge erfassen.

Mein Vater redete weder mir noch irgendeinem anderen jungen Linken jemals nach dem Munde, sondern warnte wiederholt davor, die Probleme der modernen Welt mit dem Griff in die ideologische »Mottenkiste« lösen zu wollen. Aber, und das galt sicher nicht nur für den rebellierenden ältesten Sohn: Wer mit ihm sprach, fühlte sich ernst genommen und respektiert, auch wenn die Positionen inhaltlich unvereinbar waren.

Es waren vor allem linke und linksliberale Intellektuelle wie Günter Grass und Kurt Sontheimer, die Willy Brandt ermutigten, auf die protestierende Jugend zuzugehen. Grass neigte dazu, den politischen Generationskonflikt zwischen Vater und Sohn Brandt, der natürlich große öffentliche Beachtung fand und vom politischen Gegner hochgespielt wurde, als eine exemplarische »pädagogische Lektion« hohen Ranges zu stilisieren. Grass hatte durchaus das richtige Gespür. Meinungsumfragen brachten einen interessanten Effekt ans Licht: Anders als allgemein vermutet, sah eine Mehrzahl der Westdeutschen Willy Brandts Toleranz gegenüber seinem ältesten Sohn positiv. Zugleich nahm diese Mehrheit an, entschieden in der Minderheit zu sein.

Die Motive für den partiellen Einstellungswandel Willy Brandts waren gemischt, wie meist in solchen Fällen. Man gewinnt im Nachhinein den Eindruck, als ob sich außenpolitische, innenpolitische und innerparteiliche Nützlichkeitserwägungen, intellektuelle Flexibilität bei gesellschaftlichen Fragen, Erinnerungen an die eigene Jugend und die Bereitschaft, nach sachlich und moralisch berechtigten Antrieben des Protests zu fragen, gegenseitig verstärkten. Was dabei herauskam, war typisch für ihn: »Wer vom Andersdenkenden annimmt, er könnte nur entweder dumm oder böswillig sein, mit dem ist schwer zu reden. Man muss wissen, dass man auch irren kann«, sagte er in seiner Rede auf dem SPD-Jugendkongress im Januar 1969. »Ohne Verständigung, ohne Ausgleich gibt es keine Demokratie.« Schon auf dem Nürnberger Parteitag hatten Günter Grass und seine Mannen ihm in die Feder diktiert: »Jugend ist kein Verdienst, Alter ist kein Verdienst. Nach meinen Erfahrungen ist Jugend ein Kredit, der jeden Tag kleiner wird. Die Selbstherrlichkeit junger Leute ist ebenso töricht wie die Besserwisserei der Alten. Das sollte man sich täglich als Vater sagen. Hoffentlich sagen sich das manchmal auch die Söhne.« Im ursprünglichen Entwurf hatte es noch geheißen: »*meine* Söhne«.

Der Ehrlichkeit halber muss man an dieser Stelle sagen, dass die direkte Auseinandersetzung im Familienkreis viel weniger intensiv war, als das nach außen den Anschein haben mochte. Vielleicht profitierte hier der Vater Brandt einmal vom Politiker Willy Brandt. Er betonte damals mehrfach, dass die Konfrontation mit den Gedanken und der Gefühlswelt der Jungen verhindert habe, das Gespür für die Anliegen der eigenen Söhne zu verlieren – und umgekehrt. Den zweitgeborenen Sohn Lars, der mit ihm weiterhin unter einem Dach lebte, rechnete er, in Abgrenzung zum Ältesten, übrigens eher dem Feld des freigeistigen Kulturradikalismus zu.

Nach den Osterunruhen und den Massendemonstrationen gegen die Notstandsgesetze 1968 zerfaserte der massive Protest allmählich. Im Gegensatz dazu gewann die radikale Linke von Jahr zu Jahr erheblich an Einfluss im Leben der Republik; dazu kamen die Neuerungen in der Alltagskultur wie Kinderläden, Wohngemeinschaften, autonome Jugend- und Lehrlingszentren usw. Das Bundesamt für Verfassungsschutz zählte 1971 rund 76.000 und 1975 rund 140.000 Linksextremisten in Hunderten von Organisationen. Jeweils mehr als die Hälfte entfielen auf die DKP und ihr Umfeld. Den westdeutschen Kommunisten mit Moskau-Orientierung war es gelungen, viele Früchte der Jugendradikalisierung zu ernten, trotz der Niederschlagung des Prager Frühlings. Daneben entstanden maoistische Kleinparteien und spontaneistische Gruppierungen. Letztere führten am ehesten weiter, was 1967/68 entstanden war.

Die Neugründung einer kommunistischen Partei in der Bundesrepublik war während der Großen Koalition mit dem Einverständnis von CDU/CSU ausgehandelt worden. Für die Bundesregierung und namentlich für die SPD handelte es sich um ein Stück Realpolitik: Außerhalb der rechten Diktaturen in Portugal, Spanien und Griechenland war ein KP-Verbot in Westeuropa undenkbar. In der Bundesrepublik erschwerte es die Entspannung nach Osten, ohne dass von der bis 1956 zugelassenen Kommunistischen Partei je eine echte Gefahr für die Demokratie ausgegangen wäre. Tatsächlich bekam auch die DKP bei Wahlen nirgendwo einen Fuß auf den Boden, von einigen kleinen örtlichen Hochburgen abgesehen. Die Bundestagswahlergebnisse lagen im blamablen Promillebereich.

Jahre später erzählte mein Vater mir mit sichtbarer Erheiterung von einem Zusammentreffen mit dem DKP-Vorsitzenden Herbert Mies 1980 in Belgrad, anlässlich der Beerdigung von Josip Broz Tito. Die Bundestagswahl stand bevor. Die CDU/CSU hatte Franz Josef Strauß zum Spitzenkandidaten gekürt. Mies nahm meinen Vater beiseite und erklärte, dass die DKP an einer eigenen Kandidatur vor allem deshalb festhielte, um den Antikommunismus »auf sich zu ziehen« – gewissermaßen als Opfer zugunsten der sozialliberalen Koalition, um Schlimmeres zu verhindern. So ähnlich hatte ich mir das immer vorgestellt ... Ironische Äußerungen über die »staatstragende« Rolle von DKP-Leuten hörte ich in den siebziger und achtziger Jahren von meinem Vater häufiger. Vor allem in Gewerkschaften und Betriebsräten bekämpften sie vermeintliche linksradikale Chaoten, die auch gemäßigten Sozialdemokraten auf die Nerven gingen. Über die Interessen, die dahinter standen, machte Brandt sich keine Illusionen.

Ein Verbot der DKP hätte der Regierung Brandt-Scheel nach innen wie außen beträchtliche Probleme bereitet. Hierin lag ein wesentliches Motiv dafür, dass Willy Brandt sich auf den berüchtigten »Radikalenerlass« einließ, der die Einstellung von Extremisten in den Öffentlichen Dienst verhindern sollte. Dieser Beschluss war von den Ministerpräsidenten der Länder ausgegangen.

Die Regierung Brandt sah sich damals genötigt, der Propaganda der Opposition etwas entgegenzusetzen, die behauptete, die neue Ostpolitik weiche die Trennungslinie zum Kommunismus auf und fördere tendenziell sogar Volksfrontbündnisse. Auch um eventuelle Unklarheiten in den eigenen Reihen zu beseitigen, hatte der SPD-Vorstand schon im November 1970 Richard Löwenthal beauftragt, klare Abgrenzungsrichtlinien für Parteimitglieder zu verfassen. Dieser hob die Unvereinbarkeit von Demokratie und Diktatur hervor und erklärte jede Art Mitgliedschaft oder Aktionsgemeinschaft mit kommunistischen Organisationen für unvereinbar mit der Politik der SPD.

Der sogenannte »Radikalenerlass« oder auch »Extremistenbeschluss« vom Januar 1972 sollte die innenpolitisch bedrohte Flanke der Ostverträge schützen. Obwohl Herbert Wehner und, mehr noch, Helmut Schmidt die vorhandenen gesetzlichen Bestimmungen für ausreichend hielten und vor dem »Radikalenerlass« warnten, scheint Willy Brandt dessen Tragweite in Deutschland mit seinen obrigkeitsstaatlichen Traditionen und seiner oftmals juristischen Regelungswut entgangen zu sein. Ihm schwebte eine pragmatische Praxis vor: Von sicherheitsrelevanten Bereichen sollten Verfassungsfeinde ferngehalten werden, sonst sollten sie ungeschoren bleiben. So handhabe man das in anderen Ländern Westeuropas auch. Doch dieses Arrangement kollidierte mit dem deutschen Beamtenstatus und mit dem Wortlaut des Radikalenerlasses. So gerieten kleine DKP-Angehörige ins Visier, die zum Beispiel Lokführer oder Postboten waren. Gesinnungsschnüffelei ließ sich kaum vermeiden. Das war gewiss nicht intendiert, aber unvermeidlich. Und obwohl die Ministerpräsidenten den Beschluss gemeinsam fassten, entwickelte jedes Bundesland seine eigene Praxis. Der bürokratische Aufwand einer sogenannten »Regelanfrage« beim Verfassungsschutz war enorm. Die Zahl der Bewerber, die daraufhin abgelehnt wurden, stand mit etwa einem Promille in einem grotesken Missverhältnis zu diesem Aufwand. Die SPD hatte Mühe, die Besorgnisse und Kritik ihrer Schwesterparteien zu besänftigen. Die von Willy Brandt und Herbert Wehner überlieferte flapsige Bemerkung, man könne als Revolutionär doch nicht gleichzeitig die Sicherheit des Beamtenstatus mit Pensionsberechtigung anstreben, traf nicht den Punkt. Sie ging an der Tatsache vorbei, dass in den Bereichen, wo der Staat das Ausbildungsmonopol besaß, bei Lehrern und Juristen zum Beispiel, die Ablehnung von tatsächlichen oder vermeintlichen »Verfassungsfeinden« *de facto* einem Berufsverbot gleichkam. Willy Brandt hat den »Radikalenerlass« schon bald nach seinem Amtsverzicht als Fehler bezeichnet und unumwunden eingeräumt, sich geirrt zu haben. Eine gewisse Nonchalance gegenüber juristischen Fragen, die er immer schon besaß, hat sich hier negativ ausgewirkt.

Als ich mich 1975 in Berlin erstmals auf eine universitäre Assistentenstelle bewarb, geriet auch ich in diese Schnüffelmaschinerie. Ich musste mich einem Anhörungsverfahren im Rektorat der Freien Universität Berlin unterziehen, nachdem die Regelanfrage diverse »Erkenntnisse« des Verfassungsschutzes erbrachte hatte. Sie bezogen sich ausschließlich auf den Zeitraum von 1968 bis 1971 und meine nicht unmaßgebliche Mitgliedschaft im »Spartacus«. Allerdings gehörte ich dem Verband 1975 schon nicht mehr an. Die Universitäten pflegten weniger inquisitorisch zu fragen als Schulen und Verwaltungen. Ich dufte einen Rechtsanwalt zur Anhörung mitbringen, mich mit ihm zwischendurch flüsternd beraten und schließlich sogar das Protokoll redaktionell bearbeiten.

Mir ging es darum, die Aussicht auf die angestrebte Stelle nicht zu zerstören, aber auch keine verbalen Unterwerfungsgesten zu machen und nichts zu äußern, was ich nicht auch gegenüber meinem politischen Umfeld vertreten konnte. Als man mir

Zitate aus den Jahren um 1970 vorhielt, sagte ich wahrheitsgemäß, ich würde inzwischen manches anders sehen und jedenfalls anders formulieren, ohne dass ich das konkretisierte. Außerdem unterstrich ich meine durchgehend freiheitlichen Motive. Ferner dozierte ich über Begriffe wie »Diktatur des Proletariats«, die im Verständnis der klassischen Sozialdemokratie keinen Gegensatz zur Entfaltung der Demokratie bildeten. Das Protokoll geriet erwartungsgemäß in die Presse und wurde dort von Anhängern wie Gegnern des Radikalenerlasses unterschiedlich kommentiert. Der »Spiegel« meinte, nur wer so »geschickt und beschlagen« argumentiere, könne sich aus der Affäre ziehen. Meinen Vater bat ich am Telefon, sich keinesfalls zu äußern: Was immer er sage, es könne nur missverstanden werden. Am Ende hat mir »sein Erlass« beruflich nicht geschadet. Das war aber nur ein schwacher Trost.

Parteipolitiker und Staatsmann

J ahre, bevor Willy Brandt den Parteivorsitz übernahm, war er
schon sozialdemokratischer Spitzenkandidat auf Bundesebene. Kurz vor Herbert Wehners berühmter Rede im Bundestag am 30. Juni 1960, worin er den Widerstand der SPD gegen
die politische und militärische Westbindung der Bundesrepublik
endgültig aufgab, legte sich der Parteivorstand in der »K-Frage«,
wie man heute sagen würde, auf Willy Brandt fest. Der vom Vorbild amerikanischer Präsidentschaftswahlen inspirierte neue
Titel eines »Kanzlerkandidaten« hatte seit den fünfziger Jahren,
die sich parteipolitisch immer stärker polarisierten und auf die
beiden großen »Volksparteien« Union und SPD konzentrierten,
durchaus Sinn und Zweck.

Der Endvierziger Brandt hatte, insbesondere im Vergleich mit
Adenauer, ein jugendliches Image, wirkte sympathisch, unver-
braucht und dynamisch, vor allem als glaubwürdiger Repräsentant der neuen, »modernen« Sozialdemokratie. In besonderer
Weise galt das für die Außen- und Verteidigungspolitik. In Berlin,
wo er auch schon einen überzeugenden Wahlerfolg erzielt hatte,
bot er »dem Osten« die Stirn, war in den westlichen Hauptstädten
wohlgelitten und in der Funktion des Regierenden Bürgermeisters von Berlin (West) weit über die Partei hinaus akzeptiert. Diesen Bonus suchte Brandt zu sichern, als er bei seiner offiziellen
Aufstellung durch den Hannoveraner Parteitag vom November
1960 betonte, er werde sich niemals zu einer Marionette der Partei

machen lassen. Auch das von Brandt vorgestellte Wahlprogramm beinhaltete den Vorwurf, der stets gegen die Adenauer-Regierung von der SPD vorgebracht worden war, nämlich, dass ihre »Politik der Integration [in den Westen] und der forcierten Rüstung« entgegen dem Versprechen, sie werde automatisch zur Einheit Deutschlands führen, dieses »Ziel aller deutschen Politik« in die Ferne rücken ließ. Auch die Gefährdung der inneren Demokratie und die Vernachlässigung der »großen Gemeinschaftsaufgaben« wurden kritisiert. Die SPD wolle, so Brandt im »Vorwärts«, nicht alles anders machen, aber das, »was das Volk sich geschaffen hat, sichern, ausbauen, es besser machen und vor allem dauerhafter«.

Der Wahlkampf der SPD enthielt diesmal eine persönliche Kampagne des Spitzenkandidaten. In mehreren »Deutschland-Reisen« tourte Brandt in seiner Doppelfunktion als Regierender Bürgermeister von Berlin und Kanzlerkandidat der SPD durch die Regionen, eine beachtliche physische Leistung. Nicht nur in den Metropolen, auch in Kleinstädten und sogar Dörfern tauchte er auf. Die Kolonne aus einigen wenigen PKWs und einem Kleinbus hielt manchmal auch ungeplant, wenn sich auf der Wegstrecke Anhänger oder Neugierige versammelt hatten. Sehr wichtig war ein offener Wagen, in dem sich der Kandidat stehend zeigen konnte. Insgesamt war alles strikt durchkalkuliert, um den Zeitplan halbwegs einhalten zu können. In den vielen Orten, wo SPD-Bürgermeister oder -Landräte amtierten, erhielten die Besuche einen halboffiziellen Charakter. Der eigentliche Zweck aber war, bei der unmittelbaren Begegnung mit möglichst vielen Menschen um Sympathie und Vertrauen zu werben. Klaus Schütz, der schon Organisator des vorangegangenen Machtkampfs in der Berliner SPD gewesen war, nahm die Bundeswahlkämpfe von 1961 und 1965 in seine Hand.

In der ersten Woche der Sommerferien 1961 durften mein Bruder Lars und ich den Vater auf einer seiner Reisen begleiten.

Meiner Erinnerung nach durchquerten wir ein großes Terrain zwischen Minden, Saarbrücken und Bremen (wo die ganze Stadt auf den Beinen zu sein schien). Zwischendurch wurde ein kleines Charterflugzeug zur Hilfe genommen. Das engere Team der Wahlkampfbegleiter bestand aus einer Handvoll ausgesuchter, gutgelaunter junger Männer, die alle in erster Linie den »Alten vom Rhein« weghaben wollten, weil sie in ihm das größte Hindernis für einen Politikwechsel sahen. Bei den Kundgebungen verteilten sie sich unter die Zuhörer und lieferten passende Zwischenrufe, falls diese nicht spontan kamen, zum Beispiel »Kriegsopfer«, womit unzureichende Renten angesprochen wurden.

Naturgemäß erlebte ich, ähnlich wie in Berlin, auf diese Weise nur die eine Seite, die zustimmende. Als bei der langsamen Fahrt durch eine eher dörfliche Siedlung eine Frau mittleren Alters rief »Willy, go home!«, war ich regelrecht verunsichert. So etwas hatte ich noch nie erlebt. Mein Vater meinte: »Man kann nicht nur Freunde haben.« Bei einer Saalveranstaltung in Saarbrücken standen die Leute hingegen buchstäblich auf den Stühlen, als »Willy« zu den Klängen der »Berliner Luft« einzog, und sie begeisterten sich für Aussagen wie: »In den Herzen der Menschen fließt die Saar in die Spree.« Die »kleine Wiedervereinigung« des Saarlandes mit Deutschland lag noch nicht lange zurück. Die Bundes-SPD hatte sich Adenauers Europäisierungsidee widersetzt, aber dann innerparteilich eine schnelle Fusion der »deutschgesinnten« und der autonomistischen Sozialdemokraten des Saarlandes unterstützt.

Im Wahlkampf 1961 und dann noch einmal 1965, wo Willy Brandt gegen den populären Ludwig Erhard, den »Vater des Wirtschaftswunders«, antrat, wurde der Appell der SPD »Miteinander – nicht gegeneinander«, der zur Versöhnung aufrufen sollte, mit einer Verleumdungskampagne beantwortet, deren Härte und Bedenkenlosigkeit an die Weimarer Republik erinnerten. Es gab keine zentrale Steuerung dieser Kampagne, aber es gab Signale aus der Spitze der Regierungspartei, sich die Vergangenheit Willy Brandts vorzunehmen – seine radikal-linken Aktivitäten, den »rotspanischen« Einsatz, die »norwegische Uniform«, die uneheliche Herkunft und sein Privatleben. Zu den eifrigsten Betreibern dieses Diffamierungsfeldzugs, der die gesamte Klaviatur antisozialistischer, nationalistischer und philisterhafter Ressentiments bespielte und darauf spekulierte, dass dem breiten Publikum die Fähigkeit oder Bereitschaft fehlen würde, die biographischen Details in ihren historischen Kontext einzuordnen, gehörten der Passauer Verleger Hans Kapfinger und der österreichische Publizist Hans Frederik. Letzterer verfügte über Kontakte sowohl zur bayerischen CSU als auch zu Ostberliner Stellen, wo man in den späten fünfziger Jahren Material über Brandt gesammelt, produziert und wiederholt auch veröffentlicht hatte. Manche Behauptungen tauchten beiderseits der innerdeutschen Grenze auf, um den Angegriffenen als ein unsolides, zwielichtiges, zu Verrat und Geschäftemacherei neigendes Subjekt zu »entlarven«. Abgesehen von rechtlichen Schritten gingen Willy Brandt und die SPD sowohl 1961 als auch 1965 höchstens in allgemeinen Wendungen und nur defensiv gegen die Diffamierungen vor. Man hoffte wohl, das Ganze kleinschweigen zu können. Eine scharfe Reaktion galt als riskant.

1961 blieb das Wahlergebnis mit 36,2 Prozent für die SPD zwar hinter den Erwartungen zurück. Doch war der Zuwachs von 4,4 Prozent ein deutlicher Trendbruch zu ihren Gunsten. Obwohl sie nahezu 2 Prozent Stimmen an die linksgerichtete »Deutsche Friedensunion« (DFU) verlor, konnte sie den Abstand zur CDU/CSU (45,2 Prozent) gegenüber 1957 ziemlich genau halbieren. Angesichts dieser Wählerbewegung und des kurz zuvor erfolgten Baus der Berliner Mauer setzte sich die SPD vergeblich für die Bildung eines Allparteienkabinetts ein, um nationale Verantwortung zeigen und die eigene Regierungsfähigkeit nachweisen zu können. Daneben steuerte der Führungszirkel der Partei zu diesem Zweck immer deutlicher auf eine Große Koalition mit der CDU/CSU zu. Herbert Wehner galt als der entschiedenste Protagonist dieser Machtstrategie, die sich unter anderem in der Entscheidung niederschlug, den Bundespräsidenten Heinrich Lübke, der der SPD freundlich gegenüberstand, aber schon erste Anzeichen seines späteren geistigen Zerfalls erkennen ließ, 1964 für eine zweite Amtszeit wiederzuwählen. Willy Brandt bemühte sich um ein persönlich gutes Verhältnis zu Lübke. Insbesondere Rut Brandt hielt menschlich große Stücke auf Heinrich und Wilhelmine Lübke, und sie war überhaupt nicht einverstanden mit dem Spott, der sich über den immer hilfloser wirkenden Bundespräsidenten ergoss.

Trotz ihrer »Umarmungstaktik« kam die SPD in der Bundestagswahl 1965 ihrem Ziel, für eine Regierungsbildung unverzichtbar zu sein, mit einem Stimmenzuwachs von 3,1 Prozent nur geringfügig näher. Die CDU/CSU hatte unter ihrem seit Herbst 1963 amtierenden Kanzler Ludwig Erhard FDP-Stimmen zurückerobert und konnte mit 47,6 Prozent den Abstand zur Sozialdemokratie nahezu stabilisieren.

Zur Zeit seiner ersten Nominierung zum Kanzlerkandidaten gehörte Willy Brandt noch nicht zu den entscheidenden Machtfaktoren im Bundesvorstand der SPD. Manche innerhalb wie außerhalb der Partei sahen in ihm nur eine Galionsfigur, während der versierte Stratege und Taktiker Wehner die Fäden zöge und der brillante, scharf argumentierende Debattenredner Fritz Erler das inhaltliche Schwergewicht bilde. Mit der Kanzlerkandidatur hörte Brandt zwar auf, parteiintern eine Randfigur zu sein, doch eine starke Hausmacht im zentralen Parteiapparat fehlte ihm weiterhin. Mit seiner Entscheidung nach der Wahl von 1961, Stadtoberhaupt von West-Berlin zu bleiben und nicht die Führung der Bundestagsfraktion zu übernehmen – vier Jahre später entschied er wieder so – konnte er an der relativ schwachen Verankerung im Apparat wenig ändern, selbst wenn er 1962 zum Stellvertretenden und nach Ollenhauers Tod 1964 zum Ersten Parteivorsitzenden gewählt wurde – wohlgemerkt ohne Gegenkandidaten.

Als Vorsitzender der Bundespartei entfernte er sich schnell von dem Geschlossenheitswahn und der Intoleranz seiner eigenen Berliner Leitungstätigkeit und bildete einen dialogischen, konsensorientierten Führungsstil aus, der viel besser zu seinem Naturell passte. Dass er nichts davon hielt, »auf den Tisch zu hauen«, irritierte immer wieder Freund wie Feind. »Das beeindruckt noch nicht einmal den Tisch«, pflegte er zu sagen. Innerparteiliche Diskussionsfreiheit schien ihm allerdings nur akzeptabel, wenn die Positionen, die nach langem und mühsamem Durchkauen auf den verschiedenen Ebenen endlich gefunden wurden, als einheitliche oder klar mehrheitliche Position nach außen nicht mehr zerredet wurden. Die Unsitte, die später um sich griff, Sachauseinandersetzungen über die Presse zu führen anstatt in den zuständigen Gremien, verletzte sein Verständnis von innerparteilicher Demokratie, das gleichwohl an der gebotenen Parteidisziplin festhielt.

Auch wenn ihm das endlose »Gequatsche« in langen Sitzungen mit Leuten, die in der Regel etwas mehr Zeit hatten als er, auf die Nerven ging, auch wenn ihm die Methoden der »Vorbereitung« von Entscheidungen in persönlichen Gesprächen und Telefonaten durchaus geläufig waren, praktizierte er während der 23 Jahre seines Parteivorsitzes doch einen von allen Vorgängern und Nachfolgern abweichenden speziellen Führungsstil. Mit ihm erstaunte er oftmals notorische Kritiker und Konkurrenten, aber auch engste Vertraute. Selbst sie konnten es nicht immer lassen, seine vermeintliche Führungsschwäche zu bemängeln. Vielleicht machte er es sich zu einfach, in dem permanent sich wiederholenden Genörgel die typisch deutsche Sehnsucht nach dem »starken

Mann« zu vermuten. Richtig war das insofern, als er in Skandinavien mit dieser »Führungsschwäche« wahrscheinlich eher angenehm aufgefallen wäre.

Allerdings teilte sich auch den härter gesottenen Parteifunktionären die tiefe Verbundenheit des Vorsitzenden Brandt mit der Sozialdemokratischen Partei mit. Wenn er von »meiner Partei« sprach, lag darin kein Besitzanspruch, sondern eine vorbehaltlose Identifikation. Brandts vorsichtige, oft zögerliche Steuerung des Großtankers SPD hatte, aus der Distanz betrachtet, jedenfalls den Vorteil, die Partei in ihrer Größe und wachsenden politischen Ausdehnung zusammenhalten zu können. Dazu kam die Unabhängigkeit Brandts von den Parteiflügeln und -kreisen: In der Sache stand er während der siebziger und achtziger Jahre in manchen Fragen der Linken, in anderen der Rechten innerhalb der SPD nahe. Er konnte vielleicht nicht über den Wassern schweben, aber über den Flügeln schon.

Vier Jahre nach Amtsantritt hatten in Nürnberg – in einer konfliktreichen, schwierigen Phase der SPD – 325 Parteitagsdelegierte für und nur acht gegen ihn gestimmt. Seine Stellvertreter Schmidt und Wehner mussten sich mit weniger zufriedengeben. Nürnberg 1968 markierte zugleich den Höhepunkt des innerparteilichen Widerstands gegen die Große Koalition. Nur unter vollem Einsatz der Parteispitze, namentlich des Vorsitzenden persönlich, gelang es knapp, einen Antrag des linken Flügels zurückzuweisen, der vorsah zu verhindern, dass die Regierungsbeteiligung von der Partei offen gebilligt würde. Letztlich stimmten 173 Delegierte für und 129 gegen die Unterstützung der Großen Koalition. Eine dermaßen starke Opposition hatte es in der SPD seit ihrer Wiedergründung 1945 nicht mehr gegeben.

Dass sich die SPD nach dem Scheitern Ludwig Erhards dazu durchrang, als Juniorpartner eines Kanzlers aus den Reihen der CDU zu fungieren, lag nicht nur daran, beweisen zu wollen, dass

Vorbehalte gegen eine sozialdemokratische Führungsrolle in der Bundesrepublik Deutschland unbegründet seien. Andere Faktoren kamen hinzu: Nach achtzehn Jahren ununterbrochenen Wirtschaftswachstums registrierten die Bundesdeutschen die erste Nachkriegsrezession mit erhöhter Arbeitslosigkeit, Wahlerfolgen der Ende 1964 gegründeten NPD bei Landtagswahlen und außerparlamentarischem Protest von links. Der Konjunktureinbruch rief bei Sozialdemokraten jenseits der Fünfzig Erinnerungen an das Scheitern der Weimarer Republik wach. Gerade in dieser als krisenhaft empfundenen Lage schien es ihnen geboten, politische Verantwortung zu übernehmen, um die Handlungsfähigkeit der demokratischen Parteien zu unterstreichen.

Willy Brandt war von der Aussicht auf eine Koalition mit der CDU/CSU zunächst nicht begeistert, befürwortete diesen Weg dann aber mangels realistischer Alternative. Die Führungsgremien der Partei stützten diesen Weg mit Zweidrittelmehrheit. Erstmals in der Geschichte der Partei übernahm ein Sozialdemokrat für einen längeren Zeitraum die Leitung des Auswärtigen Amtes. Herbert Wehner bekam kein großes Ministerium, aber eines, das sein Herzensanliegen betraf: das für »gesamtdeutsche« (später »innerdeutsche«) Fragen. Wehner pflegte den persönlichen Kontakt zu Politikern der Unionsparteien, namentlich zu Bundeskanzler Kurt Georg Kiesinger. Mit dem Justizminister Gustav Heinemann und dem Wirtschaftsminister Karl Schiller gehörten zwei weitere sozialdemokratische Schwergewichte der neuen Regierung an und konnten fachliche Kompetenz und Reformwillen demonstrieren. Schillers gemäßigt keynesianische Regulierungs- und Konjunktursteuerungsmaßnahmen, die er zusammen mit Finanzminister Franz Josef Strauß durchsetzte, trugen dazu bei, die Rezession von 1966/67 bald zu überwinden. Einige weitere Boom-Jahre folgten. Man leistete alles in allem so manche Vorarbeit, die dann ab Herbst 1969 wirksam wurde.

Von außen sah die Entscheidung der SPD für die Große Koalition für manchen so aus, als sei dies der Gipfel des Anpassungskurses der frühen und mittleren sechziger Jahre, vor allem für Vertreter des linken Parteiflügels und linke beziehungsweise linksliberale Intellektuelle außerhalb der Partei. Tatsächlich aber war der Höhepunkt schon überschritten. Und in der zweiten Hälfte der Regierungszusammenarbeit gewann die SPD deutlich an Profil. Von dem ursprünglich gemeinsamen Plan, in der Bundesrepublik ein Mehrheitswahlrecht nach dem britischen Vorbild einzuführen und damit zum Beispiel die FDP auszuschalten, rückte die Partei wieder ab, als ihr klar wurde, dass sie damit auf absehbare Zeit die Vorherrschaft der Unionsparteien sichern würde. Die verfassungsändernden Notstandsgesetze, damals Gegenstand scharfen Widerstands von linker, teilweise auch liberaler Seite, wurden im Frühjahr 1968 mit den Stimmen der meisten Sozialdemokraten beschlossen. Allerdings waren die von CDU/CSU-Politikern inspirierten früheren Entwürfe auf Betreiben der SPD erheblich verändert worden.

Stimmeneinbußen von durchschnittlich 4 bis 5 Prozent bei den Landtagswahlen und in Meinungsumfragen deuteten nicht darauf hin, dass die Ausgangslage der SPD für die Bundestagswahl im Herbstes 1969 besonders günstig sein würde. Die Schnittmengen mit der CDU/CSU nach dem Kraftakt der Notstandsgesetze wurden kleiner. Die Wahl Gustav Heinemanns zum Staatsoberhaupt durch die Bundesversammlung am 5. März 1969 brachte dann allerdings eine Verschiebung der Fronten. Heinemann war für die Christdemokraten *persona non grata*, seit er in der Wiederbewaffnungsfrage am Primat der deutschen Einheit festgehalten hatte und aus der Regierung Adenauer sowie der CDU ausgeschieden war. Dass für seine Wahl zum Bundespräsidenten drei Durchgänge nötig waren, ist ein deutliches Zeichen dieses Zerwürfnisses. Über die erfolglose Gesamtdeutsche Volkspartei kam

Heinemann 1957 schließlich zur SPD und rechnete am 23. Januar 1958 in einer sachlich scharfen Bundestagsrede mit Adenauers Sicherheits-, Außen- und Deutschlandpolitik ab. Bei der Bildung der Großen Koalition musste man sich arrangieren. Die Unionsparteien »schluckten« Brandt, den Exkommunisten Wehner und Heinemann, während die SPD das ehemalige NSDAP-Mitglied Kiesinger und Franz Josef Strauß zu akzeptieren hatte, der nach der Spiegel-Affäre 1962 schon einmal zum Rücktritt gezwungen worden war. Da Heinemanns Gegenkandidat Gerhard Schröder – langjähriger Minister in verschiedenen Schlüsselpositionen – von den Wahlmännern der NPD unterstützt wurde, erschien die knappe Wahl Heinemanns mit den meisten Stimmen der FDP wie eine Richtungsentscheidung – mehr noch: wie »ein Stück Machtwechsel«.

Heinemann war seinem Lebensstil nach ein liberal-konservativer Bürger und engagierter evangelischer Christ, aber er hatte ein betont nichtautoritäres Amtsverständnis. Er setzte sich mit Sprechern der Studenten- und Jugendrevolte direkt auseinander und hatte zu Willy Brandt ein politisches und persönliches Vertrauensverhältnis, das in der Nacht der Bundestagswahl noch wichtig werden sollte: »Mach's Willy!«, soll er den Kandidaten ermutigt haben.

Dass sich SPD und FDP im Vorfeld der Bundestagswahlen annäherten und in der Wahlnacht zusammenfanden, hatte gute Gründe. Zum einen machte Brandt dem neuen FDP-Parteichef deutlich, dass das Mehrheitswahlrecht vom Tisch sei. Die FDP ließ ihrerseits erkennen, dass sie in der Ost- und Deutschlandpolitik ähnlich dachte wie die SPD. Programmatisch deutete sich in der parlamentarischen Opposition zudem eine gewisse links- und sozialliberale Tendenz an. Zwischen Scheel, der gewiss kein Sozialliberaler war, und Brandt hatte sich schon während der Großen Koalition ein persönliches Einvernehmen entwickelt, das nach dem Regierungswechsel 1969 freundschaftliche Züge erhielt, gefestigt durch die Freundschaft der beiden Ehefrauen Mildred und Rut. Brandt mochte den fröhlichen Rheinländer, den er als einen seriösen Partner kennenlernte, und wollte ihn nicht überfordern. »Right or wrong – my Scheel!« lautete die selbstironische Parole.

Als Außenminister der Bundesrepublik erfuhr Brandt große Akzeptanz im Ausland. Aufgrund seiner Vergangenheit konnte er dort unbefangener auftreten und agieren als seine Amtsvorgänger. Das half ihm, bei seinen zahlreichen Auslandsreisen in den Jahren 1966 bis 1969 Vertrauen in die westdeutsche Politik aufzubauen. Noch unter der Regierung Erhard hatte vor allem das deutsch-amerikanische und deutsch-französische Verhältnis gelitten. Bereits kurz nach Amtsantritt konnte Brandt die Beziehungen zu den beiden wichtigsten Partnern im Westen, den USA und Frankreich, wieder verbessern.

Da sich CDU/CSU und SPD in ihrer Koalitionsvereinbarung nicht auf eine wirklich neue Ost- und Deutschlandpolitik einigen konnten, war Brandts Spielraum begrenzt. Er wollte die begonnene Entspannungspolitik zwischen den Supermächten unterstützen und nutzen, um ost- und deutschlandpolitische Dogmen der Ära Adenauer zu überwinden. Eines dieser Dogmen war die Hallstein-Doktrin, der zufolge jede Aufnahme diplomatischer Beziehungen eines Landes zur DDR ein unfreundlicher Akt gegen die Bundesrepublik sei und automatisch mit dem Abbruch der diplomatischen Beziehungen von ihrer Seite zu beantworten war. Wenigstens zu Jugoslawien, das paktfrei, aber kommunistisch regiert war, sowie zu Rumänien, das dem Warschauer Pakt angehörte und zugleich auf seine Eigenständigkeit bedacht war, konnten eigene diplomatische Beziehungen hergestellt werden. Mit der Tschechoslowakei war man auf dem Weg der Annäherung, als die Intervention der UdSSR am 21. August 1968 alles stoppte. Dass man über diese ersten Schritte nicht hinauskam, lag an der Blockade aller Beziehungen zu den übrigen Ostblockstaaten durch die UdSSR und die DDR – außer natürlich zur Sowjetunion, mit der schon Adenauer 1955 Botschafter ausgetauscht hatte.

Das außenpolitische Konzept, das Willy Brandt damals auf der Grundlage von Arbeiten Egon Bahrs entwarf, hob, vereinfacht gesagt, darauf ab, dass die Einigung Deutschlands nicht mehr als Voraussetzung, sondern als erhoffte Begleit- und Folgeerscheinung einer gesamteuropäischen Friedensordnung zu betrachten sei. Um die Chancen auszuloten und Moskaus harte Haltung aufzuweichen, bediente Brandt sich manchmal unkonventioneller, beim Koalitionspartner Misstrauen erweckender Wege der Kontaktaufnahme. Neben der Hilfe skandinavischer Kollegen sollten verdeckte Gesprächskontakte einen Fortschritt bringen. Dabei spielte der befreundete Journalist, frühere KPD- und SED-Politiker Leo Bauer eine bedeutende Rolle, der in der letzten Säuberungswelle unter Stalin ab 1949 verfolgt worden war und für mehrere Jahre in Gulag-Haft gesessen hatte. Er installierte enge Verbindungen zur Italienischen Kommunistischen Partei (PCI). Sie war gewissermaßen die Avantgarde des späteren Eurokommunismus und hatte sich schon länger von der Moskauer Kuratel befreit, ohne einen regelrechten Bruch zu riskieren. Deshalb war die traditionell sehr starke PCI besonders an einer Entspannung in Europa interessiert und wollte die SPD als wichtigste sozialdemokratische Partei des Kontinents für diesen Neuerungsprozess, der auch eine gesellschaftspolitische Dimension haben sollte, gewinnen.

Die Absichten der SPD-Führung waren hingegen bescheidener, zunächst jedenfalls: Sie wollte den entscheidenden Leuten in der UdSSR die Ziele von Brandts Außenpolitik und ihre Motive unverfälscht und ohne diplomatische Verkleidung übermitteln können. Den Einflüsterungen aus Ost-Berlin sollten gewissermaßen die Einflüsterungen aus Rom entgegengesetzt werden. So sprach der intime Kommunismus-Kenner Bauer ab Herbst 1967 mit berufenen Journalisten und Politikern der PCI. Unterm Strich brachte diese Liaison der Ostpolitik der SPD weniger, dem künftigen Verhältnis der SPD zur PCI dagegen mehr. Etliche Jahre später sprach mein Vater mir gegenüber halb ironisch von den »Sozialdemokraten Italiens, die sich aus historischen Gründen Kommunisten nennen«.

Nach der Bundestagswahl 1965 konnte man sehen, wie Willy Brandt erneut Statur gewann, nachdem er sich zunächst entschlossen hatte, ein Regierungsamt im Bund nicht mehr anzustreben. Im Wahlkampf 1969 wirkte er selbstbewusster, kämpferischer und zugleich gelöster. Es machte ihn auch nicht nervös, dass Karl Schiller in Umfragen doppelt so hohe Popularitätswerte erreichte wie er selbst. Wenn die SPD Schillers wegen gewählt wurde – gut so.

»Wir schaffen das moderne Deutschland«, lautete eine der Parolen. Aus dem »Wahlkontor deutscher Schriftsteller« war die Sozialdemokratische Wählerinitiative geworden, die mit zahlreichen Veranstaltungen und Veröffentlichungen hervortrat. Insbesondere der international renommierte Schriftsteller Günter Grass, mit dem Brandt schon in Berlin viel diskutiert hatte, engagierte sich für die SPD und trat selbst in der tiefsten Diaspora furchtlos mit Wahlkampfreden auf. Im September, kurz vor der Wahl, lenkten spontane großbetriebliche Streiks den Blick größerer Arbeitnehmerschichten noch einmal auf die Ungleichheit in der Vermögens- und Einkommensverteilung der Bundesrepublik.

42,7 Prozent der Wählerstimmen für die SPD wies das Endresultat am 28. September 1969 aus, nochmals 3,4 Prozent Zuwachs gegenüber 1965, doch mit nur 5,8 Prozentpunkten war die FDP gefährlich in die Nähe der Sperrklausel abgerutscht. Die gemeinsame Mehrheit war also denkbar klein und kam überhaupt nur dadurch zustande, dass die NPD relativ knapp an der Fünfprozenthürde scheiterte. Der von Willy Brandt am späten Abend eigenmächtig verkündete Wille zur Übernahme der Regierung erforderte also einigen politischen Mut. Schon die Kanzlerwahl konnte schief gehen, sollten alle nach rechts tendierenden FDP-Abgeordneten ausscheren. Einige verweigerten sich tatsächlich, doch schließlich lag Brandt im ersten Wahlgang mit 251 Stimmen knapp über der Kanzlermehrheit, die 249 Stimmen erforderlich machte.

Der Handlungsschwerpunkt der ersten Regierung Brandt lag in der Außenpolitik, sicherlich. Doch die Behauptung, die inneren Politikbereiche seien dem Kanzler nebensächlich gewesen, trifft nicht zu: In der ersten Regierungserklärung war das Demokratisierungsthema prominent.

Außenpolitik bedeutete zunächst einmal Westpolitik, genauer: Europapolitik. Hier glückte es, sogleich einen neuen Anstoß für die gewünschte Erweiterung der Europäischen Gemeinschaft zu geben, hauptsächlich um Großbritannien. Dabei war das persönliche Verhältnis zum französischen Präsidenten Georges Pompidou nicht viel besser als das zum US-Präsidenten Richard Nixon. Abgesehen von ideologischen Vorbehalten gegenüber einem europäischen Sozialdemokraten, stand das Weiße Haus dem Bestreben nach mehr Eigenständigkeit Westdeutschlands und Westeuropas misstrauisch gegenüber, zumal die neue Bonner Regierung deutlich machte: Sie werde über ihre Absichten und Aktionen Washington zwar informieren, die dortige Administration aber nicht konsultieren.

Natürlich galten die größten Anstrengungen der Neuen Ostpolitik – zeitlich und intellektuell. Der Atomwaffensperrvertrag, der unter Kiesinger liegen geblieben war, wurde nun zügig unterschrieben. Das trug zur Klimaverbesserung bei. »Moskau zuerst« – diese strategische Devise war plausibel und intern unbestritten. Wie längst vorherbedacht, fand sich die westdeutsche Regierung zur Anerkennung der Grenzen in Europa bereit, ohne ihre Unverrückbarkeit zu akzeptieren. Als wirklichen Verzicht empfanden viele Deutsche jedoch die faktische Anerkennung der Oder-Neiße-Grenze.

Durch die eingehenden Vorplanungen, insbesondere seitens Egon Bahrs, und durch dessen intensiven Austausch mit Willy Brandt zwischen 1967 und 1969 konnte ein schnelles Tempo eingelegt werden. Schon im August 1970 wurde der Moskauer Vertrag paraphiert, im Dezember der Warschauer Vertrag. Zwei Jahre später kam der deutsch-deutsche Grundlagenvertrag hinzu, nachdem das Viermächte-Abkommen über Berlin in Kraft getreten und die Verträge mit der Sowjetunion sowie Polen parlamentarisch ratifiziert worden waren – bei Enthaltung der meisten Unionsabgeordneten. Die Verleihung des Friedensnobelpreises an Willy Brandt am 10. Dezember 1971 durch »seine Norweger« machte deutlich, wie angesehen er vor allem im Ausland war und dass sein Streben nach Entspannung und Versöhnung zwischen den Völkern in Europa und Amerika großen Widerhall fand. In den USA, Frankreich, Spanien und Italien kürte man ihn zum »Mann des Jahres«. Laut einer Umfrage begrüßten auch rund zwei Drittel der Bundesdeutschen die Ehrung durch den Friedensnobelpreis.

Die Zeit von 1970 bis zum Frühjahr des Jahres 1972 war von ständiger Hochspannung und politischen Auseinandersetzungen, von einem ständigen Auf und Ab gekennzeichnet. Die Opposition weigerte sich, den Verlust der Regierungsmacht als normalen Vorgang zu akzeptieren, und die ohnehin kleine Koalitionsmehrheit schrumpfte durch Übertritte von abtrünnigen FDP- und SPD-Abgeordneten zur CDU/CSU fast auf null. Einer von diesen war der Vorsitzende der Landsmannschaft Schlesien, Herbert Hupka, ein anderer übergetretener Berliner, also ein Parlamentarier ohne Stimmrecht, war ein früherer Freund meines Vaters und der Familie Brandt, der Arzt und Publizist Dr. Klaus-Peter Schulz. In der zweiten Hälfte der fünfziger Jahre hatten wir einmal einen Urlaub bei ihm und seiner Frau im Allgäu verbracht, wo beide ein kleines Ferienheim für Berliner Kinder unterhielten. Schulz war nicht der einzige frühere Weggefährte von Vater aus der antikommunistischen Kampfzeit, der sich weigerte, die Annäherung mitzumachen, die den Wandel bringen sollte.

Als die CDU bei der Landtagswahl in Baden-Württemberg am 23. April 1972 die absolute Mehrheit errang und ein weiterer FDP-Mann seine Fraktion verließ, entschloss sich die konservative Opposition mit Rainer Barzel an der Spitze, einen Regierungswechsel in Bonn zu versuchen. Im Grundgesetz gab es dazu das Instrument des konstruktiven Misstrauensvotums, von dem Barzel Gebrauch machen wollte. Weite Teile der Bevölkerung sahen diesen Weg des Kanzlersturzes jedoch als illegitim an. Zahlreiche Demonstrationen und Warnstreiks ließen für den Fall des Gelingens Einiges an Aufruhr erwarten. Da der Antrag scheiterte – wie man heute weiß: unter Mithilfe der Staatssicherheit der DDR –, die Regierung aber für ihren Haushalt keine Mehrheit fand, sollte der Wähler über die künftige Regierung neu entscheiden.

Trotz massenhafter Empörung über das Misstrauensvotum und trotz demoskopisch breiter Zustimmung zur Ostpolitik konnte die SPD keineswegs sicher sein, dass sie zusammen mit der FDP die Wahlen gewinnen würde. Noch im Spätsommer sprachen die Umfragen dagegen. Auch an der Parteispitze, im Umfeld der beiden Stellvertretenden Vorsitzenden Schmidt und Wehner, war man skeptisch. Willy Brandt hingegen wuchs zur Hochform auf. Er registrierte die außerordentlich hohe Motivation in der Partei, er befeuerte sie, kämpfte mit jedem Auftritt in außerordentlich gut besuchten Massenveranstaltungen. Es war ein »Willy«-Wahlkampf. Gleichwohl konnte er ihn nicht allein bestreiten: Die große Leistung dieser Kampagne war, in der Vielfalt der SPD und ihrer Mannschaft die vielfältigen Gründe für eine Wahlentscheidung zugunsten der SPD zu spiegeln. Es gab nicht allein ein

Thema und einen Star. Und doch: Wer wie ich Gelegenheit hatte, Kundgebungen in städtisch-industriellen Ballungsgebieten zu beobachten, dem fiel auf, dass gegenüber früheren Wahlkämpfen diesmal eine besonders zuversichtliche und kämpferische Stimmung herrschte. Die Begeisterung war gemischt mit Trotz: Unseren Mann lassen wir uns nicht wegwählen. Da wird auch die Oma, die noch nie gewählt hat, und der kleine Neffe, der das Wählen womöglich vergisst, ins Wahllokal geschleift.

Als mein Vater, wie mir berichtet wurde, noch vor den ersten Prognosen hörte, die Wahlbeteiligung im Ruhrgebiet läge bei über 90 Prozent, war er sicher, dass nun nichts mehr schiefgehen konnte. Die Arbeiter und kleinen Angestellten, die man für die SPD 1972 in einem Ausmaß gewann wie nie zuvor und danach, waren der quantitativ entscheidende Faktor. Aber auch Angehörige der Akademikerschicht entdeckten ihr Herz für die Sozialdemokratie. In meiner unmittelbaren Umgebung bekannten sich eine Arzt- und eine Pfarrersgattin – beide zwischen fünfzig und sechzig – zu ihrem Willy und traten zu meiner Überraschung der Partei bei, wobei sie als Berlinerinnen ja nicht wählen durften.

Der Bruch mit dem Doppelminister Schiller, der seit Mai 1971 auch das Finanzressort geleitet hatte, barg die Gefahr, Stimmen aus den Mittelschichten zu verlieren. Trotz aller Bemühungen des Kanzlers, Schiller zu halten, erklärte dieser im Juli 1972 seinen Rücktritt und verließ zwei Monate später auch die SPD. Im Wahlkampf beteiligte er sich an gemeinsamen Anzeigenserien mit Ludwig Erhard, was als indirekte Wahlempfehlung für die CDU/CSU gelesen werden musste. Umso mehr musste sich die Sozialdemokratie auf ihre eigene Stärke besinnen und – entsprechend einer im Wahlkampf gern benutzten Formulierung – der Spendenfreudigkeit von Millionären zugunsten der CDU/CSU die Mobilisierung der Millionen von Arbeitnehmern entgegensetzen. Die Mitgliederzahlen schossen im Wahlkampf 1972 in die

Höhe, was nicht zuletzt auf den ungewöhnlich starken Zustrom von jungen Menschen zurückzuführen war. Die breite Welle der Sympathie in der jüngeren Generation und das unermüdliche Engagement vieler prominenter und ungezählter namenloser Wahlhelfer brachten die SPD zum richtigen Zeitpunkt auf einen Höhepunkt der Politisierung und Sympathie.

Öffentlichkeitswirksam war das große Engagement von Künstlern, Schriftstellern und Wissenschaftlern, wiederum maßgeblich organisiert durch die von Günter Grass initiierte Sozialdemokratische Wählerinitiative. Da außerdem knapp zwei Wochen vor dem Wahltermin der Grundlagenvertrag mit der DDR, der wesentlich verbesserte Reise- und Besuchsmöglichkeiten versprach, unterzeichnet werden konnte, spitzte sich die »1972er Wahl« zu einem veritablen Plebiszit über die Ostpolitik und ihre Symbolfigur Willy Brandt zu.

Das Ergebnis der Wahl vom 19. November war schlicht überwältigend für die SPD. Die Kleinmütigen in den eigenen Reihen waren düpiert: Bei einer Rekordbeteiligung von 91 Prozent hatten die Sozialdemokraten mit 48,9 Prozent der Erst- und 45,8 Prozent der Zweitstimmen erstmals die CDU/CSU überflügelt und mehr als drei Millionen Stimmen hinzugewonnen. Aus Wahlanalysen geht hervor, dass die SPD insbesondere bei Jungwählern, katholischen Arbeitern und Frauen überproportionale Gewinne verbuchen konnte, während sie in den Mittelschichten sogar an die FDP verloren hatte, deren Zweitstimmenanteil auf 8,4 Prozent angewachsen war. Der Traum von schwedischen Verhältnissen, das heißt von einer jahrzehntelangen Regierungsperiode mit gelegentlichen absoluten Mehrheiten, erfasste im ersten Enthusiasmus viele Sozialdemokraten. Ich, der ich den nach der ersten Hochrechnung nicht mehr wirklich spannenden Abend mit Freunden vor dem Fernseher verbrachte, träumte diesen Traum nicht, aber ich war doch froh: auch wegen der Genugtuung, die der Wahlsieg für meinen Vater persönlich bedeutete. Die Diffamierungen konnten ihm endgültig nichts mehr anhaben. Seitdem er für die SPD als Spitzenkandidat angetreten war, seit 1961, hatte die Sozialdemokratie von Wahl zu Wahl kontinuierlich zugelegt, insgesamt um 14 Prozent.

Der dramatische Vertrauensverlust der SPD als Partei, aber auch Willy Brandts als Person seit der Jahresmitte 1973 ist nicht auf eine einzige Ursache zurückzuführen. Es wandelte sich das politische Klima – und zwar schon bevor der Umschwung der weltwirtschaftlichen Konjunktur im Spätherbst 1973 die Geschäftsgrundlage der Politik veränderte. Die breite Mehrheit, über die die Koalition jetzt verfügte, wirkte weniger disziplinierend als der kleine Mandatsvorsprung, mit dem man in der vorherigen Legislaturperiode zu kämpfen hatte, auch deshalb, weil die Ostverträge (nur Prag stand noch aus) erst einmal unter Dach und Fach waren. Während die SPD-Linke sich durch das Wahlergebnis ermutigt sah, präsentierte sich das zweite Kabinett Brandt-Scheel als »neue Mitte« und erteilte kostspieligen Reformvorhaben von vornherein eine Absage. Für viele Sozialdemokraten war jetzt aber die Stunde da, durch Beschneidung von Privilegien und forcierte Umverteilung die Ernte des historischen Wahlsiegs einzufahren. Missmutig formulierte der Kanzler in seiner Regierungserklärung: »Reformgerede, hinter dem sich nur Gehaltsforderungen tarnen, taugt wenig.«

Der erneute Ausbruch spontaner, sogenannter »wilder« Streiks in Großbetrieben vor allem der Autoindustrie, wo es anders als 1969 teilweise zu heftigem Streit, sogar Schlägereien zwischen ausländischen Anhängern und deutschen Gegnern des Ausstands kam, konnte noch auf ein gewisses Maß an Sympathie rechnen. Anders sah es schon beim Fluglotsenstreik aus, wo eine besonders gut bezahlte Arbeitnehmergruppe in Aktion trat. Das mehrfache Sonntagsfahrverbot nach dem Ölpreisschock war auch nicht dazu angetan, die Stimmung zu verbessern. So lange war es nicht her, dass die Masse der Arbeiter sich noch kein Auto leisten konnte. Und dann machte Willy Brandt den Fehler, bei der Tarifauseinandersetzung im Öffentlichen Dienst ohne Not eine Zahl zu nennen, die die Gewerkschaft provozierte, und musste nach dem ÖTV-Streik dann doch einem höheren Abschluss zustimmen. Die Folge war ein gravierender Autoritätsverlust des Kanzlers. Seine während der Tarifauseinandersetzung gegebene Anregung, die ich im Gespräch mit ihm stark unterstützte, der prozentualen Forderung der Gewerkschaft, die vor allem die höheren Gehaltsgruppen begünstigte, ein attraktives Festgeldangebot entgegenzustellen, brachte er nicht nachdrücklich ins Spiel. Er hatte wohl seine Autorität bei den ÖTV-Funktionären überschätzt. Ich hatte ihm, der die Illoyalität von Genossen beklagte, zu sagen versucht, dass es die Aufgabe einer Gewerkschaft sein muss, die Interessen ihrer Mitglieder und der übrigen Beschäftigten optimal zu vertreten und dass man von ihr außer in existenziellen Situationen kein Wohlverhalten gegenüber der Regierung, und sei es eine befreundete, erwarten dürfe.

Der enorme Mitgliederzuwachs der SPD in den Jahren um 1970 hielt bis in die zweite Hälfte der siebziger Jahre an, als die Millionengrenze überschritten wurde. Als Willy Brandt 1964 den Vorsitz der Partei übernahm, war die SPD in ihrer sozialen Zusammensetzung noch dicht bei der alten Sozialdemokratie angesiedelt. Unter den Neuaufnahmen hatte der Arbeiteranteil jährlich zwischen 57 und 51 Prozent gelegen, bevor er nach 1966 rapide absank, besonders zwischen 1972 und 1974. Inzwischen machten Lehrlinge, Schüler und Studenten zusammen bis zu 20 Prozent der Neuaufnahmen aus, wobei zu berücksichtigen ist, dass sich hier bereits die Bildungsexpansion seit den mittleren sechziger Jahren niederschlug: Ein wachsender Teil der Gymnasiasten- und Studentenschaft kam aus Angestellten- und Facharbeiterfamilien. 1978 stellten Arbeiter im engeren Sinn nur noch ein gutes Viertel der SPD-Mitglieder. Zusammen mit den Beamten waren die Angestellten inzwischen die größere Gruppe geworden. Das entsprach zwar dem allgemeinen gesellschaftlichen Trend, der bei der SPD aber verstärkt zu Buche schlug, vor allem wenn man in der organisatorischen Hierarchie von unten nach oben schaute. Auf den Ebenen der Funktionsträger dominierten Beschäftigte des Öffentlichen Dienstes inzwischen mit 50 bis 75 Prozent. Mitglieder mit Abitur und Hochschulstudium waren in der SPD 1978 mit 15 Prozent schon überrepräsentiert. Die Sozialdemokratie blieb auch in der Angestelltengesellschaft eine Arbeitnehmerpartei im weiteren Sinn, wozu die enge, auch personelle Verbindung mit den Gewerkschaften gehörte. Alles das hatte mit dem vielzitierten Einströmen von »Achtundsechzigern« wenig zu tun. Viel wichtiger waren die von der Studentenbewegung deutlich weniger geprägten »Zweiundsiebziger«.

Schon ohne die neue Ideologisierung der westdeutschen Linken wäre der Zusammenhalt einer altersmäßig und sozial deutlich erweiterten SPD eine schwierige Aufgabe gewesen. Kaum lösbar wurde diese aber dadurch, dass die Öffnung der Partei, die seit den fünfziger Jahren durchaus gewünscht war, mit einer Fraktionierung Hand in Hand ging, wie sie die Nachkriegs-SPD noch nicht erlebt hatte. Persönliche Machtzusammenballung durch Ämterhäufung wurde außerdem nicht mehr als natürliches Recht verdienter Genossen hingenommen.

Der Vorsitzende hatte seine Probleme auch mit den Parteirechten: den »Kanalarbeitern«, »Godesbergern« beziehungsweise dem »Seeheimer Kreis«. Doch eventuelle Differenzen blieben meist von der Öffentlichkeit unbemerkt, jedenfalls in den siebziger Jahren. Das war bei der Parteilinken anders, namentlich bei der Arbeitsgemeinschaft der Jungsozialisten, wo seit 1969 nur noch Vorstände gewählt wurden, die im SPD-Spektrum weit links angesiedelt waren. Willy Brandt wollte den Jusos genügend politischen Spielraum gewähren. Sie sollten die staats- und gesellschaftskritische Jugend in die Sozialdemokratische Partei und damit in die Verfassungsordnung der Bundesrepublik integrieren. Aber die fehlende Zurückhaltung der Juso-Funktionäre bei ihren politischen Statements und Resolutionen durfte aus seiner Sicht die SPD bei anderen Teilen der Bevölkerung, insbesondere bei ihrer traditionellen Klientel, nicht bloßstellen.

In einem Brief, den er kurz nach seinem Ausscheiden aus dem Kanzleramt an die Mitglieder der SPD schrieb, warnte Brandt vor »Ausfransungen« am linken Rand der Partei. 1973, auf dem Hannoveraner Parteitag, hatte die Linke den Höhepunkt ihres Einflusses in der SPD erreicht. Mein Vater hatte einige Mühe gehabt, die Gefahr allzu vieler und eindeutiger Beschlüsse einzudämmen, die im Gegensatz zu den Absichten der Regierung standen. Ein verlässlicher Partner aus dem Lager der Linken war für ihn der eigenwillige Marxist Peter von Oertzen, der zwar sehr weit links stand, aber Politik als Kunst des Möglichen verstand und von vornherein auf den Versuch verzichtete, der SPD ein komplettes sozialistisches Programm aufzudrängen. Willy Brandt hätte Peter von Oertzen Mitte der siebziger Jahre gern als einen seiner Stellvertreter gesehen. Von den anderen prominenten Genossen, zu denen mein Vater ein Vertrauensverhältnis herstellen konnte und die er intellektuell schätzte, tauchte in den Gesprächen mit mir immer wieder Erhard Eppler auf, der im Protestantismus verwurzelte ethische Sozialist mit einem Sensus für menschheitliche Fragen. Auch Holger Börner, ein nach Herkunft und Einstellung traditioneller Sozialdemokrat mit guten Verbindungen zu Schmidt und Wehner, Bundesgeschäftsführer von 1972 bis 1976, galt als absolut loyal. Sein Vorgänger Hans-Jürgen Wischnewski, den alle »Ben Wisch« nannten, war nicht nur sehr effektiv in seiner Amtsführung, sondern auch ungemein nützlich durch seine Kontakte in die arabische Welt, die auf seine Unterstützungsarbeit für den bewaffneten Kampf der Nationalen Befreiungsfront Algeriens zwischen 1954 und 1962 zurückgingen.

Heidemarie Wieczorek-Zeul, die von 1974 bis 1977 Juso-Vorsitzende war, berichtet, sie habe bei Willy Brandt stets ein offenes Ohr und wirkliches Verständnis gefunden. Von »systemüberwindenden Reformen« zu sprechen, wie es die Jungsozialisten in den siebziger Jahren taten, mochte für Willy Brandt angehen, wenn klar war, dass mit »System« nicht die freiheitliche demokratische Staatsordnung der Bundesrepublik gemeint war, sondern die kapitalistische Wirtschafts- und Gesellschaftsordnung. Nicht hinnehmbar erschien dem Vorsitzenden und seinem Geschäftsführer Egon Bahr hingegen das Fraternisieren mancher Juso-Linker mit dem etablierten Kommunismus und dessen Deutung der entwickelten westlichen Länder als »staatsmonopolistischen Kapitalismus«. Der Juso-Vorsitzende Klaus-Uwe Benneter wurde im Juni 1977 sogar aus der Partei ausgeschlossen.

Unter den sogenannten Enkeln setzte Willy Brandt, das ist kein Geheimnis, besonders große Hoffnungen in Oskar Lafontaine. Er hielt ihn für eine der ganz großen politischen Begabungen der im Zweiten Weltkrieg oder danach Geborenen, und er hätte ihm gern sein Amt übergeben (was im buchstäblichen Sinne nicht möglich war). Lafontaine errang in einem Land, das keineswegs zu den sicheren Bänken der SPD gehörte, eher im Gegenteil, grandiose Wahlsiege und verstand es, auch ein Publikum anzusprechen, dem die Sozialdemokratie ursprünglich fremd war. Gedanklich deckte er sowohl die »alte« soziale Frage als auch die »neue« ökologische Frage ab. Zudem stand er für technologisch-wirtschaftliche Modernisierung. Die Grünen hatten auch deshalb im Saarland einen schweren Stand. Ich hatte einmal Gelegenheit – es dürfte 1983 gewesen sein –, in der Unkeler Wohnung meines Vaters dabei zu sein, als Oskar Lafontaine und seine damalige Frau zum Abendessen kamen. Das Verhältnis wirkte auf mich familiär, und ich habe oft darüber nachgedacht, was ohne den Konflikt über die Vereinigung Deutschlands, der gewiss nicht irgendein Konflikt war, aus Willys politischer Großvaterschaft und Oskars Enkelschaft geworden wäre.

Die Doppelaufgabe des SPD-Vorsitzenden, einerseits die Partei zusammen- und aktionsfähig zu erhalten, andererseits den Bundeskanzler Helmut Schmidt und die von ihm geführte Bundesregierung in der politischen Öffentlichkeit zu stützen, wurde mit der Zeit schwieriger, vor allem mit Blick auf die weltweite Wirtschaftsentwicklung mit geringerem Wachstum, geringeren finanziellen Spielräumen, schärferen Verteilungskämpfen und höherer Arbeitslosigkeit, die wiederum die Staatsbudgets belastete. Während die klassischen keynesianischen Instrumente nur noch eingeschränkt wirkten, formierte sich mit den konservativen Regierungen Margaret Thatchers und Ronald Reagans eine marktradikale Gegenstrategie, der es um die globale Entfesselung privatkapitalistischer Wachstumsimpulse ging. Wie ein Katalysator wirkte dabei die beginnende Umwälzung der Kommunikationstechnologien.

Diese neokonservativ-neoliberale Offensive, die sich zugleich gegen den kommunistischen Etatismus im Ostblock und den etablierten westlichen Wohlfahrtsstaat richtete, stieß in Deutschland auf fundierte, gewissermaßen korporative Arrangements im Verhältnis von Staat, Privatwirtschaft und organisierter Arbeitnehmerschaft, die nicht einfach umgestoßen werden konnten. Doch der Druck in diese Richtung machte sich bemerkbar, insbesondere als die FDP nach dem für sie günstigen Wahlausgang vom Oktober 1980 mehr und mehr vom sozialdemokratischen Koalitionspartner abrückte.

Gleichzeitig waren die Sozialdemokratie, der Vorsitzende Brandt und der Bundeskanzler Schmidt mit neuen sozialen Bewegungen konfrontiert, von denen die Umweltbewegung und die Friedensbewegung die größten waren. Deren Sprecher schickten sich teilweise an, durch die Gründung »Grüner«, »Bunter« oder »Alternativer« Listen eigene Wahlplattformen zu errichten, zuerst 1978 in Hamburg und Niedersachsen. Ihre Ergebnisse lagen damals noch unterhalb der Sperrklausel. Auch der Protest der Gewerkschaften gegen Sozialabbau wurde um 1980 stärker. Beide Gruppen, Angehörige der neuen sozialen Bewegungen wie auch das Funktionärskorps der Gewerkschaften, besaßen oft SPD-Parteibücher. Es ist schwer vorstellbar, dass ein SPD-Vorsitzender angesichts dieser Situation sehr viel anders hätte agieren können als Willy Brandt es tat, um das Auseinanderbrechen der Partei oder ihre völlige Lähmung in innerer Selbstzerfleischung zu verhindern.

Am 26. November 1976 übernahm Willy Brandt auf Wunsch von Bruno Kreisky und Olof Palme den Vorsitz der Sozialistischen Internationale (SI), eines losen Zusammenschlusses von allen Parteien weltweit, die sich zum demokratischen Sozialismus bekennen. Die SI war 1951 in Frankfurt am Main in der Nachfolge der Sozialistischen Arbeiter-Internationale der Zwischenkriegszeit (und indirekt der Ersten und der Zweiten Internationale vor 1914) gegründet worden, hatte aber nie eine große politische Bedeutung erlangt. Sie war im Wesentlichen ein Dachverband der europäischen Sozialdemokraten geblieben. Wie ich aus persönlichen Gesprächen weiß, war mein Vater in den sechziger Jahren der Meinung gewesen, man solle die SI lieber in eine Arbeitsgemeinschaft der europäischen sozialdemokratischen Parteien umwandeln und sie zugleich als offene Koordinierungsstelle für institutionalisierte Verbindungen in die anderen Kontinente aufbauen. Dann müsse man sich zum Beispiel in den USA nicht auf die kleine »Socialist Party« beschränken, sondern könne auch mit nahestehenden Gewerkschaftern und einzelnen Politikern auf dem linken Flügel der Demokratischen Partei effektiver als zuvor zusammenarbeiten. In der gesamten südlichen Hemisphäre würde, so fügte er ergänzend hinzu, eine solche Umgründung es ermöglichen, mit Parteien und Bewegungen unterschiedlicher Art zu kooperieren, ohne deren demokratischen oder sozialistisch-demokratischen Charakter einer Prüfung unterziehen zu müssen. (Er zitierte später gern Hans-Jürgen Wischnewski, der über den libanesischen Drusenführer Dschumblat, einen Quasi-Feudalherrn großen Stils und Chef eines Familienclans, der sich mit seiner Partei der Internationale angeschlossen hatte, sagte, Dschumblat habe »mit dem Sozialismus ungefähr so viel zu tun wie ein Maikäfer«.)

Tatsächlich entwickelte die SI unter dem Vorsitz Brandts eine stärkere Anziehungskraft, namentlich in der Dritten Welt. Insbesondere in Kontakten zu den dortigen Befreiungsbewegungen konnte sie ihren Einfluss erheblich ausweiten. Der Vorsitzende unternahm etliche Reisen in die Länder der Südhalbkugel, so nach Lateinamerika und Afrika, ging auf Tuchfühlung mit Guerilla-Führern oder deren politischen Organisationen und entwickelte ein Bild der dortigen Probleme, das dichter und empathischer war als früher, vor allem deshalb, weil das Ost-West-Raster für ihn dabei keine beherrschende Rolle mehr spielte. Eine gewisse Entfremdung von der Weltmachtpolitik der USA in den siebziger und achtziger Jahren, die bei ihm spürbar war, lag auch in diesen Erfahrungen begründet.

Mitte der siebziger Jahre griff der SPD- und Noch-nicht-SI-Vorsitzende in den Demokratisierungsprozess verschiedener europäischer Länder ein, so 1974 in Griechenland und Portugal, nach dem Ende der Junta in Athen und der autoritären Herrschaft in der Nachfolge Salazars, sowie 1975 nach Francos Tod in Spanien, wo sich ein behutsamer und konsensualer Regime-Wechsel andeutete. Brandts Ziel war vor allem, die demokratischen Kräfte und speziell die Bruderparteien zu unterstützen. In Portugal hatte eine Verschwörung »sozialistischer« Offiziere eine revolutionäre Entwicklung eingeleitet, die nicht nur auf amerikanischer Seite die Befürchtung aufkommen ließ, die Sowjetunion könnte versuchen, mit Hilfe der portugiesischen KP den Prager Putsch vom Februar 1948 am Tejo zu wiederholen. In einer Art außerstaatlicher Geheimdiplomatie vermochte Brandt, die Sowjets von den verheerenden Wirkungen eines solchen Versuchs zu überzeugen und die Amerikaner davon, dass ein prophylaktischer Eingriff zu dessen Verhinderung ebenso schädlich sei. Seine Schützlinge, der Portugiese Mário Soares und der Spanier Felipe González, regierten seit 1976 beziehungsweise 1982 mehrere Jahre lang ihre Länder. Sie hatten sich in allgemeinen und geheimen Wahlen durchgesetzt. Vom Sozialismus im ursprünglichen Verständnis der sozialistischen Parteien der Iberischen Halbinsel blieb allerdings schon bald nicht mehr viel übrig ...

Die SI wandte sich in der zweiten Hälfte der siebziger Jahre vor allem drei außereuropäischen Regionen zu: Felipe González kümmerte sich um die Karibik und Lateinamerika, wo die USA in den frühen achtziger Jahren wieder zur militärischen Revolutionsbekämpfung übergingen. Olof Palme vermittelte den Kontakt zu den Befreiungsbewegungen im Süden Afrikas, und Bruno Kreisky nahm sich den israelisch-arabischen Dauerkonflikt vor. Kreisky und Brandt trafen 1978 mit Anwar as-Sadat, dem ägyptischen Präsidenten, und Shimon Peres, dem Vorsitzenden der israelischen Partei der Arbeit, zusammen, die damals nicht an der Regierung beteiligt war. Und 1979 sprachen sie in Wien mit Jassir Arafat, dem Führer der Palästinensischen Befreiungsorganisation PLO. Diese höchst umstrittene Zusammenkunft war ein wichtiger Schritt auf dem Weg zur wechselseitigen Anerkennung der beiden Konfliktparteien und zur allgemeinen, grundsätzlichen Akzeptierung einer Zwei-Staaten-Lösung.

Auch die Länder des »real existierenden Sozialismus« gerieten um die Mitte der achtziger Jahre in den Fokus Willy Brandts. 1984 besuchte er neben diversen lateinamerikanischen Staaten auch Kuba, wo er neun Stunden mit Fidel Castro sprach, außerdem China und – 1985 – fast alle Warschauer-Pakt-Staaten. Michail Gorbatschow empfing Brandt nach seinem Amtsantritt als Generalsekretär der KPdSU als ersten westlichen Politiker.

Die SI war für die Reformkommunisten im Osten zu einem überaus interessanten Partner geworden. Für Brandt schien sich dort bei aller gebotenen Vorsicht die Perspektive einer »Sozialdemokratisierung« des Ostblocks anzudeuten. Dabei trieb ihn auch die Frage um, wie eine solche Entwicklung auf Westeuropa zurückwirken würde. Mit dem ungarischen KP-Chef Janos Kadar wurde zum Beispiel die Möglichkeit einer langfristigen Überwindung des sozialdemokratisch-kommunistischen Schismas besprochen. 1956 hatte Brandt Kadar als Verräter an der Ungarischen Revolution verachtet. Aber mit der bald einsetzenden, vorsichtigen Liberalisierungspolitik – im Rahmen des Möglichen – lernte er ihn durchaus schätzen.

Es war Robert McNamara in seiner Eigenschaft als Präsident der Weltbank, der Brandt bat, an die Spitze einer internationalen Kommission zu treten, die der Entwicklungspolitik neue Impulse geben sollte. Die Kunst bestand nun darin, die Kommission personell, politisch und regional so zu bestücken, dass sich alle wichtigen gesellschaftlichen Strömungen vertreten fühlten, das Gremium aber kompromissfähig blieb und konkrete Empfehlungen geben konnte. In dieser Nord-Süd-Kommission kamen Brandts menschliche und politische Begabungen in optimaler Weise zur Geltung. Es ging darum, Wissenschaftler, europäische Sozialdemokraten (wie Olof Palme), gemäßigte Konservative (wie Edward Heath), Unternehmer und Gewerkschafter, Antiimperialisten und Antikommunisten aus dem Süden an einen Tisch zu bekommen und Ergebnisse zu erarbeiten, die von allen Beteiligten akzeptiert und Aussicht auf Verwirklichung haben würden.

Am Ende kam wenig heraus, das die Regierungen in ihrem Handeln beeinflusst hätte, trotz zweier fundierter Kommissionsberichte und eines Nord-Süd-Gipfels in Mexiko. Dafür waren unter anderem die schwierigere Wirtschafts- und Haushaltslage in den entwickelten Industrieländern Anfang der achtziger Jahre und neue politische Schwerpunkte der US-amerikanischen Politik verantwortlich, die verstärkt auf Rüstung setzte. Die vorgeschlagenen und dringend benötigten Reformen blieben deshalb mangels finanzieller Möglichkeiten auf der Strecke. Durch die Arbeit in den Kommissionssitzungen erkannte Brandt stärker als früher den engen Zusammenhang von Hunger und Krieg, Hochrüstung und Armut, Armut und Umweltzerstörung. Die Neugestaltung der Nord-Süd-Beziehungen sei, so meinte er, kein Akt der Barmherzigkeit, sondern beruhe auf beiderseitigem Interesse am Überleben und am guten Leben.

Volk und Nation

Patriotismus und Weltbürgertum – beides verkörperte Willy Brandt wie nur wenige Deutsche in seiner Generation. Beide Haltungen, die er nie als gegensätzlich erlebte, wurden durch sein Leben geschärft; beide hat er schon in jungen Jahren in sich aufgenommen.

August Bebels Sozialdemokratie war von ihrem Beginn an internationalistisch. Sie verstand die Arbeiterschaft als eine weltweite Klasse. Über die Staatsgrenzen hinweg galt stets das Gebot der Solidarität unter sozialistischen Parteien, Gewerkschaften und progressiv-emanzipatorischen Bewegungen. Außerdem kämpften die Parteien der Arbeiterbewegung *cum grano salis* überall gegen Chauvinismus, Imperialismus und Militarismus – für die friedliche Verständigung der »Kulturvölker«, für Abrüstung und eine internationale Schiedsgerichtsbarkeit zur Lösung strittiger Fragen.

Auch der Patriotismus entsprang bei Brandt einem demokratisch-sozialistischen Quell. Eine wahrhaft nationale Haltung, so meinten die Sozialdemokraten, gebiete, sich mit den Herrschenden nicht zu verbrüdern, sondern gegen sie fundamental zu opponieren. Denn das »patriotische« Ziel hieß, den Volksmassen, die von der deutschen Kulturgemeinschaft und demokratischer Teilhabe ausgeschlossen waren, die Möglichkeit zur Selbstbestimmung zu geben. Darin lagen Inhalt und Prinzip eines sozialistischen Nationsverständnisses und sozialdemokratischen Nationalbewusstseins. Für einen militanten Sozialdemokraten und Republikaner wie Julius Leber, der in Lübeck eine führende Rolle spielte, war die nationale Komponente wesentlich.

Linke Sozialdemokraten wie der junge Herbert Frahm standen Lebers republikanischem Patriotismus eher distanziert und skeptisch gegenüber. Auch sie hatten in aller Regel einen positiven Bezug zur deutschen Landschaft, Sprache und Kultur. Auch sie sahen im einheitlichen deutschen Nationalstaat den selbstverständlichen politischen Aktions- und Gestaltungsraum. Wenn die Linken als Akademiker oder autodidaktisch gebildete Werktätige anfingen, schriftstellerisch tätig zu werden, waren sie – wie Kurt Tucholsky – oft stolz darauf, besser Deutsch zu schreiben als »die nationalen Esel«. Der Oberprimaner Herbert Frahm wollte sogar der vermeintlichen Verunstaltung der deutschen Sprache durch Fremdworte entgegentreten und nannte als Berufswunsch »Zeitungsschreiber«. Die Schule korrigierte in »Journalist«.

Es war vor allem die Auseinandersetzung mit dem Hitlerfaschismus oder »Nazismus«, die den radikal-linken »Deutschtümler«, wie mein Vater unter Bezugnahme auf den »Zeitungsschreiber« ironisierend von sich sagte, an das Thema »Nation« heranführte. Das geschah, wie bei so vielen Ausgebürgerten, als er fern der Heimat war. In unzähligen Artikeln klärte er die norwegische Öffentlichkeit und Arbeiterbewegung über den terroristischen Charakter des NS-Regimes auf. Dabei blieb ihm die Massenbasis der Hitlerbewegung nicht verborgen. Zugleich wies er auf den Widerstand aus der Arbeiterschaft hin, der anfangs beachtlich war. Massenprozesse mit Hunderten von Angeklagten und die vielen Toten zeugten davon. Obwohl die SAP und ihr Osloer Funktionär Willy Brandt die Stabilität der Diktatur weitaus realistischer beurteilten als zum Beispiel die KPD, waren auch sie noch immer viel zu optimistisch, was die Entwicklung im Inneren Deutschlands betraf.

Die sukzessive Desillusionierung hieß für Brandt aber nicht, den Anspruch des Regimes, es habe eine vom Nationalsozialismus durchdrungene »Volksgemeinschaft« erschaffen, zu akzeptieren oder für real zu halten. Das tat er zu keinem Zeitpunkt, obwohl genau dies bei einigen traditionell deutschfeindlichen Kreisen des Auslands und, nach und nach, auch bei manchem deutschen Exilanten geschah.

Mit zunehmender Kriegsdauer und durchsickernden Informationen über die Massenverbrechen nahm die Debatte über eine kollektive Schuld des deutschen Volkes unter den deutschen Antifaschisten im Exil an Intensität und Schärfe zu. Diese Debatte hatte eine machtpolitische Seite. Denn die Kollektivschuldthese wurde teilweise mit einem unveränderlichen deutschen Volkscharakter begründet, von dem auch die Arbeiterbewegung geprägt worden sein müsste. Teilweise schon vor dem Krieg vertraten Henri de Kérillis in Frankreich, Lord Robert Vansittart in England, Henry Morgenthau in Amerika und Ilja Ehrenburg in Russland vergleichbare Ansichten, die auf eine historisch-kulturell hergeleitete Schuld des ganzen deutschen Volkes abhoben. Doch sie wurden von der großen Mehrheit des politischen Exils sowie der Antifaschisten und Linken in Deutschland abgelehnt. Mit ihnen wäre jede Unterdrückungs-, Zerstückelungs- und Reparationsmaßnahme zu rechtfertigen gewesen.

Ausdauernd und mit großer Konsequenz schrieb Willy Brandt während der Kriegs- und frühen Nachkriegszeit gegen solche »vansittartistischen« Argumente an. Dabei waren sich die Antifaschisten durchweg einig, dass die Deutschen nicht allein Opfer der braunen Machthaber waren, sondern dass es beträchtliche Zustimmung und Mitwirkung gab, zumindest zeitweilig. Das müsse man deutlich herausstellen und kritisch reflektieren. Über den Grad der Massenloyalität und ihre Ursachen gab es allerdings Meinungsverschiedenheiten.

Dass Willy Brandt in der norwegischen Arbeiterbewegung aktiv war und ihm während der Kriegsjahre eine gewisse Doppelloyalität abverlangt wurde, erwies sich als relativ unproblematisch für die Frage der nationalen Zugehörigkeit: Erstens war das Land, dessen politische Kultur sich so anders präsentierte, sprachlich-kulturell mit Deutschland verwandt, vor allem mit Norddeutschland. Außerdem war Deutschland in vieler Hinsicht lange ein Hauptbezugspunkt der Skandinavier mit Vorbildcharakter gewesen, ein wissenschaftliches und geistiges Kraftfeld. Zweitens gab es 1945 keine wirklichen nationalen Konfliktzonen zwischen Norwegen und Deutschland. Bei den Hauptsiegermächten sowie Frankreich und vor allem Polen, mit den umfangreichen Grenz- und Bevölkerungsverschiebungen, war das ganz anders.

Im Jahr 1946 erschien in Norwegen und Schweden das Reportagebuch »Verbrecher und andere Deutsche«. Darin versuchte Brandt seine Eindrücke, die er als Berichterstatter für norwegische Zeitungen beim Nürnberger Hauptkriegsverbrecherprozess gesammelt hatte, einem skandinavischen Publikum nahe zu bringen. Seine Absicht war, in Skandinavien das Verständnis des deutschen Problems zu verbessern. So wurde das Buch im Norden auch verstanden. Kritik gab es am ehesten von Kommunisten und konservativen Norwegern, die jede differenzierte Analyse Deutschlands als Verteidigung und Verharmlosung zurückwiesen.

Der Kerngedanke des Buches ist die Unterscheidung von Schuld und Verantwortung. Eine Mitverantwortung für Staat und Gesellschaft trage unter den Bedingungen der freien Meinungsäußerung und allgemeiner Wahlen jeder Bürger in jedem Land. »Die Deutschen müssen diese Verantwortung teilen. Verantwortung ist jedoch nicht dasselbe wie Schuld.« Auch die Unschuldigen könnten »sich nicht außerhalb der Verantwortungs- und Notgemeinschaft stellen ... Die Nazis – in Deutschland und andern Ländern – sind schuldig ... Schuldig sind nicht nur Parteiführer und Gestapoterroristen, sondern auch die Gruppen von Junkern, Großindustriellen, Generälen, Bürokraten und Professoren, die daran beteiligt waren, Terror und Krieg zu entfesseln. Diese Gruppen müssen ausgeschaltet werden, ihnen muss ihr gesellschaftlicher Einfluss genommen werden ... Die Nazigegner ... sind nicht schuldig. Sie können sich jedoch nicht der Mitverantwortung dafür entziehen, dass Hitler an die Macht kam. Sie können sich auch nicht um die Folgen der nazistischen Mordpolitik herumdrücken ... Die deutschen Demokraten müssen auf der anderen Seite erwarten können, dass man ihnen nicht jede Chance versagt. – Zwischen Nazis und Nazigegnern steht die große Masse der mehr oder weniger Indifferenten. Ihre Verantwortung ist groß. Es hat aber keinen Sinn, ihnen eine übermäßige Schuld aufzuladen.« Vielmehr komme es zunächst darauf an, »neuerworbene Erkenntnisse« über den Charakter des NS-Regimes »nicht dadurch verloren gehen zu lassen, dass die Bevölkerung in nationaler und sozialer Verzweiflung landet.« Damit es in Zukunft nicht mehr zwei, sondern nur noch ein Deutschland gebe, »nämlich eines, das friedlich und demokratisch ist«, müsse man den Deutschen die Möglichkeit geben, sich zu ernähren und Handel zu treiben. »Die territoriale Zerstückelung Deutschlands wäre ein schlechtes Geschenk an die deutschen Nazigegner«; die alliierte Kontrolle und eine Entwaffnung des Landes böten ausreichend Sicherheit. Man solle nicht verlangen, dass der bedingungslosen Kapitulation der Nazis die würdelose Unterwerfung der Nazigegner folge. Letztlich müsse, wie er an anderer Stelle ausführte, die Überwindung des Nazismus »das Werk des deutschen Antinazismus, der deutschen Demokratie, des arbeitenden deutschen Volkes sein«.

Willy Brandt schrieb 1946, Deutschland müsse »europäisiert« werden, nachdem man versucht habe, Europa zu »verdeutschen«. Damit meint er vor allem, nicht nur mit dem Nazismus, sondern auch den älteren antidemokratischen und imperialistischen

Traditionen samt ihren Trägerschichten zu brechen. »Durch Europa kehrt Deutschland heim zu sich selbst und den aufbauenden Kräften seiner Geschichte«, sagte Willy Brandt ein Vierteljahrhundert später bei der Verleihung des Friedensnobelpreises. Und: »Ein guter Deutscher kann kein Nationalist sein.«

Der Widerspruch zwischen dem Nationalpatrioten Brandt und dem überzeugten europäischen Föderalisten Brandt ist nur ein scheinbarer. Schon im Exil hatte er die Zukunft des Kontinents in einem wirtschaftlichen und politischen Zusammenschluss gesehen. Die Nation war für ihn eine werte- und gefühlsbesetzte Bewusstseins- und Kommunikationsgemeinschaft. Der souveräne Nationalstaat alter Prägung müsse nicht unbedingt bewahrt werden. Er wäre bereit gewesen, ihn für ein stark verbundenes »Europa der Völker« abzubauen und letztlich so etwas wie die Vereinigten Staaten von Europa anzustreben, wo indessen jede einzelstaatliche Organisationseinheit ihren nationalen Charakter bewahren würde. Das sollte, so erklärte er mir in meinen jungen Jahren, auch jene nationalen Minderheiten umfassen, die auf fremden Territorien verstreut leben und für einen eigenen Staat zu klein sind – von den Samen in Nordskandinavien bis zu den Basken Spaniens und Frankreichs – und die Deutschen, die nach der großen Vertreibung in Osteuropa geblieben sind. Sie alle begründeten den Reichtum des Kontinents. Das vereinigte Europa sei eher geeignet, den kleinen Völkerschaften alle Möglichkeiten der kulturellen Entfaltung zu geben, als es der Nationalstaat vermöge.

Im Unterschied zu manchen anderen, die genau zu wissen meinen, wie Willy Brandt dachte, bin ich nicht sicher, ob er die außereuropäische Massenzuwanderung der letzten zwanzig Jahre durchweg positiv beurteilt hätte. In Erinnerung ist mir ein Gespräch mit ihm und meinem Bruder Lars. Lars plädierte für offene Grenzen und unterstrich die positiven Aspekte, die die Einwanderung für Deutschland hätte. Vater sah das ein bisschen anders. Selbstverständlich war er von Ressentiments gegen Nichtdeutsche oder Nichteuropäer vollkommen frei. Politisch oder anderweitig Verfolgten gehörte geholfen. Zuwanderer, die in Deutschland lebten, verdienten Solidarität, respektvolle Behandlung und müssten nötigenfalls gegen feindliche Attacken geschützt werden. Doch sprach er sehr deutlich aus, dass Deutschland nicht die Probleme der Welt auf seinem begrenzten, dicht besiedelten Territorium lösen könne. Wenn darüber der Zusammenhalt der bundesdeutschen Gesellschaft, das sozialstaatliche Modell und die Stabilität der Demokratie in Gefahr gerieten, sei der Menschheit auch nicht geholfen. Der Grundgesetzartikel, der damals noch ohne Wenn und Aber das Asylrecht garantierte, sei in einer Situation formuliert worden, als sich niemand hätte vorstellen können, dass einige Jahrzehnte später Verfolgte, Kriegs- und Armutsflüchtlinge ausgerechnet nach Deutschland kommen wollten. Eine Patentlösung hatte auch er nicht anzubieten. Es schien ihm aber angebracht, einer zu »sanguinischen« Einstellung zur Einwanderungsproblematik entgegenzutreten, jedenfalls außerhalb der Mikrofone.

Brandts Buch »Verbrecher und andere Deutsche« gab 1946 einen – noch unvollständigen – Überblick der im Nürnberger Prozess aufgedeckten Verbrechen, gipfelnd in der Shoah, deren Dimension dem Autor erst jetzt annähernd klar wurde. Relativ ausführlich und nachdrücklich berichtete Willy Brandt dem skandinavischen Publikum aber auch über die Verfolgung der NS-Gegner und den Widerstand. Er kritisierte, dass ein deutscher Ankläger beim Prozess fehlte, und wies auf die Eröffnungsrede des amerikanischen Richters Robert H. Jackson hin, der eine Art Ehrenerklärung für das deutsche Volk abgegeben hatte.

Dass im Buchtitel und im Text immer wieder von »Verbrechern« gesprochen wurde, zielte auf das »Dritte Reich« und seine

Funktionsträger. Zwar ging mein Vater wie die gesamte deutsche Linke davon aus, dass die kapitalistische Grundstruktur der Gesellschaft im Nazismus fortbestand und die Profitinteressen der Konzerne bestens bedient worden waren, doch schienen Staat und Gesellschaft gleichsam von einem mafiösen Netz überspannt gewesen zu sein, dessen Angehörige neuartigen Regeln folgten, Regeln, die sämtliche zivilisatorischen Fortschritte der vergangenen Jahrhunderte negierten und weit über die stets angekündigte Zerschlagung der Arbeiterbewegung hinausgingen. Brandt erinnerte zudem an die reaktionären und imperialistischen Kontinuitäten in der deutschen Geschichte. Ohne den Begriff zu gebrauchen, tendierte seine Sicht zu einem stark moralisch unterlegten Diktaturkonzept, welches er um Elemente marxistischer Faschismusdeutungen ergänzte.

Im Grunde deckte sich Brandts Einschätzung der NS-Diktatur und der deutschen Bevölkerung unter Hitler weitgehend mit der Kurt Schumachers, der in etwas abweichender Terminologie formulierte: »Die Mitschuld großer Volksteile ... liegt in ihrem Diktatur- und Gewaltglauben. Weil die Deutschen sich die Kontrolle über ihre eigene Regierung haben entziehen lassen, deshalb werden sie heute von anderen kontrolliert.« Die eigentliche Schuld liege aber bei der NSDAP, die er eine »Partei der nationalistischen Unternehmerknechte« aus »Lumpenbourgeoisie« und »Lumpenproletariat« nannte. Die Partei hätte ihre Herrschaft kapitalistisch-militärischen Geburtshelfern verdankt. Für die demokratischen Sozialisten, »die eigentlichen Gegenspieler des Nazitums«, sei es nicht akzeptabel, »mit anderen in einen Topf geworfen zu werden«, sagte er in seiner ersten Rede nach der Besetzung Hannovers am 6. Mai 1945.

Schumacher, der zehn Jahre im Konzentrationslager gesessen hatte, fand bei den Besatzungsmächten und im Ausland wenig Verständnis für sein entschiedenes und selbstbewusstes Auftreten. Ihm fehlten die Auslandserfahrung der Exilanten und deren Fähigkeit, sich in die Psyche jener Völker hineinzuversetzen, die von Deutschland unterjocht worden waren. Willy Brandt konnte das in hohem Maße. Er zweifelte aber weder an Schumachers Aufrichtigkeit noch an seinem konsequenten Willen, die politische und wirtschaftlich-soziale Neuordnung, die er für notwendig hielt, voranzubringen und so die deutsche Nation demokratisch zu rekonstruieren. Deshalb verteidigte er den Vorsitzenden der Westzonen-SPD ohne Vorbehalte.

Übereinstimmung mit Schumacher gab es auch in einer anderen, heikleren Frage: Wie sollte man mit den vielen Millionen umgehen, die indifferent gewesen waren und schwankend, den Mitläufern, den einfachen Wehrmachts-, eventuell sogar Waffen-SS-Soldaten, den »kleinen Nazis«, also NSDAP-Mitgliedern, die sich keiner Verbrechen schuldig gemacht und keine herausragende Position in NS-Parteigliederungen, Staat oder Gesellschaft eingenommen hatten? Dass man das neue Deutschland nicht ohne diese eher verwirrte als nazifizierte Masse aufbauen konnte, lag auf der Hand.

Wichtig war dabei vor allem, wie man mit den Jüngeren umgehen sollte. Faktisch waren beide großen Parteien der Linken, die SPD wie auch die KPD und später die SED, bemüht, wenigstens äußerlich jenen diffusen Volkssozialismus aufzugreifen, der die Mentalität eines Großteils der HJ- und Kriegsteilnehmergeneration prägte. So warb Schumacher nachdrücklich um Großzügigkeit bei der Aufnahme junger Menschen in die SPD. Er unterstützte die sozialen Forderungen der Kriegsopfer und setzte sich für die Rückkehr von Kriegsgefangenen ein. Für die Bundestagswahl 1953 traf er laut dem mündlichen Zeugnis Willy Brandts Vorbereitungen für die Kandidatur einer Reihe ehemaliger HJ-Führer auf Listen der SPD. Die Idee hat Willy Brandt ausdrücklich unterstützt, allerdings kam sie nach Schumachers Tod wegen Vorbehalten im

Parteiapparat nicht zustande. Auch Fritz Erler, der wegen illegaler Arbeit für die Gruppe »Neu Beginnen« jahrelang inhaftiert war, bewertete das irregeleitete Engagement junger Nationalsozialisten höher als das indifferente Abseitsstehen. Ähnliche Töne waren gelegentlich von Willy Brandt zu hören, der sich an einen Mitschüler der Jahre 1931/32 erinnerte, welcher dem sozialrebellischen Flügel der NSDAP zuneigte. Es entstand ein von Carlo Schmid mitbegründete »Jugendsozialwerk«, das berufs- und heimatlose Jugendliche gerade aus den Reihen der Hitlerjugend im Blick hatte. Und auf dem ersten Nachkriegsparteitag der Westzonen-SPD im Mai 1946 debattierte man über eine allgemeine Jugendamnestie.

Zwei Jahre später im Mai, auf dem Berliner Landesparteitag 1948, sprach sich die jüdische Delegierte Jeanette Wolff vehement dagegen aus, die Opfer von Krieg, Flucht und Vertreibung mit den »Opfern des Faschismus« auf eine Stufe zu stellen, wie sie es in einem Entschließungsantrag zu erkennen meinte. Willy Brandt plädierte demgegenüber – unter dem Protest eines Teils der Delegierten – für die »große ... versöhnende Geste« und den offenen Appell an die Jugend«, um »die breiten Massen« in einer Volksbewegung für Demokratie und Sozialismus zu mobilisieren. Mit einer Auffassung, der zufolge »jeder Landser, der entweder aus falscher Erziehung oder aus missverstandenem Idealismus ein guter Soldat war«, als politischer Gegner anzusehen sei, würde die SPD den Anschluss an die Jugend verpassen.

Im *Telegraf* vom 21. Mai 1948, einer damals einflussreichen Berliner Zeitung sozialdemokratischer Ausrichtung, flankierte er seine Ausführungen mit der Mahnung, »unserer geschundenen Jugend mit Verständnis und ausgestreckten Händen zu begegnen. Wer selbst in den letzten 15 Jahren einen Weg gegangen ist, der als sozialistischer auch ein nationaler und humanistischer Weg war, wird nicht auf den Gedanken kommen, sich besser zu dünken als unsere Kriegsversehrten, als die Millionen Zwangsvertriebener, unsere hartgeprüfte Jugend oder als irgendein Mitbürger, der Hunger leidet und Hilfe ersehnt.« Ein solches Herangehen könnte die Masse der sozialdemokratischen Funktionäre und Mitglieder überfordert haben. Man war stolz darauf, Abstand zum NS-Regime gehalten zu haben und weder materiell noch ideologisch korrumpiert worden zu sein. Sollte die Partei jetzt vielleicht den vielfach nicht einmal schuldbewussten, politisch zumindest »unreifen« jungen Leuten Avancen machen?

Brandts Antwort lautete im Kern: ja. Sein Verständnis für die fehlgeleiteten kleinen Leute war von Pragmatismus gespeist. Es war auch nicht auf die Globkes und Krupps gemünzt. Frühere Parteigenossen der NSDAP oder einer anderen NS-Organisation waren ihm vielleicht nicht unbedingt sympathisch, er fand aber auch nicht viel dabei, nominelles Mitglied gewesen zu sein. Das galt ja in einigen Fällen sogar für prominente Sozialdemokraten wie Karl Schiller und Lauritz Lauritzen, den er ausgesprochen mochte. Es ist auch eine Legende, dass Brandts Abneigung gegen Kurt Georg Kiesinger im Wesentlichen auf dessen NSDAP-Mitgliedschaft zurückzuführen war, auch wenn er im Ärger gelegentlich über den »alten Nazi« schimpfte. Das war eher eine persönliche Sache, eine Frage der »Chemie«. Er forderte seine Partei sogar auf, Kiesingers NS-Vergangenheit zu übergehen, was wohl auch mit seinen eigenen Erfahrungen mit persönlichen Angriffen, die ihre Argumente aus der Vergangenheit bezogen, zu tun hatte. Als er in das Kabinett der Großen Koalition eintrat, knüpfte er an seine innergesellschaftliche Versöhnungsbotschaft früherer Jahre an und hob hervor, dass Deutschland nun durch »Persönlichkeiten der verschiedenen Erlebnisbereiche der Vergangenheit« repräsentiert sei, worin er tatsächlich einen wesentlichen Beitrag zur »Aussöhnung des deutschen Volkes« sah.

Auch Sozialdemokraten beteiligten sich in den fünfziger und sechziger Jahren an Versuchen, um des inneren Friedens willen eine umfassende deutsche Opfergemeinschaft zu konstruieren – Opfer von Krieg und Gewaltherrschaft. Heute wird gern der opportunistische Charakter solcher Absichten betont, doch die Intention beststand darin, die »normalen« Deutschen mit den Verfolgten und den aktiven Hitlergegnern gewissermaßen in eine gedankliche Front zu bringen und hervorzuheben, dass man den Volksverderber Hitler samt seiner Entourage vor allem aus patriotischen Motiven hätte bekämpfen müssen. Unmittelbar nach dem Parteiverbot 1933 lancierte der SPD-Exilvorstand die Botschaft »Für Deutschland – gegen Hitler«. Der allergrößte Teil des Widerstands und Exils verstand und teilte sie, bei allen sonstigen Differenzen, die manchmal gravierend waren. Ein Wort wie »Tätervolk« wäre bei den Sozialdemokraten der ersten drei Nachkriegsjahrzehnte auf völliges Unverständnis gestoßen, namentlich bei Willy Brandt.

Deshalb tolerierte Brandt keineswegs einen verharmlosenden Umgang mit dem Erbe der NS-Diktatur. Das wäre ein großes Missverständnis. Aber er ging davon aus, dass die Mehrheit der Deutschen sowie der skeptische, mehr und mehr desillusionierte Teil der Eliten sich vom »Führer«, seinen Satrapen und den großen Nutznießern des Regimes verraten fühlen musste: weniger diejenigen, die von Anfang an dagegen vergessen waren, wohl aber Leute wie der Oberst Stauffenberg, der jahrelang mit den Ideen und Idealen des Dritten Reiches sympathisiert hatte. Die von Willy Brandt benutzte Formel vom Hitlerregime als einem Regime des »nationalen Verrats« zielte offenbar auf solche Enttäuschten und auf jene missbrauchte Masse, die objektiv unterdrückt, nämlich politisch und sozial entrechtet war.

Am 23. Juni 1944 hatte Brandt in Stockholm einen der Verschwörer des 20. Juli, den Diplomaten Adam von Trott zu Solz getroffen. Julius Leber hatte Trott zu Solz auf seinen jungen, einst nach links ausscherenden Schützling Brandt aufmerksam gemacht. Dieser sollte sich nun bereithalten, um im Falle eines erfolgreichen Umsturzes für die neuen deutschen Machthaber in Schweden und anschließend im Reich tätig zu werden. Einstweilen hoffte man, Brandt werde für sie einen Kontakt zur sowjetischen Botschafterin in Schweden, Alexandra Kollontai, herstellen. Aus Sicherheitsbedenken kam er nicht zustande. Die Männer des 20. Juli hofften auf Signale der Kriegsgegner, dass Deutschland nach einem Umsturz einer bedingungslosen Kapitulation entginge. Denn eine solche hätte innerhalb Deutschlands leicht die Legitimationsgrundlage des Staatsstreichs untergraben können. Willy Brandt warb bei seinen alliierten Kontaktleuten für die Verschwörer.

Bei den Siegermächten und einem Teil des deutschen Exils herrschte später die Tendenz vor, den misslungenen Staatsstreich als Versuch einer Gruppe von reaktionären Offizieren und Antidemokraten zu sehen, die ihre Interessen und Werte im letzten Moment retten wollten. Als solche hatte sie übrigens auch Goebbels öffentlich denunziert. Mein Vater teilte diese Ansicht nie. Zeitlebens betonte er, dieses Unternehmen sei »zu allererst in menschlichen Grundwerten« verankert gewesen, der Widerstand im Allgemeinen ebenso. Für ihn war die Operation Walküre ein »Aufstand des Gewissens«. Eine solche Bewertung war keineswegs selbstverständlich. Denn in dem politisch aufgeheizten Klima der Nachkriegsjahre wurde den Verschwörern des 20. Juli von rechts oft massiv jede Berechtigung und Würde abgesprochen. Paradoxerweise brachten Willy Brandt und seine Partei insgesamt die positive Bedeutung des Exils demgegenüber lange Zeit kaum zur Sprache.

Eine Schlussstrichmentalität lehnte mein Vater entschieden und durchgehend ab. Am 20. Juli 1955, als Präsident des Abgeordnetenhauses von Berlin, empfahl er hingegen »Mut zur Vergangenheit« statt einer »Therapie des Graswachsenlassens«. Alle, die dazugelernt hätten, müssten sich auf einer »höheren Ebene der

Einheit« zusammenfinden, auch jene Menschen, die früher loyal zum NS-Regime gestanden hätten. Es gehe um die »Integration unseres Volkes auf dem Boden von gestern und in die Erfordernisse von morgen«.

Die Erinnerung an den 20. Juli und speziell an Julius Leber war ein großes Anliegen Willy Brandts. Darin sah er gewissermaßen eine Ressource des deutschen Nationalbewusstseins. Im bundesdeutschen Rechtsextremismus, der sich in Gestalt der NPD ab 1966 wieder stärker artikulierte, sah er hingegen »Verrat an Land und Volk«. Der Nazismus habe »Millionen deutscher Menschen ihre Heimat verlieren lassen, zu Krüppeln gemacht« und deutsche Kriegsgräber über ganz Europa und Nordafrika verstreut. Wer die Verniedlichung und Fälschung historischer Zusammenhänge zurückweise, dem gehe es »um die Würde unseres Volkes, auch seiner Toten«.

Meinem Vater war bewusst, dass die Geschichte der Menschheit und insbesondere die Geschichte des 20. Jahrhunderts voll war von Massakern, Kriegsverbrechen und genozidalen Ereignissen. Und doch hielt er an der Einzigartigkeit insbesondere des Judenmordes fest. Ich erinnere mich an eine private Diskussion anlässlich des sogenannten Historikerstreits, hauptsächlich zwischen Ernst Nolte und Jürgen Habermas 1986/87. Damals wies ich auf die Gefahr hin, dass die These von der Einzigartigkeit und das Relativierungsverbot einer irrationalen Dogmatisierung Vorschub leisten könnten, sofern sie nicht in einem moralischen, sondern analytischen Sinne gemeint seien. Einzigartig sei die Shoa in mancher, aber nicht in jeder Hinsicht. Sei es nicht immer die Aufgabe von Historikern zu »relativieren«, indem sie Teilprozesse und -strukturen zueinander in Beziehung setzten? Von diesen rein analytischen Überlegungen wollte mein Vater nichts wissen. Für ihn war es schlicht unbegreiflich, dass die Ungeheuerlichkeit der Naziführer und ihrer Helfer aus einem Volk wie dem deutschen kam mit seiner hochentwickelten Kultur. Das könne man weder mit Russland noch mit Anatolien oder Afrika vergleichen. Er fühlte sich durch Hitler zeitlebens als Deutscher beleidigt.

Das »Vaterland der Liebe und Gerechtigkeit«, das Willy Brandt unter Berufung auf August Bebel gern beschwor, war kein gesellschaftliches Neutrum, sondern rechtsstaatlich und auf die Wahrung der Menschenrechte bedacht, demokratisch und sozial. Die Ostdeutschen hätten am 17. Juni 1953 für »persönliche, nationale und soziale Freiheit« gekämpft, nicht für die Restauration des Kapitalismus, hieß es in zeitlicher Nähe dieses Ereignisses. Zwar wurde Brandts Kapitalismuskritik, sofern man davon noch sprechen kann, im Laufe der fünfziger und sechziger Jahre unbestimmter. Aber es blieb für ihn ein fester Glaubenssatz, dass eine nationale Gemeinschaft nicht realisierbar sei, wenn der Staat nicht zur »Heimstätte für alle« und zum großen »Volksheim« werde, wie die schwedischen Genossen es nannten.

Die vielleicht bündigste Formulierung seiner Einstellung zur »deutschen Frage« als Frage nach der Nation hat Willy Brandt auf dem Dortmunder SPD-Parteitag im Juni 1966 geliefert. »Ein Blick nach England, in die skandinavischen Länder, auch nach Amerika zeigt, dass Demokratie und Nation kein Widerspruch sind. Kein Volk kann auf die Dauer leben, ohne sein inneres Gleichgewicht zu verlieren, ohne in Stunden der inneren und äußeren Anfechtung zu stolpern, wenn es nicht ja sagen kann zum Vaterland. Wir Deutsche dürfen nicht die Geschichte vergessen. Aber wir können auch nicht ständig mit Schuldbekenntnissen herumlaufen, die junge Generation noch viel weniger als die ältere. Auch wenn der Nationalstaat als Organisationsform gewiss nicht das letzte Ziel politischer Ordnung bleibt, die Nation bleibt eine primäre Schicksalsgemeinschaft. Dabei wissen wir ..., dass der Nationalstaat Existenz und Sicherheit eines Volkes nicht mehr allein gewährleisten kann. Übernationale Zusammenschlüsse sind auch zum Wohle der Nation erforderlich, auch zu ihrem Schutz. Unser Patriotismus versteht sich zugleich als europäische und weltpolitische Aufgabe.« In der tätigen Verbesserung bestehender Zustände, auch im Wirtschaftlichen und Sozialen, habe sich wahrer Patriotismus zu zeigen.

Es war nicht so sehr Sentimentalität, welche die Sozialdemokratie der fünfziger Jahre die Einheit Deutschlands ins Zentrum ihres Denkens rücken ließ. Die Teilung hatte ja gesellschaftspolitisch vor allem zur Folge, dass die Kräfte der sozialdemokratischen Arbeiterbewegung in beiden deutschen Staaten mehr oder minder ausgeschaltet wurden. Die Ost-SPD erlag massivem Druck und ging 1946 in der SED auf. Und im Westen stabilisierte die Anschauung des DDR-Experiments den CDU-geführten Bürgerblock, während die alten Hochburgen der SPD im ostelbischen Deutschland verloren waren. Den Sozialdemokraten sei »die gesamtdeutsche Haut näher als irgendein kleineuropäisches Hemd«, meinte Brandt 1953 im Bundestag.

Durch die Eindeutigkeit, mit der sie sich für den Westen entschieden, gerieten Ernst Reuter und Willy Brandt dennoch in einen gewissen Gegensatz zum ersten SPD-Nachkriegsvorsitzenden Kurt Schumacher. An linkem Antikommunismus war dieser nur schwer zu überbieten. Gegen die Westbindung machte er vor allem nationale, gesamtdeutsche Vorbehalte geltend. Die Mehrheit der Partei wusste Schumacher hinter sich. Auf den ersten Blick mochte also die Reuter-Gruppe näher an Adenauers bedingungsloser Westorientierung liegen als an Schumachers Kurs. Die Wirklichkeit war aber komplizierter. Reuter und Brandt wussten: Eine Lösung der deutschen Frage gab es nur mit der Sowjetunion, nicht gegen sie. Ihre Sicherheitsinteressen müssten ausreichend berücksichtigt werden, nur dann existierte eine Chance. Doch Reuter und Brandt gingen auch davon aus, dass man der UdSSR in Berlin und in Deutschland zunächst eine politisch-psychologische Niederlage

zufügen müsse, bevor sie die Notwendigkeit einer Kompromiss-
lösung erkenne. Deshalb waren sie 1952/1953, vor allem in der Zeit
der berühmten Stalin-Noten, dafür, die sowjetische Bereitschaft in
ernsthaften Verhandlungen zu testen. Hier stimmten sie ganz mit
Schumacher überein und nicht mit Adenauer.

Jedenfalls hielt Willy Brandt die Aufhebung der deutschen
Teilung nur im Rahmen einer Neuordnung der Ost-West-
Beziehungen für denkbar. Allerdings strebte er seit Mitte der fünfziger Jahre konkrete Maßnahmen an, die eine Zusammenarbeit
der unteren innerdeutschen Ebenen möglich machen sollten. Die
menschliche Substanz der Nation dürfe nicht verlorengehen, die
kommunikative Verbindung der Ost- und Westdeutschen: damit
»eben doch nicht letzten Endes endgültig auscinandergerissen
wird, was zusammengehört.« Dieser Satz ist fast 60 Jahre alt. Doch
die Stunde dieses politischen Ansatzes schlug erst 1961, als der
Mauerbau ein Umdenken erzwang.

Das Schlagwort »Wandel durch Annäherung« stammte von
Willy Brandts Vertrautem und Freund Egon Bahr. Inhaltlich lagen
beide Männer auf einer Linie. Bahr berief sich auf John F. Kennedy
und stellte fest, eine Überwindung des Status quo sei nur möglich, wenn man seine Existenz faktisch anerkenne. Das war prak-
tische Dialektik. Ziel sei, die kommunistische Herrschaft zu verändern, nicht abzuschaffen, das gelte auch für die DDR. Eine gewisse
Stabilisierung der politischen Ordnung im Osten – damals ein
Riesentabu – sei gerade erwünscht, denn durch sie werde der Wie-
derannäherungs- und Wiedervereinigungsprozess »mit vielen
Schritten und vielen Stationen« kontrollierbar. Und nur so werde
die UdSSR ihn akzeptieren.

Es dauerte aber noch gut drei Jahre, bis das neue Konzept innerhalb der Bundes-SPD wirklich durchgedrungen war. Zwar
wurde der Alleinvertretungsanspruch der Bundesrepublik nicht
aufgegeben, zwar blieb der Grundsatz der Nichtanerkennung

der DDR formell bestehen, doch sollte die Handhabung dieser beiden Doktrinen künftig flexibler gestaltet werden, und Willy Brandt erwähnte auf dem Dortmunder Parteitag erstmals eine Art Zwischenlösung der deutschen Frage: die Möglichkeit eines »qualifizierten, geregelten und zeitlich begrenzten Nebeneinander der beiden Gebiete«.

Rüstungskontrolle und Entspannung mit dem Ziel, langfristig abzurüsten und die Militärblöcke zu überwinden, das seien die wichtigsten internationalen Voraussetzungen, um die deutsche Frage einer Lösung näherzubringen. Helmut Schmidt brachte es auf den Punkt: Die Deutschen müssten noch etwas mehr tun als die übrigen Partner in diesem Prozess, nämlich Mut zeigen und »das Ziel fixierend, bereit sein, Schritte zu tun, obgleich die weiteren Stadien des Weges nicht im Voraus einzeln festgelegt sind«. Damit war die Handlungsmaxime der SPD abgesteckt, als Juniorpartner der Unionsparteien 1966 und als führende Partei der sozialliberalen Koalition.

Es war die SED-Führung, die damals wieder Bewegung in die deutsch-deutschen Beziehungen gebracht hatte. Am 7. Februar 1966 trat das Zentralkomitee mit einem Offenen Brief an die Dortmunder Parteitagsdelegierten »und an alle Mitglieder und Freunde der Sozialdemokratie in Westdeutschland« heran. Man regte eine »große gesamtdeutsche Beratung« zwischen den Parteien und Massenorganisationen der beiden deutschen Staaten an, insbesondere zwischen SED und SPD, »um endlich eine Bresche in die Barrieren zu schlagen, die den Weg zur Überwindung der deutschen Spaltung blockieren«. Der Brief war vorab durch Boten abends in der Berliner Privatwohnung des SPD-Vorsitzenden abgegeben worden. Durch Zufall war nur ich zu Hause, identifizierte den Überbringer als DDR-Bürger und konnte, als ich den Absender sah, der Versuchung nicht widerstehen, den Brief vorsichtig zu öffnen und wieder zuzukleben – das einzige Mal, und ohne es jemandem zu erzählen. So war ich der erste Westler, der den Offenen Brief las.

Im Unterschied zu vergleichbaren früheren Angeboten antwortete der SPD-Vorstand diesmal auf den Brief des ZK der SED. Die Antwort erarbeiteten Willy Brandt und Herbert Wehner gemeinsam. Sie wiesen die Avancen der SED brüsk zurück und stellten stattdessen eine Reihe von Fragen zu Reiseerleichterungen, Mauer und Schießbefehl. Anknüpfend an die Idee der »gesamtdeutschen Beratung« schlug die SPD eine »offene Aussprache aller Parteien in allen Teilen Deutschlands« vor. Wider Erwarten erschien die sozialdemokratische Antwort ungekürzt im »Neuen Deutschland«, und es wurde in der Folgezeit ein erster Redneraustausch zwischen SED und SPD in Hannover und Karl-Marx-Stadt (Chemnitz) verabredet. Zwar kam er nicht zustande, auch, weil die Sowjets dagegen waren, aber die SPD hatte es verstanden, die anderen westdeutschen Parteien in den Dialog einzubeziehen und die Mehrheit der Bevölkerung für den Redneraustausch zu gewinnen – eine politische Vorarbeit für die Neue Ostpolitik.

Gerade in der Zeit, als die Hoffnungen schwanden, dass die Teilung Deutschlands bald überwunden sei, bemühte sich die bundesdeutsche Sozialdemokratie, und namentlich Willy Brandt, eine abgewogene und fundierte Formulierung für das nationale Selbstverständnis der Deutschen zu finden. Brandt betonte stark die kulturnationalen Bindungen zwischen West- und Ostdeutschland und wies ausdrücklich darauf hin, dass es eine politische Aufgabe sei, angesichts der Spaltung die »nationale« beziehungsweise »volkliche« Substanz zu wahren. Das Selbstbestimmungsrecht sei unveräußerbar und unteilbar, und es sei »reaktionär zu glauben, man könne einen widernatürlichen Zustand auf Jahrzehnte festschreiben«.

Es ging Brandt um die nationale Einheit, aber zugleich auch um die vergangenheitsbezogene Aussöhnung des deutschen Volkes

»mit sich selbst«. Keine neuen Polarisierungen, kritische Selbstbesinnung sowie demokratisch-nationale Integration: Diese Motive zogen sich durch wichtige Reden der sechziger Jahre. Brandts Nationsbegriff schloss die Solidarität mit den Heimatvertriebenen ausdrücklich ein, ebenso die kulturnationale Bindung an die jahrhundertelange deutsche Geschichte im Osten. Man könne »Millionen von Menschen nicht die Erinnerung an die Heimat aus dem Herzen reißen.« Mehr noch: »Die kulturelle und geistige Substanz des deutschen Ostens muss nicht nur den Vertriebenen und Flüchtlingen, ihren Kindern und Enkelkindern, sie muss unserem ganzen Volk erhalten bleiben.«

Willy Brandt hatten die Schrecken der Vertreibung tief erschüttert. Auf dem Weg nach Nürnberg hörte er damals aus verlässlicher Quelle eine Schilderung über die Zustände eines Vertriebenentransports. Sie klang ihm »wie ein Bericht aus der Hölle.« Und er schrieb an seine Verlobte Rut: »Schlimmer kann es auch auf den Zwangstransporten nicht gewesen sein, die die Nazis vornahmen. Geschichten wie diese charakterisieren den einen Teil der heutigen deutschen Wirklichkeit.«

Man macht sich heute meist nicht mehr klar, wie schwer den Deutschen in den fünfziger und sechziger Jahren der Verzicht auf Schlesien, Ostbrandenburg, Hinterpommern und Ostpreußen fiel. Die Zwangsaussiedlung als nicht revidierbare Tatsache anzuerkennen, war schwer möglich. Im öffentlichen Bewusstsein prangte das Bild eines Deutschland in den »Grenzen von 1937«, also bevor das »Dritte Reich« mit seiner expansionistischen Politik begann. Gegenüber der westdeutschen Bevölkerung machten die Politiker nicht hinreichend klar, dass diese Grenzverläufe nur die völkerrechtliche Ausgangsposition darstellten und dass man nicht ernsthaft erwarten durfte, die Gebiete östlich von Oder und Neiße in einem späteren Friedensvertrag von Polen und der Sowjetunion ganz oder überwiegend zurückzuerhalten. Auch die SPD folgte dem bundesdeutschen Mainstream des »Dreigeteilt niemals!« Allerdings machten manche führenden Sozialdemokraten schon damals keinen Hehl daraus, mit Polen auf irgendeinen Kompromiss in der Grenzfrage zusteuern zu müssen.

Brandt hatte schon im letzten Kriegsjahr Grenzverschiebungen für unvermeidlich gehalten. Im Lager der Alliierten gingen die Überlegungen längst viel weiter. Anfang der sechziger Jahre rechnete er bei Abschluss eines eventuellen Friedensvertrags im Osten insgeheim allenfalls noch mit kleineren Grenzkorrekturen. Und das war nicht nur seine Meinung. Die Formel dafür lautete, »so viel wie möglich von Deutschland für das deutsche Volk zu retten.« Ich trat schon als Jugendlicher für die Anerkennung der Oder-Neiße-Grenze ein, und so erklärte mein Vater mir Mitte der sechziger Jahre: Selbst wenn es gelänge, nur einige hundert Quadratkilometer westlich der Odermündung zu »retten«, wäre das von großer symbolischer Bedeutung. Mir kam das wenig überzeugend vor, der Preis dafür, die östliche Grenzfrage offenzuhalten, war hoch. Meinem Vater und Parteifreunden wie Fritz Erler war klar, dass für eine Grenzrevision großen Stils von den Westmächten keinerlei Unterstützung zu erwarten wäre. Im Gegenteil: Die Forderung nach den Grenzen von 1937 erschwerte die Bemühungen um eine Wiedervereinigung Rumpfdeutschlands zusätzlich. Es dauerte aber bis in die zweite Hälfte der sechziger Jahre, bis sich die öffentliche Meinung in der Bundesrepublik soweit verändert hatte, dass eine faktische Anerkennung der Oder-Neiße-Grenze wenigstens öffentlich diskutiert werden konnte – keineswegs geradlinig, sondern zögernd und widersprüchlich, auch in der SPD. Die Parteiführung befürchtete eine Renaissance des deutschen Nationalismus. Auch schreckte sie vor der offenen Konfrontation mit hochrangigen Vertriebenenpolitikern in den eigenen Reihen zurück.

Das Terrain musste sozusagen psychologisch gesichert werden. Bis 1966 pochte man parteioffiziell auf die Selbstbestimmung in Verbindung mit dem Heimatrecht für die Vertriebenen. Der SPD-Parteivorstand forderte 1961 zusammen mit der Sudetendeutschen Landsmannschaft, auch die Vertreibung aus den Randgebieten der Tschechoslowakei rückgängig zu machen. 1963 redete Brandt auf einem Schlesiertreffen, das unter der Losung »Verzicht ist Verrat« stattfand. Der Karlsruher Parteitag vom November 1964 tagte unter den Umrissen Deutschlands in den Grenzen von 1937, dazu das Motto »Erbe und Auftrag«. Doch damit konnte man schlechterdings nicht auf Verständnis im östlichen Europa hoffen. Fazit: Weder die SPD im Allgemeinen noch Willy Brandt im Besonderen brachten die Debatte über die Ostgrenze damals wirklich voran, und wenn, dann mit allergrößter Vorsicht. Sie meinten, die deutsche Öffentlichkeit sei noch nicht reif für die Wahrheit, und waren etliche Jahre auch selbst manchen Illusionen erlegen.

Brandts Umgang mit den deutsch-polnischen Beziehungen einschließlich der Grenzfrage war sicher nicht frei von taktischen Überlegungen. Er passte sich an jeweils veränderte Umstände an – wie sollte es auch anders sein. Aber das Mitleiden mit dem Los der Flüchtlinge und Heimatvertriebenen war fraglos ebenso aufrichtig wie sein Bedürfnis nach Versöhnung gerade mit den von Nazideutschland besonders schwer geprüften Polen.

Gleich nach den Bundestagswahlen vom 28. September 1969 leitete die neugebildete SPD/FDP-Koalition eine Verhandlungsoffensive ein. Ihre Grundidee bestand darin, die Fragen, die die bundesdeutsche Ostpolitik blockierten, zuerst mit der UdSSR zu klären. Dadurch sollte ein Druck erzeugt werden, dem sich auch andere potenzielle Vertragspartner, in erster Linie die DDR, beugen müssten. Insofern richtete Willy Brandt sich in seiner ersten Regierungserklärung als Kanzler vor allem an die Sowjetunion, als er den aufsehenerregenden Satz sagte, es existierten »zwei Staaten in Deutschland«, die »füreinander nicht Ausland« seien.

Das Beharren der Bundesrepublik auf dem »besonderen Charakter« der innerdeutschen Beziehungen nötigte die SED zu einem ideologischen Eiertanz. Ihre Theoretiker erweiterten die Zwei-Staaten-Lehre zur Zwei-Nationen-Doktrin: Die Bundesrepublik wurde zum Ausland erklärt, und in der 1974 revidierten ostdeutschen Verfassung fielen alle Aussagen von 1968, die sich auf die Gesamtnation bezogen, dem Rotstift zum Opfer. Doch für Brandt blieb auch 25 Jahre nach der bedingungslosen Kapitulation des Hitlerreiches »der Begriff der Nation das Band um das gespaltene Deutschland«. In seinem Bericht zur Lage der Nation von 1970 nahm er auf Fichte und die Gründungsväter des Sozialismus in Deutschland Bezug, für die »der Begriff der deutschen Nation konkret und durchaus nicht inhaltlos war. Auch als die Deutschen keinen gemeinsamen Staat hatten, waren sie für Engels, Marx und Lassalle doch ein deutsches Volk, eine Nation im geteilten Vaterland.«

Erfurt am 19. März 1970. Schon während der Anfahrt des Eisenbahnzuges, der den westdeutschen Bundeskanzler in die Stadt brachte, säumten trotz aller Geheimhaltung und Absperrungsmaßnahmen zahllose DDR-Bürger die Gleise. Was sich dann auf dem Bahnhofsvorplatz abspielte, hat sich tief ins kollektive Gedächtnis eingestanzt. Die Menge rief: »Willy Brandt ans Fenster!« Die Menschen verstanden offenbar Brandts Geste der Verbundenheit und Beschwichtigung. »Schweren Herzens« wandte er sich ab, wie Brandt in seinen Erinnerungen schrieb – das Schicksal der Beteiligten und der gerade erst gestarteten innerdeutschen Entspannung vor Augen. Ich verfolgte den Besuch damals tief bewegt am Fernsehapparat. Diese Grundstimmung fand ich übrigens auch bei späteren Aufenthalten in der DDR manches Mal wieder: Mein Vater war bei Oppositionellen wie Angepassten und sogar bei überzeugten SED-Leuten äußerst populär. Und wenn die DDR-Presse die früheren Diffamierungen und Polemiken gegen

Brandt einstellte, ja sogar positiv über den Kampf um die Ostverträge berichtete, dann befand sie sich in einer seltenen – wenn auch brüchigen – Übereinstimmung mit den Bürgern des zweiten deutschen Staates.

Sicher: Die Ostpolitik deckte sich mit den Interessen weiter Teile der westdeutschen Großindustrie an neuen Waren- und Kapitalabsatzmärkten. Gleichzeitig war sie aber auch getragen von einem breiten Engagement der Intelligenz, von der Zustimmung der Volksmehrheit und von der millionenfachen Hoffnung auf eine Ära des Friedens für Deutschland. Das quittierten die Menschen Willy Brandt am Wahltag 1972 positiv. Der Wahlkampf um die Ostverträge war erbittert gewesen. Doch die Mehrheit der Westdeutschen hatte deren Berechtigung und Wert für die Zukunft verstanden.

Unverkennbar war indes, dass die rapide Modernisierung und die Verwestlichung der Alltagskultur in der Bundesrepublik das gesamtdeutsche Bewusstsein längerfristig zurückdrängten, unabhängig davon, welche Regierung gerade am Ruder war. Es ergab sich eine doppelt paradoxe Situation: In der Bundesrepublik hielt die Staatsführung auch unter der SPD/FDP-Regierung an der Einheit der Nation fest, während für die Gesellschaft gesamtdeutsche Bezüge an Bedeutung verloren – die DDR ging seit 1970 von der Existenz zweier deutscher Nationen aus, was deren Bevölkerung bis weit in die SED mehrheitlich jedoch nicht akzeptierte.

Den entspannungspolitischen Ansatz der frühen siebziger Jahre missverstanden viele als bedingungslose Anerkennung der Nachkriegsordnung. Dies galt auch für die SPD – und für die Jüngeren, die mit der Teilung groß geworden waren. Selbst die Überlegungen zu einer neuen europäischen Friedensordnung kaprizierten sich zunehmend auf die Zweistaatlichkeit Deutschlands als Voraussetzung. Störend fanden führende Sozialdemokraten die öffentliche Erörterung der nationalen Frage vor allem dann, wenn sie nicht in allgemeiner Identitätssuche verharrte, sondern die Überwindung der Teilung thematisierte. Das galt auch für Willy Brandt. Er blieb seinen entspannungspolitischen Lehren treu, die besagten, dass man die politischen Führer des Ostens nicht mehr als unbedingt nötig verunsichern und die DDR nicht destabilisieren dürfe. Aber was, wenn ihre Bewohner selbst zur Destabilisierung schritten und sich zum Beispiel auf die Vereinbarungen der Helsinki-Konferenz beriefen? Eine heikle Frage. Denn die SPD-Spitze begegnete dem Phänomen der osteuropäischen Opposition, die ihr zumindest in der DDR näher stand als dem Mitte-rechts-Lager, mit großer Zurückhaltung. Man wollte nicht aufs Spiel setzen, was bisher erreicht worden war.

In den USA regierte seit 1981 Ronald Reagan. Durch ihn bekam der frühere Atlantizismus Willy Brandts deutliche Risse. Der erzkonservative US-Präsident suchte wieder stärker die Konfrontation mit der UdSSR, und je mehr er das tat, desto mehr Sorgen machten sich Brandt und die SPD. Und je mehr die bipolare Blockarchitektur in Europa ins Wanken geriet, desto mehr war die SPD-Führung um eine friedliche, sozusagen geordnete Transformation der osteuropäischen Systeme besorgt und desto mehr hob sie nach Osten die stabilisierenden Elemente der Entspannungspolitik hervor. Das beinhaltete distanzierte Stellungnahmen zur Solidarność-Bewegung und verständnisvolle Erklärungen zum Kriegsrechtsregime in Polen Anfang der achtziger Jahre. 1980/81 war Willy Brandt der Meinung, dass der DGB seine Kontakte neben der neuen Solidarność auch zu den polnischen Staatsgewerkschaften stärken sollte und die SPD die ihren zur Reformfraktion der Polnischen Vereinigten Arbeiterpartei.

Nun sprach bezüglich der DDR tatsächlich einiges dafür, dass Veränderungen dort aus der SED-Spitze selbst kommen müssten. Die Frage, was tun, wenn das nicht oder nicht rechtzeitig passiert, hat sich wegen des institutionenfixierten Politikverständnisses allerdings niemand so recht gestellt – auch Brandt nicht, der zudem die Bedeutung der unabhängigen Umwelt-, Menschenrechts- und Friedensgruppen Ostdeutschlands unterschätzte.

Während der Nachrüstungsdebatte hatte es zeitweilig so ausgesehen, als ließe sich die Verbindung von Friedensstreben und deutscher Frage, die in der sozialdemokratischen Politik seit jeher angelegt war, erneuern. Das Hauptmotiv war inzwischen aber nicht mehr die Vereinigung Deutschlands, sondern das Gefühl gemeinsamer Bedrohung. Eine große Zahl von Menschen erkannte, wie prekär Deutschlands geostrategische Lage in der Ost-West-Konfrontation war. Die Wechselwirkung mit unabhängigen Friedensgruppen in Ostdeutschland, die Sicherheitsdebatte, die bis auf die DDR-Führung ausstrahlte, und die patriotischen Äußerungen mancher Integrationsfiguren der Friedensbewegung ließen im linken Spektrum für kurze Zeit so etwas wie ein gesamtdeutsches Zusammengehörigkeitsgefühl entstehen.

Diese national-pazifistische Stimmung griff Willy Brandt auf dem Münchener Parteitag vom April 1982 auf: »Wer seine Verpflichtung vor dem ganzen deutschen Volk so stark empfindet, wie ich es für die Sozialdemokraten feststellen kann, der weiß, sein Patriotismus muss auf Friedenswillen, Entspannungsbereitschaft, europäische Zusammenarbeit und internationale Zuverlässigkeit gegründet sein. Das schließt sehr wohl ein, dass wir von deutschen Interessen sprechen, denn unser Land ist durch Abschussrampen und als Zielscheibe vorrangiges Opfer der Rüstung mit tödlichen Waffen. Die sich hieraus ergebenden Lebensinteressen teilen wir mit den Menschen im anderen deutschen Staat.«

Die achtziger Jahre waren diejenige Phase, in der mein Vater und ich die intensivsten politischen Diskussionen führten. Ich teilte durchaus grundlegende Prämissen und methodische Überlegungen der sozialdemokratischen Entspannungs- und Deutschlandpolitik. Jedoch fand ich damals, dass der Ansatz der frühen siebziger Jahre angesichts der erneuten Verschärfung der internationalen Spannungen erschöpft sei. Er laufe Gefahr, staatspolitisch zu verkümmern, wenn es nicht gelingen sollte, die Impulse von Emanzipationsbewegungen wie der polnischen Solidarność, der griechischen PASOK und der Friedensbewegungen in West- und Ostdeutschland aufzunehmen, die ja tendenziell gegen die Blockstrukturen gerichtet waren. Mir war schon klar, dass es Probleme geben könnte, mit den Staats- und Parteiführern Osteuropas zu verhandeln und gleichzeitig die Bestrebungen der oppositionellen Basisbewegungen vorsichtig zu fördern. Aber ich meinte, der Tiger müsse geritten werden. Deutschland bilde nach wie vor das Scharnier der Blockarchitektur in Europa, wo sich die Widersprüche der Pakt- und Gesellschaftssysteme konzentrierten und (möglicherweise) gegenseitig befruchteten.

Mein politischer Ansatz war sicherlich konfliktorientierter als der meines Vaters. Ich dachte die Entspannung stärker in Widersprüchen, gewissermaßen dialektischer. Doch gab es auch eine Reihe von Berührungspunkten und Überschneidungen. So hielten wir beide die vorgesehene »Nachrüstung« der NATO für ein entspannungspolitisches Unglück und eine objektive Erhöhung der Kriegsgefahr. Daran, dass auch er das so sah, ließ er mir gegenüber keinen Zweifel. Dabei nahmen wir die zynischen Äußerungen seitens eines führenden französischen Sozialisten zur Kenntnis, dass die deutsche Teilung mit der Stationierung für weitere zwanzig Jahre eingefroren würde.

In den Gesprächen mit meinem Vater seit 1980 wurde außerdem deutlich, dass SED-Leute versucht hatten, Personen aus meiner Umgebung, die in der SPD aktiv waren, bei den führenden Sozialdemokraten als CIA-Agenten zu denunzieren. Solche Verdächtigungen gab es natürlich auch in umgekehrter Richtung. Es war eine gute Zeit für die Auguren auf beiden Seiten des Eisernen Vorhangs. An manchen der Aktionen und Überlegungen ließ sich auch erkennen, wie die Gegenseite die Lage einschätzte. Mitte der achtziger Jahre lancierte Nikolai Portugalow, sowjetischer Außenpolitikexperte, zum Beispiel, dass es in der Bundesrepublik am ehesten Politikern mit Mut und einem weiten historischen Horizont wie Willy Brandt und Franz Josef Strauß zuzutrauen sei, die festgefahrene Situation noch einmal in Richtung deutscher Einheit in Bewegung zu bringen. Mein Vater zeigte mir den Vermerk aus seinen Akten, nicht ohne verhaltenen Stolz. Vor Strauß hatte er Respekt, auch wenn sich seine Zuneigung sehr in Grenzen hielt. Die gemeinsame Nennung störte ihn offenbar nicht.

Dass ich mit DDR-Oppositionellen politisch kooperierte und einige auch besuchsweise traf, begrüßte mein Vater. Merkwürdigerweise erhielt ich, anders als etliche meiner Freunde, kein Einreiseverbot, vielleicht seinetwegen. Die von mir mitgetragene Unterschriftensammlung für den Offenen Brief Robert Havemanns an Leonid Breschnew vom Oktober 1981 sah er ambivalent. Der Brief wurde auch von Ostdeutschen unterzeichnet, er verknüpfte die Aufrüstungsspirale mit der spezifischen deutschen Situation und war eine Provokation für sämtliche etablierte Kräfte. Das war nicht die Linie meines Vaters, aber er fand solche nonkonformistischen Vorstöße völlig in Ordnung. Als die Medien berichteten, dass ich 1982 an der Beerdigung von Robert Havemann teilgenommen hatte, fand mein Vater, das sei eine schöne und aus seiner Sicht auch politisch erwünschte Geste. Er schickte ein sprachlich fein austariertes Telegramm an die Trauerveranstaltung in West-Berlin, worin er seine Sympathie und Verbundenheit zum Ausdruck brachte. Havemanns Freund, der Pfarrer Rainer Eppelmann, ein Bekannter von mir und der Selbsteinschätzung nach damals noch demokratischer Sozialist, ließ 1985 im Vorfeld eines geplanten DDR-Besuchs von Willy

Brandt einen Brief über einen Westberliner Amtsbruder und mich an meinen Vater übermitteln, worin er ihn zu einem persönlichen Treffen einlud. Diese Zusammenkunft kam zwar nicht zustande, aber mein Vater schrieb Eppelmann anschließend immerhin freundlich zurück.

Die Pershing-II-Raketen und Cruise missiles wurden bekanntlich trotz des Widerstands der Friedensbewegung stationiert. Die östliche Seite reagierte darauf in Form eines neuen »Raketenzauns« mit noch kürzeren Vorwarnzeiten. Die neue Bonner CDU/CSU-Regierung unter Helmut Kohl war bemüht, die Deutschland- und Ostpolitik ihrer Vorgängerin fortzuführen und die Entwicklungen nicht aus dem Ruder laufen zu lassen. Statt einer neuen Eiszeit betrieben Bonn und Ost-Berlin deshalb eine Art doppeldeutscher Dämpfungspolitik. Die Abhängigkeit der DDR von der wirtschaftlichen Kooperation mit der Bundesrepublik wuchs in dieser Periode beständig. Seit 1985 war ich an der Planung einer deutsch-deutschen Freundschaftsgesellschaft beteiligt. Sie sollte für sämtliche Ebenen außerhalb der staatlichen und im engeren Sinne wirtschaftlichen Zusammenarbeit zuständig sein. An den Vorbereitungen nahmen etliche angesehene Mitglieder verschiedener Parteien teil wie Günter Gaus und Eberhard Diepgen. Natürlich war das Ganze nur vorstellbar, wenn auch die DDR-Autoritäten mit von der Partie waren. Deshalb waren wir mit Vertretern des SED-Zentralkomitees wie Günter Rettner im Gespräch und bezogen – indirekt – bekannte Dissidenten ein, die persönlich auf dem Laufenden gehalten wurden und ihren Segen gaben wie Bärbel Bohley und Gerd Poppe. Schnell konnte ich meinen Vater von der Attraktivität eines solchen Projekts überzeugen, und gemeinsam versuchten wir Ende November 1988, Otto Reinhold, den Leiter der Akademie für Gesellschaftswissenschaften beim ZK der SED, bei einem Gespräch in Bochum für die Sache zu gewinnen. Anfangs schien es zu glücken. Einige Monate später weigerte sich die schon stark verunsicherte SED-Führung aber doch. Etwa zeitgleich fror sie den Dialog mit der SPD ein, wohl deshalb, weil sie seine Risiken höher einschätzte als seinen Nutzen. Selbstverständlich ging auch ich davon aus, dass die Zweistaatlichkeit Deutschlands noch etliche Jahre andauern werde. Aber in Übereinstimmung mit meinem Vater rechnete ich mit einer neuen Dynamik sowohl zwischen den beiden Staaten wie im Innern der DDR, dank der sowjetischen Perestroika und des Liberalisierungsdrucks in Polen und Ungarn.

Mein Vater, so zeigte sich auch hier, hatte sein Gespür für neue Tendenzen und Möglichkeiten nicht verloren, sein Sensorium für den Wind der Veränderung, bevor andere ihn wahrnahmen. Seine Hauptsorge galt der Stabilisierung und Wiederbelebung des Entspannungsprozesses insgesamt. Aus der Pflege der innerdeutschen Beziehungen hatte er sich seit der Guillaume-Affäre und seinem Rücktritt 1974 für längere Zeit herausgehalten. Im September 1985 folgte er jedoch einer Einladung Erich Honeckers zum Besuch Ost-Berlins. Das Treffen lief allerdings ziemlich verkrampft ab. Wie in der SPD und in der westdeutschen Gesellschaft insgesamt, so wuchsen auch bei meinem Vater während der achtziger Jahre die Zweifel, ob er die deutsche Einheit noch erleben werde. Mit ihrer Deutschlandpolitik wolle die SPD »die Chance der Selbstbestimmung erhalten, die den Deutschen zusteht wie andern Nationen«, hieß es im Programmentwurf von 1987.

Ich kann aufgrund persönlicher Gespräche mit Sicherheit sagen, dass Willy Brandt die deutsche Einheit als Option niemals aufgegeben hat. Wenn er in den achtziger Jahren mehrfach von der Wiedervereinigung als »Lebenslüge« der Bonner Republik sprach, dann wollte er damit vier Dinge zum Ausdruck bringen: Erstens, dass es nicht um die Wiederherstellung eines früheren Zustands gehen könne. Zweitens, dass die Forderung nach Wiedervereinigung lange die Gebiete östlich von Oder und Neiße eingeschlossen hatte und der Terminus auch insofern kontaminiert sei. Drittens, dass das Bekenntnis zur Einheit in einem gewissen Spannungsverhältnis zur Westbindung der Bundesrepublik stünde. Viertens, dass man die staatsrechtliche Form einer künftigen deutschen Einheit auch verbal offen halten solle.

Doch auch wenn er Wiedervereinigungsforderungen für schädlich hielt: Ein Ideologe der Zweistaatlichkeit und ein Vertreter »postnationaler« Konzepte war er nicht. Da es ihm ja problemlos möglich gewesen wäre, durch eine klare Gedankenführung und Formulierungen Missverständnisse zu vermeiden, habe ich im Hinblick auf die »Lebenslüge«-Äußerung einmal von einer »kalkulierten Zweideutigkeit« bei ihm gesprochen. Als ein gewiefter Politiker zog er es hier wie auch sonst gelegentlich vor, so zu formulieren, dass zumindest auf den ersten Blick unterschiedliche Deutungen möglich waren – und damit auch Zustimmung und Unterstützung aus verschiedenen Richtungen. Die Neue Ostpolitik insgesamt fand ja Zuspruch sowohl bei solchen, die eine Veränderung des Status quo und eine Vereinigung Deutschlands langfristig anstrebten, wie auch bei solchen, die sich die gesamtdeutsche Frage einfach vom Hals schaffen wollten. Thematisiert hat Willy Brandt diese Diskrepanz natürlich nie, das wäre aus seiner Sicht kontraproduktiv gewesen.

Man darf auch nicht vergessen, dass Brandt sich von Fortschritten in deutschen Anliegen immer auch eine sukzessive Emanzipation der Europäer in West und Ost von ihren Vormächten erhoffte. Die deutsche Einheit war für ihn somit ein – wichtiges – Unterziel bei der Aufhebung der europäischen Teilung. Wie fast alle politischen Akteure und Denker der unterschiedlichen Richtungen ging er bis weit in das Jahr 1989 davon aus, dass noch sehr viel im Ost-West-Verhältnis geschehen müsse, bevor die Deutschen wieder, wie er gern sagte, »unter einem Dach« leben würden.

Es ist fraglos so, dass der SPD-Ehrenvorsitzende Willy Brandt seine Partei 1989/90 deutschlandpolitisch ins Schlepptau nahm und zusammen mit Hans-Jochen Vogel, dem damaligen Vorsitzenden, dafür sorgte, dass die Sozialdemokraten den Übergang in die deutsche Einheit einigermaßen heil zuwege brachten. Dabei kam der SPD die Gründung einer eigenen ostdeutschen Sozialdemokratie aus der Bürgerrechtsopposition zugute. Sie konnte das Odium vermeintlich zu langer und zu enger Kooperation zwischen SPD-West und SED bis zu einem gewissen Grad kompensieren. Allerdings war Willy Brandt davon überzeugt, dass das sozialdemokratische Potenzial in der SED, den Blockparteien und in diversen Oppositionsgruppen sehr viel breiter war. So plädierte er für eine großzügige Aufnahmepraxis vor allem gegenüber ehemaligen SED-Mitgliedern. Die »Pfarrerpartei« betrachtete er – bei aller Sympathie für etliche führende Aktivisten – mit zwiespältigen Gefühlen. Zwischenzeitlich spielte er sogar mit der Idee, die Wiederherstellung des Parteistatus von vor August 1961 zu proklamieren: Denn damals hatten SED *und* SPD das Recht, in *ganz Berlin* tätig zu sein, und dieses Recht hatte die SPD nach dem Mauerbau offiziell nie aufgegeben.

In der letzten großen Kraftanstrengung seines Lebens entschied er sich, noch einmal für den Bundestag zu kandidieren. Am 11. November 1989 nahm er erstmals seit über zweieinhalb Jahren wieder als Ehrenvorsitzender an einer Sitzung des SPD-Vorstands teil. Als die Ost-SPD ihn am 24. Februar 1990 ebenfalls zu ihrem Ehrenvorsitzenden wählte, wurde er, was er de facto schon vorher gewesen war: die Wahlkampflokomotive der Sozialdemokratie in der DDR, auch wenn er nicht hauptsächlich wie ein Parteimann auftrat. Ihn trieb die Sorge um, dass »eine Grundwelle in unserem Volk uns wegspült«, wenn die Partei sich der Situation nicht gewachsen zeige. Schon seit November 1989, deutlicher dann seit dem Jahreswechsel, skandierten die Demonstranten in der DDR, namentlich die Arbeiter in den südlichen Bezirken, die Verszeile der Staatshymne: »Deutschland – einig Vaterland!« oder auch »Wir sind ein Volk« und nicht mehr nur »Wir sind das Volk«.

Die Selbstbestimmung des ganzen deutschen Volkes als des »eigentlichen Souveräns« und insbesondere die Selbstbestimmung des ostdeutschen Teilvolks war wie eh und je Brandts zentrale Maxime. Deshalb war er darauf bedacht, die Vereinigung Deutschlands nicht einfach als Angliederung der Ostländer an die Bundesrepublik zu vollziehen. Er wünschte beizeiten die Wahl einer gesamtdeutschen verfassunggebenden Nationalversammlung. Sie sollte eine an das Grundgesetzt angelehnte neue Verfassung erarbeiten, die in einer Volksabstimmung angenommen werden müsse. Nur so wäre das Legitimationsdefizit des Bonner Grundgesetzes, das aus seiner Entstehungsgeschichte resultierte, auf ordentlichem Wege aus der Welt geschafft worden. Als der Einigungsvertrag ausgehandelt war, hätte er am liebsten auch über diesen in zwei getrennten Volksabstimmungen in der DDR und in der Bundesrepublik entscheiden lassen.

Wie ernst er es mit der Selbstbestimmung meinte, machte mir eine private Äußerung – wohl im Frühjahr 1990 – deutlich. Damals sagte er mir, er würde eine eventuelle Entscheidung der Ostdeutschen für die Eigenstaatlichkeit zwar bedauern, aber ohne Weiteres akzeptieren können. Und allemal müsse man ihnen in einem solchen Fall zugestehen, ihre Wirtschafts- und Sozialordnung abweichend von der der Bundesrepublik zu gestalten, wenn das mehrheitlich so gewünscht sei. Dann gebe es ja immer noch die Möglichkeit eines engen Staatenbundes, sogar mit einzelnen bundesstaatlichen Elementen.

Zugleich machte er nachdrücklich klar, dass das neuvereinigte Deutschland auch seine völkerrechtliche Souveränität zurückbekommen müsse. Die alliierten Vorbehaltsrechte gehörten abgelöst. Die Frage des militärischen Status Deutschlands schien dabei am heikelsten zu sein und am schwersten lösbar. Sie war der einzige noch verbliebene Trumpf der Sowjetunion. Doch ausgerechnet die härteste aller Nüsse bei den Verhandlungen erledigte sich quasi von selbst, als Gorbatschow, der eine erneute Konfrontation mit den USA angesichts der desaströsen Situation seines Landes unbedingt vermeiden wollte, die NATO-Mitgliedschaft des vereinigten Deutschland fast beiläufig akzeptierte.

Der Bundestagsbeschluss vom 20. Juni 1991 über die Wiedereinsetzung Berlins in seine Funktion als Regierungs- und Parlamentssitz war für den ehemaligen Regierenden Bürgermister Brandt beglückend und ein Symbol des Neuanfangs. Er hatte sich in der Debatte noch einmal stark ins Zeug gelegt. In beiden großen Parteien existierten keine Mehrheiten für Berlin. Die Entscheidung zu dessen Gunsten verdankte sich letztlich dem geschlossenen Votum der PDS.

Besser als die meisten Spitzenpolitiker der SPD erkannte Willy Brandt nicht nur früh die Veränderungen der internationalen Szenerie, die von Michail Gorbatschow in den späten achtziger Jahren vorangetrieben wurden. Er registrierte mit seismografischer Genauigkeit auch die Vorboten der innergesellschaftlich revolutionären Situation, die sich seit Frühjahr 1989 östlich der Elbe anbahnte. Die Vermutung mag nicht allzu weit hergeholt sein, dass gerade die Herkunft aus der alten Arbeiterbewegung und dem radikalen Sozialismus ihn – zusammen mit seinem feinen Gespür für die Veränderung historischer Konstellationen – dazu befähigte. Er vermochte es, die eigenen Konzepte, wo nötig, an die jeweils veränderte Situation anzupassen. So erkannte er bald schon die Unmöglichkeit, den deutschen Einigungsprozess künstlich anzuhalten, bis der gesamteuropäische Prozess dieselbe Stufe erreicht haben würde.

Während der letzten drei Wochen des DDR-Wahlkampfs spürte er, wie die Stimmung kippte. Als ich ihn am Vorabend der Wahlen in Berlin traf, um ihm meine künftige Ehefrau Antonia vorzustellen, machte er einen auffallend unkommunikativen Eindruck. Es war die Vorahnung der kommenden Ereignisse bei der DDR-Volkskammerwahl am 18. März 1990. Die herbe Niederlage der SPD, der bis zu 53 Prozent der Stimmen vorhergesagt worden waren und die nur rund 22 erhielt, war auch seine persönliche Niederlage. Er war seit November 1989 in der DDR unterwegs gewesen und hatte in Massenversammlungen gesprochen, wie sie außer ihm nur Helmut Kohl zustande brachte. Sein Engagement für die Vereinigung Deutschlands war unübersehbar. Sein Ausspruch vor dem Brandenburger Tor am 10. November 1989 »Jetzt wächst zusammen, was zusammengehört«, war parteiübergreifend zu einer Parole geworden, die das Ziel der deutschen Einheit unaggressiv, eingängig und populär formulierte.

Doch schon vor dem 18. März 1990 war das Zögern, ja Unbehagen von Teilen der West-SPD an Brandts Kurs sichtbar geworden. Diese Diskrepanz schmälerte die Aussichten der SPD im Osten. Umgekehrt entzog das schlechte Wahlergebnis für die Ost-SPD dann der Brandt-Linie viel von ihrer innerparteilichen Legitimität. Mit einem Fünftel der Stimmen war es der Ost-SPD und der gesamten deutschen Sozialdemokratie versagt, eine gestaltende Rolle im Einigungsprozess zu spielen. Die Sozialdemokraten hatten nur noch die Wahl, opponierend zu verzögern oder sich dem Einigungskonzept des politischen Gegners anzupassen.

Der innerparteiliche Diskussionsprozess der Jahre 1989/90 lässt sich nicht auf die simple Alternative Brandt oder Lafontaine reduzieren – abgesehen davon, dass Lafontaine analytisch mit manchem Recht hatte. Es gab verschiedene und unterschiedlich motivierte Zwischen- und Unterpositionen; Einwände gegen eine bestimmte staatsrechtliche Form der Vereinigung, ihr Tempo, ihren gesellschaftspolitischen Inhalt oder die NATO-Mitgliedschaft der erweiterten Bundesrepublik, die innerhalb und außerhalb der

SPD geäußert wurden, sind von einem grundsätzlichen Nein zur Neuvereinigung Deutschlands zu unterscheiden.

Es hat sicher seinen guten Grund, dass das Ansehen der SPD im Hinblick auf ihre Verdienste um die deutsche Nation stark mit Willy Brandt verbunden ist. Seine »Erinnerungen«, die kurz vor dem Umbruch von 1989/90 erschienen sind, enden mit der Feststellung, es sei die »eigentliche Genugtuung« seines Lebens, dazu beigetragen zu haben, dass »der deutsche Name, der Begriff des Friedens und die Aussicht auf europäische Freiheit« inzwischen zusammengebracht würden. Streicht man das Adjektiv »deutsch«, verliert der Satz seinen Sinn.

Drei politische Weggefährten

Egon Bahr

Willy Brandt und Egon Bahr waren ein einzigartiges Team. Es funktionierte deshalb so gut, weil Bahr psychologisches Fingerspitzengefühl besitzt und weil er wusste, dass man dem Chef, der zum vertrauten Freund wurde, nur näherkommen konnte, »wenn man ihm nicht zu nahe kommen wollte«. Auch Bahr entschied gern selbst, was er preisgab, und wem und wann. Also war schnell klar: »Solange nicht einer von uns begann, sich aufzuschließen, stellte der andere keine Fragen.« Auf dieser Grundlage, die die beiden voreinander nie ausgesprochen haben, gewann die Männerfreundschaft an Kraft und Stabilität und mit ihr die enge Kooperation, mehr als drei Jahrzehnte lang. Nur wenigen Menschen kam Willy Brandt so nahe wie Egon Bahr.

Bahr war schon immer ein leidenschaftlicher deutscher Patriot und kühler Analytiker zugleich gewesen. Dabei hatte er die Fähigkeit, die Welt mit kaltem Blick anzuschauen, ganz im Sinne Bismarcks, der selbst ungünstige Konstellationen ständig daraufhin abtastete, wo es Ansatzpunkte für die Durchsetzung der eigenen politischen Interessen gab. Bahr dachte vom Staat und vom internationalen System her. Gesellschaftspolitische Problemstellungen blieben ihm relativ fremd, jedenfalls fremder als Brandt. Dieser war nicht nur in hohem Maße zu konzeptionellem Denken und pragmatischem Vorgehen fähig, er verfügte auch über ein ausgeprägtes politisches Gespür und eine sichere Intuition, was in bestimmten Konstellationen wahrscheinlich und möglich war. Diese Fähigkeiten verbanden sich optimal mit Egon Bahrs präzisem systematischem Analysevermögen, wobei Bahrs konzeptionelles Denken allerdings weniger flexibel war. Die Formel vom »Architekten« der neuen Ostpolitik greift Bahr inzwischen selbstbewusst auf, doch nicht ohne zu ergänzen, der »Baumeister« sei Brandt gewesen.

Noch als Regierender Bürgermeister von Berlin holte Willy Brandt sich mit Egon Bahr einen entschiedenen Anti-Adenauerianer in seinen Beraterstab. Der »linke Deutschnationale« stieg bald zu seinem wichtigsten Berater auf. Dieser Umstand widerlegt am besten das gelegentlich anzutreffende Urteil, Brandts außenpolitische Vorstellungen in den fünfziger und frühen sechziger Jahren seien näher an der Bonner Regierung als an der eigenen Partei gewesen. Es stimmt schon, Brandt war damals »prowestlich« eingestellt, und in der Tat klangen mache Proklamationen so, als wollten sie jenes Urteil bestätigen.

Egon Bahr war 1957 in die SPD eingetreten, und zwar nicht, wie er immer wieder betont hat, weil er eine bestimmte Idee von demokratischem Sozialismus voranbringen, sondern weil er helfen wollte, eine Alternative zu Adenauers in Bahrs Urteil verhängnisvoller und skrupelloser Doppelgesichtigkeit aufzubauen: vorbehaltlose Integration nach Westen und Abgrenzung und Konfrontation nach Osten – das war für ihn wie ein Fluch. Bahr, der in Thüringen zur Welt kam und in Berlin aufs Gymnasium ging, erlebte das Kriegsende als Wehrmachtsoldat und wurde bald danach Journalist. Er entpuppte sich wie sein Mentor Willy Brandt als begabter »Kalter Krieger«. Doch niemals verlor er das Ziel aus den Augen, einen neuen Ansatz zur langfristigen Auflösung der deutschen Teilung zu finden, ihrer Überwindung und zunächst Milderung.

Mit Willy Brandt war er sich in sehr vielem einig. So auch darin, dass eine Lösung der Deutschlandproblematik nur denkbar wäre, wenn man beide Weltmächte, die USA *und* die UdSSR, mit ihren jeweiligen Interessen ernstnähme und ins Boot holte. Nichts und niemand könne sie hindern, überall und zu jeder Zeit wie Weltmächte zu agieren, vor allem in ihren eigenen Einflusssphären. Insbesondere gegenüber der Sowjetunion hieß das: Vertrauen gewinnen, um so den Ostblock aufzuweichen, und einen »Wandel durch Annäherung« zu erreichen.

Diese berühmte Formel stammte von Bahr, der sie 1963 in der Evangelischen Akademie Tutzing vorstellte. Auch Brandt war dort. Zwar stahl Bahr mit seiner Formulierung dem Regierenden Bürgermeister die Show, lenkte aber auch die Kritik, die unmittelbar danach einsetzte, von Brandt auf sich. Von der konservativen Presse abgesehen mokierten sich vor allem die Berliner Sozialdemokraten des rechten Flügels. Der Landesvorsitzende Kurt Mattick sprach von einem »Kuckucksei«, das Bahr gelegt habe, Herbert Wehner von »Ba(h)rem Unsinn«. Auch Fritz Erler war misstrauisch. Willy distanzierte sich rein formal von Egon, wollte sich mit seinem Gedanken nicht öffentlich identifizieren. Aber er verteidigte nachdrücklich Bahrs Recht auf Diskussionsfreiheit. Diesem Muster folgte das Duo Brandt-Bahr auch in anderen, vergleichbaren Fällen. »Abwiegeln, relativieren, aber in der Sache keinen Millimeter zurück« nennt Bahr diese typische Reaktionsweise. So hielt der Regierende die Hand über alle Mitarbeiter, die möglicherweise unvorsichtig, aber ganz in seinem Sinn agiert hatten.

Wenngleich die positive Faszination, die von den USA ausging, auf Brandt stärker wirkte als auf Bahr, blickte Ersterer keineswegs unkritisch auf *Gods Own Country*. Die Skepsis wuchs im Laufe der siebziger und achtziger Jahre, und zwar erheblich. Bahr wiederum ließ sich nicht von Ressentiments leiten. In Henry Kissinger, dem einflussreichen amerikanischen Sicherheitsberater von US-Präsident Nixon, fand er einen kongenialen transatlantischen Partner. Mit dem imperialen Realisten Kissinger, der die Interessen anderer nüchtern registrierte und respektierte (sofern es sich um etablierte Mächte handelte), kam Bahr besser zurecht als mit jenen US-Vertretern, die zwar ein universalistisches Freiheitspathos vor sich hertrugen, aber hinter dieser Fassade letztlich auch die eigenen wirtschaftlichen und strategischen Interessen der Vereinigten Staaten verfolgten.

Brandt und Bahr war seit der frühen Nachkriegszeit klar, dass die Lösung der deutschen Frage nur als gesamteuropäischer Prozess eine Chance hätte. Das galt vor allem mit Blick auf die Sicherheitsstruktur des Kontinents. Und gesamteuropäisch hieß hier: zusammen mit der Sowjetunion. Die Beziehungen zu diesem gigantischen Block mussten neu gestaltet werden. Denn die UdSSR stand gleichsam in vier Hauptrollen auf der Bühne: als Supermacht, als Besatzungsmacht, als DDR-Garantiemacht und als mittelbarer europäischer Nachbarstaat Deutschlands. Hier lag die neue zentrale außenpolitische Aufgabe.

Wie schon bedeutende Staatsmänner vor ihnen waren Willy Brandt und Egon Bahr intellektuell und emotional beeindruckt von dem Riesenreich im Osten, von dem man trotz Ostforschung, »Kremlastrologie« und der wechselhaften deutsch-russischen Geschichte viel zu wenig wusste. So stellte man schnell fest, dass auch der oberste Herrscher aller Russen seit 1964, der KPdSU-Parteichef Leonid Breschnew, nicht frei schalten und walten konnte. Er hatte in der Tat Rücksicht zu nehmen auf die begrenzten Machtressourcen der UdSSR, auch auf verschiedene Apparate und Fraktionen. Denn auch die Sowjetunion kannte einen militärisch-industriellen Komplex mit beträchtlichem Eigengewicht. Und außerdem war es ja nicht so, dass Breschnew sich von morgens bis abends mit Deutschland beschäftigt hätte. Wie mein Vater mir einmal erläuterte, widmete er vielleicht zehn Prozent seiner Arbeitszeit der Außenpolitik – und davon wiederum nur einen begrenzten Anteil der Bundesrepublik. Umso wichtiger war es für Brandt, dass der

Kontakt zu den »richtigen« Experten auf der anderen Seite reibungslos verlief. Mit Bahr hatte er dafür den idealen Mann an der Hand, einen verschwiegenen Fuchs und wahren Artisten der Politik heimlicher Informationskanäle.

Als die SPD Ende 1966 in der Großen Koalition Juniorpartner der regierenden CDU wurde und Brandt das Außenministerium erhielt, machte er sein *Alter ego* Bahr zuerst zum Botschafter für besondere Aufgaben, dann zum Leiter des Planungsstabes im Auswärtigen Amt – ein Posten, der Egon Bahr wie auf den Leib geschneidert war. Diese gemeinsame Zeit war ungemein wertvoll, auch wenn, oder gerade weil man noch nicht zum Zuge kam mit den neuen Überlegungen: Sie konnten sich einarbeiten, lernten den osteuropäischen Partner kennen und hatten die Ruhe, ihre Instrumente und Argumente zu schärfen. Eine Zeit des Anlaufnehmens. Mit der sozialliberalen Regierungsbildung 1969 trug diese Phase ihr Früchte.

Egon Bahr ging bei seinen Planungen davon aus, dass spätestens seit 1964 jedwede Politik, die auf die direkte Wiedervereinigung Deutschlands ausgerichtet war, chancenlos sei. Damals unterzeichneten die UdSSR und die DDR einen langfristigen Freundschaftsvertrag. Außerdem wurden 1967/68 eine eigene DDR-Staatsbürgerschaft und die Visumspflicht für Transitreisende eingeführt. Fazit: Wir müssen neue Wege gehen, wir müssen begreifen, dass die DDR real existiert und lange noch real existieren wird. In einer Denkschrift hatte Bahr 1966 seine Motivation auf den Punkt gebracht: »Die geschichtliche Wiedergutmachung der deutschen Vergangenheit kann nur erfolgen, wenn Deutschland sich selbst verwirklicht. Dieser Aufgabe kann man nicht ungestraft ausweichen, sie bedeutet nur äußerlich die Wiederherstellung eines deutschen Nationalstaats. In Wirklichkeit ist diese Aufgabe gleichbedeutend damit, die Mitte Europas gesunden zu lassen und damit dem Kontinent Frieden zu garantieren.«

Dieser Text war unter dem Titel »Was nun?« als Buchveröffentlichung geplant. Willy sagte Egon aber ohne Umschweife, dass er als Pressesprecher des Berliner Senats und enger Mitarbeiter des Regierenden Bürgermeisters dieses Buch nicht so veröffentlichen könne. Denkbar sei eine spätere Publikation nach gründlicher Überarbeitung durch eine spezielle Arbeitsgruppe. Daraus wurde nichts. Bahr hat den Text erst mehr als ein Vierteljahrhundert später publiziert. Mir scheint das ein Beispiel für die menschliche Nähe der beiden Männer und für das grenzenlose gegenseitige Vertrauen zu sein. Einen Autor zu bitten, ein bereits fertiges größeres Manuskript für sich zu behalten, ist keine Kleinigkeit.

Alles, was Egon Bahr in den folgenden Jahren dachte, war auf die deutsche Einheit gerichtet, alle Planspiele beschrieben Umwege, die durch die Umstände unvermeidlich schienen. Das Ziel, die Teilung Deutschlands zu überwinden, unterschied ihn nicht von seinem Freund und Förderer Willy Brandt. Aber Bahr fasste die Aufgabe stärker nationalstaatlich auf und misstraute der westeuropäischen Integration mehr als Brandt. Bahr begriff die deutsche Frage im Kern als europäisches Sicherheitsproblem. Noch 1968 favorisierte er deshalb eine gesamteuropäische Sicherheitsarchitektur anstelle der einseitigen Militärbündnisse NATO und Warschauer Pakt. Dadurch würden, so dachte er, in beiden Teilen Deutschlands zwangsläufig »starke Kräfte wirksam« werden, »die auf eine Annäherung zielen«. In einem solchen Fall sei sogar eine völkerrechtliche Anerkennung der DDR vertretbar, weil sie die deutsche Einigung nicht verhindern würde. Eine Analyse der Interessen ergab allerdings, dass eine Verwirklichung dieses Modells vermutlich an den Großmächten und den Nachbarstaaten scheitern würde.

Kurz vor der Bundestagswahl 1969 schien eine politische Kurskorrektur der Bundesrepublik immer dringlicher. Bahr meinte, das Bonner außenpolitische Ruder müsse endlich herumgerissen werden. Dies begründete er mit der Erwartung, dass die DDR bereits kurz vor dem Durchbruch zur internationalen völkerrechtlichen Anerkennung stehe. Wenn die Bundesrepublik dies ignoriere, laufe sie Gefahr, sich selbst sogar unter den Verbündeten zu isolieren. Die Grundzüge der späteren Ostverträge konnten jetzt skizziert werden. Man habe sich damals so gründlich auf das Kommende vorbereitet, meint Egon Bahr in der Rückschau, dass er bei seinen späteren Verhandlungen mit dem sowjetischen Außenminister Gromyko mit keiner einzigen Frage konfrontiert worden sei, die der Planungsstab vorher nicht bedacht hätte.

Tatsächlich ließ Bundeskanzler Willy Brandt die Ostverträge, insbesondere den Moskauer Vertrag, in den substanziellen Fragen von »seinem« Staatssekretär Egon Bahr vorbereiten und verhandeln, nicht von seinem Außenminister Walter Scheel. Das war ungewöhnlich und ein kleiner Affront. Mit Scheel, der zugleich FDP-Vorsitzender war und damit Chef des kleineren Koalitionspartners, war man jedoch immer sehr pfleglich umgegangen und tat das weiterhin. So nahm Brandt dessen leichte Irritation und die seiner Berufsdiplomaten billigend in Kauf. Für die Verhandlungen benötigte er jemanden, dem er in allen Fragen der neuen Ostpolitik hundertprozentig vertraute: persönlich, inhaltlich und methodisch. Im Kern gelang der erste Schritt zum Wandel durch Annäherung, auch wenn es Bahr sehr viel Mühe und Hartnäckigkeit kostete, in den Verträgen mit Moskau und Ost-Berlin einen Bezug zur einheitlichen deutschen Nation und zum Ziel der deutschen Einheit wenigstens indirekt unterzubringen. Bahr war in seinem Element, so wie er es auch schon bei den konzeptionellen Vorplanungen gewesen war.

Dem zweiten Kabinett Brandt gehörte Bahr als Bundesminister für besondere Aufgaben an. Die Ereignisse der Guillaume-Affäre haben Egon Bahr sehr getroffen. Denn auch für ihn persönlich stand viel auf dem Spiel. Vor allem die Zeit, in der Willy mit dem Rücktritt haderte, setzte ihm zu. Als Brandt ihm die noch nicht offizielle Entscheidung mitteilte, habe er nicht zu denen gehört, die ihn »vorgeblich oder ehrlich« umstimmen wollten. Aus »Liebe zum Freund« habe er ihm geraten, beim Rücktritt zu bleiben. Denn jetzt sei er noch Herr der Entscheidung. Andernfalls würde er gejagt und binnen Wochen zerstört werden. Er hätte keine Chance mehr.

Nach Brandts Rücktritt im Mai 1974 wurde Egon Bahr Entwicklungshilfeminister unter Helmut Schmidt. Doch die ganz große Zeit war vorüber. 1976 rekrutierte Willy Brandt, der ja weiterhin an der Spitze der SPD stand, Bahr für den Posten des Bundesgeschäftsführers der Partei. Dazu hatte der passionierte Außenpolitiker eigentlich keine Lust, und viele im Lande fragten sich, ob das für ihn, der das Innenleben der SPD weniger intim kannte als seine Vorgänger, der passende Job sei. Aber Bahr ließ sich in die Pflicht nehmen und widmete der neuen Aufgabe seine ganze Energie. Ende 1981 trat er aus Protest gegen die bevorstehende Stationierung neuer Atomraketen in Deutschland zurück. Internationale Abrüstungsfragen blieben sein Leib- und Magenthema. Und die deutsche Frage geriet ihm nie aus dem Blick.

Noch in den späten achtziger Jahren schmerzte ihn die Teilung. Doch er, der immer seine tiefe Verbundenheit mit dem ganzen deutschen Volk betont hatte, verlangte nun öffentlich, sich von den Hoffnungen, dass sich die inneren Verhältnisse der DDR grundlegend ändern könnten und sich die Teilung überwinden ließe, zu verabschieden. Wer die deutsche Frage aufwerfe, meinte er 1988 wohl mit einem Quäntchen Bitterkeit, störe die europäische Abrüstungs-, Kooperations- und Integrationsprozesse. »Auch am Ende dieser Prozesse wird es die beiden Staaten geben.« Das begründete Bahr nicht nur mit den unterschiedlichen Macht- und Systemerhaltungsinteressen der großen Mächte, sondern auch mit der Westintegration in NATO und Europäische Union.

Doch Bahr wäre nicht Bahr, gäbe es in seinen Überlegungen nicht einen Clou: Er forderte nämlich für beide deutschen Staaten einen Friedensvertrag, den es bis dato mit den Siegermächten des Zweiten Weltkriegs nicht gab. Und Bahr wusste: Eine Diskussion über Friedensverträge musste zwangsläufig alle Probleme, die Deutschland betrafen, wieder neu aufwerfen. Und die uneingeschränkte Souveränität, die beide Staaten durch einen Friedensvertrag erhielten, würde ihnen schließlich auch erlauben, ihr Zusammenleben untereinander selbst zu regeln. Von der Kuratel der Siegermächte befreit, könnten West- und Ostdeutschland immer engere, durchaus »besondere« Beziehungen knüpfen und eine avantgardistische Rolle bei der Neugestaltung der gesamteuropäischen Architektur übernehmen. Die Einheit Deutschlands sollte also ihren Weg über die Ratifizierung der Zweistaatlichkeit nehmen.

Doch es kam anders. Und es war offenkundig, dass Egon Bahr größere Mühe hatte als Willy Brandt, sich auf die Veränderungen der Szenerie im Sommer und Herbst 1989 einzustellen. Beide Männer hatten das »Neue Denken« in der sowjetischen Führung unter Michail Gorbatschow und dessen Konsequenzen, welche die Welt und Deutschland umwälzen sollten, aufmerksam registriert. Bahr blieb aber lange bei der Vorstellung, dass die Transformation des Ostblocks und der DDR nicht nur der Zustimmung der Sowjetunion, sondern auch der Beteiligung der einheimischen Elite in der DDR bedürfe. War nicht der »Wandel durch Annäherung« längst auf dem Weg? War nicht die schrittweise Annäherung der beiden Hälften Europas und der beiden deutschen Staaten längst im Gange? Der Analytiker Bahr hielt also an den Prämissen der herkömmlichen Entspannungspolitik fest. Aus diesem Blickwinkel betrachtet, wirkte die Bürgerrechtsopposition in der DDR als ein unkalkulierbarer, wenn nicht störender Faktor. Die Sorge, dass die innere emanzipatorische Entwicklung in der DDR noch einmal in eine friedensgefährdende Konfrontation der Blöcke umschlagen könnte, war auch nicht ganz von der Hand zu weisen.

Skeptisch zeigte sich Egon Bahr gegenüber der Gründung einer eigenen Sozialdemokratischen Partei (SDP) in der DDR. Auch Willy Brandt hätte ja prinzipiell ein Zusammengehen mit neuen politischen Gruppierungen *und* reformerischen SED-Kräften befürwortet, aber akzeptierte in diesem Moment schnell die Haltung der SDP-Gründer, die genau das ablehnten.

»Ich vermute«, sagte mein Vater wenige Monate vor seinem Tod, »wir werden uns zu dem bequemen müssen, was gerade der Politik nicht leicht fällt: sich Zeit nehmen, aufeinander hören, es auch an einiger Generosität nicht fehlen lassen.« Sehr viele empfanden die Einheit als Geschenk. Ich denke aber, von allen führenden Sozialdemokraten hatten Willy Brandt und Egon Bahr am wenigsten Schwierigkeiten damit, sie trotz aller historischen Bürde Deutschlands als einen natürlichen, gerechten und notwendigen Schritt zu betrachten.

Herbert Wehner

Man hat oft gefragt, worin die Unterschiede zwischen Willy Brandt und Herbert Wehner bestanden. Wir sollten aber auch fragen, wo eigentlich ihre Gemeinsamkeiten zu finden sind, denn solche Gemeinsamkeiten muss es gegeben haben zwischen Politikern, die fast drei Jahrzehnte gemeinsam an der Spitze einer Partei standen, sie erfolgreich führten und prägten.

Beide waren in der klassischen sozialistischen Arbeiterbewegung vor 1933 politisch groß geworden. Wehner entstammte dem Jahrgang 1906, Brandt dem Jahrgang 1913. In den letzten Krisenjahren der Weimarer Republik, zwischen 1929 und 1933, standen beide weit links, und beide verstanden sich als revolutionäre Sozialisten. Allerdings mit dem wesentlichen Unterschied, dass Wehner, der in seinen ganz jungen Jahren Anarchist gewesen, 1927 zum Kommunismus konvertiert war, und zwar in einer Phase, als die KPD sich vollends der Führung Stalins unterwarf. Brandt schloss sich Ende 1931 einer Linksabspaltung der SPD an, der Sozialistischen Arbeiterpartei Deutschlands (SAP). Kommunisten und Sozialdemokraten waren damals zutiefst verfeindet. Die Kommunisten bekämpften die Sozialdemokraten manchmal mit größerer Härte als die NSDAP Hitlers und beschimpften sie getreu den Moskauer Direktiven ab 1928 als »Sozialfaschisten«. Die kleine SAP, die übereifrigen Kommunisten als Partei »linker Sozialfaschisten« galt, hingegen bemühte sich, ohne die Kritik an den großen Parteien der Linken aufzugeben, ernsthaft (aber erfolglos) um ein Abwehrbündnis aller Arbeiterorganisationen gegen die NSDAP und alle rechtsautoritären Gruppierungen, die den Staat als Spielball ihrer Machtinteressen betrachteten. So standen Brandt und Wehner gewissermaßen auf einer Seite, aber in widerstreitenden Lagern.

Trotzdem – und darauf kommt es hier an – betonte Willy Brandt noch in der Nachkriegszeit und sogar angesichts der Auseinandersetzungen mit der SED in Berlin, dass die kommunistisch orientierten Arbeiter während der Jahre der Weimarer Republik bei allem Streit selbstverständlich zur großen Bewegung dazugehörten: in ihrem eigenen Verständnis wie auch in dem Verständnis der feindlichen sozialdemokratischen Brüder, die versuchten, die Kommunisten von ihrem vermeintlichen Irrweg abzubringen und zurückzugewinnen. Mir, der als Kind nur die schrille Optik des Ost-West-Konflikts kannte, versuchte der Vater etwa ein Jahr vor dem Mauerbau zu erklären: »Die einfachen Kommunisten waren radikale Sozialisten, keine Apparatschiks.«

Brandt und Wehner hatten also nicht nur beide die klassische Arbeiterbewegung erlebt. Sie lehnten – so unterschiedlich sie charakterlich gewesen sein mochten – auch beide übereinstimmend den sogenannten »Reformismus« ab, also jene Konzepte der Sozialdemokratie, die darauf ausgelegt waren, die Gesellschaft schrittweise zu verändern. Die Abkehr von der Vorstellung, eine Gesellschaft durch revolutionären Umsturz verändern zu können, stellte sich bei Willy Brandt eher schleichend ein. Das Exil in Norwegen und Schweden spielte dabei eine große Rolle. Die Anschauung des skandinavischen Wegs zeigte ihm eine Richtung, die bestimmend für ihn wurde. In Wehners Leben trat die Abkehr hingegen als harter, existenzieller Bruch zutage. Und wie bei allen wesentlichen politischen Positionswechseln, die ernsthafte Menschen im Laufe ihres Lebens vollziehen, liegen ihnen gedankenschwere Erwägungen zugrunde, wie sie diejenigen, die stets »auf der richtigen Seite« gestanden haben, in aller Regel nicht kennen. Doch Umwege können sehr lehrreich sein, auch diese Erkenntnis war Brandt und Wehner gemeinsam: Selbstgerechtigkeit macht keinen besser.

Dieses Lebensfundament, die Erziehung und Sozialisierung in der Arbeiterbewegung vor Hitler und das Engagement auf deren revolutionärem Flügel, zeichnete auch etliche andere führende Sozialdemokraten der ersten drei Nachkriegsjahrzehnte aus – Fritz Erler, Waldemar von Knoeringen und Richard Löwenthal ebenso wie Heinz Kühn, Willi Eichler oder Otto Brenner. Sie alle hatten linkssozialistischen Gruppierungen am Rande oder außerhalb der SPD angehört. Erich Ollenhauer, der Ende 1963 starb, repräsentierte demgegenüber den sozialdemokratischen Mainstream und Traditionalismus der Zeit vor 1933. Aber nur Herbert Wehner und Willy Brandt blieben am Ende übrig, gerade sie verkörperten noch dieses Erbe in einer bestimmten Weise. Keiner der anderen stand länger als für kurze Zeit an der obersten Spitze der SPD. Willy und Herbert mussten miteinander auskommen, und sie kamen recht gut miteinander aus, eine ganze Zeit jedenfalls.

Wehner förderte Brandts innerparteilichen Aufstieg, er half ihm im Mai 1962 in die Position des Stellvertretenden Vorsitzenden und im Februar 1964 in den Parteivorsitz. Er setzte sich auch für Brandt als Kanzlerkandidaten ein, nachdem Ollenhauer in der Bundestagswahl 1957 so kläglich gescheitert war. Eigene Ambitionen auf dieses Amt hatte er wohl keine. Eine Nazivergangenheit war kein Hindernis, um Kanzler zu werden in der Bundesrepublik Deutschland, eine kommunistische Vergangenheit schon. Das wusste Wehner. Deshalb machte er sich über seine Eignung keine Illusionen. Nie hat er sich in diesem Punkt eine Eitelkeit erlaubt, jedenfalls nicht vor anderen. Es ist aber nicht übertrieben, Wehner nach dem Godesberger Programmparteitag 1959 als eine Art neuen Königmacher der SPD zu sehen, der seinerseits in Brandt *die* zukunftsfähige Führungspersönlichkeit der SPD sah. Brandt und seine Stellvertreter Erler und Wehner bildeten das erste Führungstrio der SPD, gleichsam die erste »Troika«, die nach Erlers Tod von dem erfolgreichen Gespann Brandt/Wehner/Schmidt abgelöst wurde.

Die gemeinsame Herkunft aus der klassischen Arbeiterbewegung, der Widerstand gegen den Hitlerfaschismus, das Exil und die Erfahrung mit dem skandinavischen Weg schlugen sich bei Brandt und Wehner in tief verankerten gesellschaftspolitischen Grundpositionen nieder. Zwar galt die Vergesellschaftung von Naturschätzen und Produktionsmitteln seit dem Godesberger Parteitag allenfalls noch als ein mögliches politisches Instrument unter anderen Instrumenten. Doch hielt Brandt wie Wehner an der Vorstellung eines egalitären, demokratisch-sozialen Volksstaates fest, so wie beide ihn in Nordeuropa kennengelernt hatten: mit ständig verbesserten sozialen Sicherungssystemen, erweiterten Arbeitnehmerrechten und einer allseits demokratisierten Gesellschaft. Das verband sie in ihrer politischen Arbeit, in ihrer Auffassung vom Wesen eines demokratischen Deutschland und von der Rolle der deutschen Sozialdemokratie. Wenn man noch um die Mitte der siebziger Jahre SPD-Insider fragte, ob sie die politischen Differenzen zwischen den beiden benennen könnten, bekam man keine überzeugende Antwort, und das, obwohl Wehners Haltung deutlich starrer zu werden begann gegenüber den neuen sozialen Bewegungen und dann den Grünen, die sich nach 1980 aufmachten, die politische Bühne zu erobern.

Ähnliches galt sogar für die Ost- und Deutschlandpolitik. Auch hier lagen Brandt und Wehner eigentlich nahe beieinander. Beide dachten schon in den fünfziger Jahren darüber nach, wie man zum Wohle der Nation und aus humanitären Gründen die Konfrontation und Entfremdung beider Teile Deutschlands beziehungsweise Berlins mildern könnte, ohne die DDR anzuerkennen; das wäre damals indiskutabel gewesen. Und natürlich wollte man weiterhin die für unvermeidbar gehaltene ideologische Auseinandersetzung der SPD mit der SED führen.

Der sogenannte Deutschlandplan vom März 1959 war hauptsächlich ein Projekt von Wehner. Der Plan sah eine mitteleuropäische, ganz Deutschland einbeziehende Entspannungszone vor: atomwaffenfrei, paktfrei, ausgedünnte deutsche Truppen, keine ausländischen Truppen. Diesem Vorschlag für einen schrittweisen, aber verbindlichen Übergang von der Zweistaatlichkeit zur staatlichen Einheit Deutschlands, der vom SPD-Parteivorstand einstimmig gebilligt wurde, stand Brandt skeptisch gegenüber. Der Berliner Bürgermeister zweifelte angesichts der zweiten Berlinkrise, die Chruschtschow vor wenigen Monaten vom Zaun gebrochenen hatte, an der Realisierbarkeit des Plans.

Brandt war der Meinung, man solle nicht der Illusion anheimfallen, dass das Ulbricht-Regime sich selbst liquidieren würde. Als Fritz Erler und Carlo Schmid im Vorfeld eine Sondierungsreise nach Moskau unternahmen, die wenig ermutigend verlief, schien Brandt eine Veröffentlichung beziehungsweise weitere

Propagierung des Plans wenig sinnvoll. Tatsächlich spielte dieser bei der Genfer Viermächtekonferenz vom Sommer 1959 keine Rolle.

Nachdem diese letzte Karte einer eigenen sozialdemokratischen Wiedervereinigungspolitik erfolglos ausgespielt war, wurde Wehner zum entschiedenen Protagonisten einer Anpassung an die Gegebenheiten. Bis vor Kurzem hatte die SPD mit guten Gründen Adenauers Weichenstellungen in Richtung militärischer Westbindung bekämpft. Nun betonte Wehner demonstrativ die außen-, sicherheits- und deutschlandpolitischen Gemeinsamkeiten von Regierung und Opposition, von Christ- und Sozialdemokratie – als Voraussetzung späterer neuer Initiativen der SPD. Eine solche Orientierung hatte Willy Brandt aus Westberliner Sicht schon früher angeregt. Dem geläuterten Kommunisten Wehner wurde sie in der Öffentlichkeit und bei den anderen Parteien am wenigsten zugetraut. Deshalb sprach vieles dafür, gerade ihn mit dem Verkünden des neuen Kurses zu betrauen. In seiner berühmten Bundestagsrede vom 30. Juni 1960 bekannte er sich im Namen der Sozialdemokratischen Partei zu EWG und NATO als »Grundlage und Rahmen für alle Bemühungen der deutschen Außen- und Wiedervereinigungspolitik«. Durch Wehner erhielt dieser Vorgang mehr Dramatik als ihm tatsächlich innewohnte. Brandt gratulierte und dankte telegrafisch. Dieselbe Logik sorgte dafür, dass Wehner sich dann auf dem Hannoveraner Parteitag im November 1960 für die Kanzlerkandidatur Brandts einsetzte, des jeder Kungelei mit den Kommunisten unverdächtigen Berliner Frontkämpfers im Kalten Krieg. Es entsprach Wehners ureigenem Politik- und Selbstverständnis, dass er jetzt als besonders entschlossener und innerparteilich unnachgiebiger Vertreter der Gemeinsamkeit mit der CDU hervortrat. Das Angebot der SPD, nach Übereinstimmungen zu suchen, bezog sich zwar vorwiegend auf die Sicherheits-, Außen- und Deutschlandpolitik, doch es gab in den frühen und mittleren sechziger Jahren auch innenpolitische Ansatzpunkte für mehr Harmoniesuche im Verhältnis zwischen Regierung und Opposition.

Die nach dem Mauerbau in West-Berlin erdachte »Politik der kleinen Schritte« war durchaus mit Überlegungen in Einklang zu bringen, die Herbert Wehner schon früher angestellt hatte. Doch die öffentliche Diskussion über den »Wandel durch Annäherung«, den Willy Brandt und Egon Bahr am 15. Juli 1963 in Bad Tutzing als ostpolitischen Neuansatz in Spiel brachten, kam für Wehner zur Unzeit. Wohl vor allem deshalb, weil er befürchtete, sie könne dazu dienen, die SPD wieder in die Nähe der Kommunistenfreundlichkeit zu rücken. Aber in der Sache stimmte das, was Brandt und Bahr sagten, mit Wehners Sicht der Dinge weitgehend überein.

Brandt und Wehner verfügten beide über Auslandserfahrungen – am intensivsten in Nordeuropa – und über einen weiten Horizont. Beide waren auch überzeugte Europäer. Wehner kannte intim die internationale kommunistische Bewegung und die Sowjetunion, Brandt hatte in der Exilzeit Frankreich kennen gelernt und baute als Westberliner Nachkriegspolitiker intensive Kontakte in die angelsächsische Welt, namentlich die USA, auf, die Wehner lebenslang fremd blieben – eigentlich eine gute gegenseitige Ergänzung.

Doch unterschiedliche Temperamente und Herangehensweisen an die politischen Aufgaben machten ein reibungsloses Zusammenarbeiten oft schwierig. Auch scheint es schon früh gelegentliches Misstrauen gegeben zu haben hinsichtlich der Persönlichkeit und der Ambitionen des jeweils anderen. Dazu kamen Enttäuschungen und Verletzungen, hier oder dort nicht einbezogen oder im Stich gelassen worden zu sein: Beim Koalitionsstreit über die Frage, wie man auf die Aufnahme diplomatischer Beziehungen zwischen Kambodscha und der DDR im Mai 1969 reagieren sollte, ließen sich Schmidt und Wehner eigenmächtig auf einen Kompromiss mit der Union ein. Brandt seinerseits suchte in der Wahlnacht des 28. September 1969 kein Vieraugengespräch mit Wehner, sondern stellte ihn vor die vollendete Tatsache, mit Walter Scheel und der FDP eine sozialliberale Regierung zu bilden, womit Wehner seine starke Rolle, die er in der Großen Koalition mit Kiesinger und der CDU/CSU besaß, auf einen Schlag verlor, ohne um seine Meinung gefragt worden zu sein.

Nicht nur Brandt, für den das eher kennzeichnend war, bediente sich zeitweise dritter Personen, um den als psychisch anstrengend empfundenen geschäftsmäßigen Kontakt zu halten, sondern auch Wehner. Beide Protagonisten waren komplexe und komplizierte Charaktere, aber sie waren es auf ganz unterschiedliche Weise. Und wenn sich einer über den anderen ärgerte oder gar an ihm litt, waren beide nicht davor gefeit, in Klischees abzugleiten, wie sie ansonsten der politische Gegner bevorzugte: Lebemann versus Tugendbold, nachgiebiges versus autoritäres Verhalten, Selbstverwirklichung versus verklemmtes Pflichtgefühl usw.

Insgesamt, so denke ich rückblickend, war Willy Brandt wohl eher imstande, die Andersartigkeit eines Menschen innerlich zu akzeptieren und nicht nur als unvermeidlich zu dulden. Am 13. Dezember 1960 schrieb er Wehner: »Nun sind wir ja wohl einigermaßen unterschiedliche Typen. Aber wir haben, neben anderem, eine gewisse Verschlossenheit gemeinsam. Wichtig ist nur für alles, was auf uns zukommt, dass wir einander offen die Meinung sagen, wann und wo immer es notwendig werden sollte ... Du sollst wissen, dass ich den ehrlichen Willen habe, Dir offen und freundschaftlich zu begegnen.« Und Wehner antwortete am 26. Dezember: »Wenn es Dir darauf ankommt, so wirst Du in mir immer einen Genossen und Freund haben, auf den Du bauen kannst.« So hatten beide früh erkannt, woran es stets hapern und letztlich auch scheitern sollte: an der Fähigkeit zum offenen Austausch, zur zwischenmenschlichen Kritik und Selbstkritik.

Doch es kam aus ehrlichem Herzen, als Willy Brandt auf dem Karlsruher Parteitag 1964 über Wehner sagte: »Er ist uns mit seinen Kanten sehr ans Herz gewachsen.« Als Brandt am 11. Juli 1966, auf einem Empfang, den die SPD zu Wehners 60. Geburtstag ausrichtete, als einziger Gratulationsredner aus dem Stehgreif eine emotional gefärbte Ansprache hielt, war nicht nur seine Rührung, sondern auch die des Jubilars deutlich spürbar. Und als der SPD-Fraktionsvorsitzende am 21. Oktober 1969 dem frisch gewählten Bundeskanzler gratulierte, geriet der Glückwunsch zur Umarmung; beide hatten Tränen in den Augen.

In den Anfangsjahren der sozialliberalen Koalition konnte sich Bundeskanzler Willy Brandt nicht nur auf die wortmächtige Unterstützung durch SPD-Fraktionschef Wehner verlassen. Er suchte auch wiederholt und gezielt Wehners ostpolitischen Rat. Und so gab es in dieser Phase seltener Unstimmigkeiten zwischen Brandt und Wehner als zwischen Brandt/Wehner einerseits und Helmut Schmidt andererseits.

Doch nachdem im Frühjahr 1972 die SPD/FDP-Regierung das konstruktive Misstrauensvotum überstanden hatte, nachdem auch der Moskauer Vertrag unter Dach und Fach gebracht war, kühlten die Beziehungen zwischen Kanzler und Fraktionschef – man könnte auch sagen zwischen Vorsitzendem und Stellvertretendem Vorsitzenden – merklich ab. So ging Brandt beispielsweise aus Wehners Sicht zu großzügig und vorsichtig mit Karl Schiller um, dem SPD-Wirtschafts- und Finanzminister, der ausgerechnet im Wahljahr aus dem Kabinett ausschied, dann sogar aus der SPD, und unverhohlen die Opposition unterstützte. Wehner hatte das Gefühl, kaum noch konsultiert zu werden, und vermutete seine Gegner in der engeren Umgebung Brandts.

Und trotzdem: Im Sommer 1972 weilte ich gleichzeitig mit den Eltern und Bruder Matthias, sowie vorübergehend auch Ninja und ihrem Lebensgefährten Jarle in Mutters norwegischem Ferienhaus in Vangsåsen, als Herbert Wehner mit seiner Stieftochter und späteren Ehefrau Greta zu Besuch kam. Sie hatten die lange Autofahrt von der schwedischen Insel Öland nach Hedmark in Ostnorwegen unternommen. Auffällig war, dass Willy am Vormittag des Ankunftstages das Haus in einer Weise inspizierte, die man sonst nicht beobachten konnte. Er legte selbst Hand an, indem er sich anschickte, Büsche und Sträucher zu stutzen und sogar dazu überging, mit der Schere die Gräser zu schneiden, die um die Steine wuchsen, welche als Zugang zur Terrasse in den Rasen eingelassen waren. Dabei war das alles durchaus gepflegt. Vater wirkte sogar ein wenig unruhig. Offenbar sollte »Onkel Herbert« den besten Eindruck bekommen; er wurde, das war mein Eindruck, wie ein hoch respektierter, aber auch emotional geschätzter Gast empfangen.

Naturgemäß zogen sich Willy und Herbert für einige Stunden zurück, spazierten währenddessen wohl auch in den unmittelbar an das Haus anschließenden Wald. Zuvor gab es ein von Mutter Rut zubereitetes, mehrgängiges norwegisches Mittagessen, zu dem sich alle Anwesenden versammelten. Herbert Wehner war aufgeräumt und machte die für ihn charakteristischen witzigen Bemerkungen, von denen ich nur eine behalten habe, weil sie mich betraf. Als jemand freundlich stichelte, ich würde ein staatliches Amt wohl nur in der Ratskörperschaft einer Räterepublik anstreben, meinte Wehner trocken: »Ja, vermutlich als Studien*rat*.«

Im Sommer 1972 galt das Verhältnis der beiden sozialdemokratischen Führungsgestalten nach allgemeinem Urteil ja schon als beschädigt. Umso bemerkenswerter war die ausgesprochen gute Atmosphäre bei dem Treffen in Vangsåsen. Überhaupt kann ich aus meiner Wahrnehmung nicht bestätigen, dass Brandt und

Wehner überhaupt keinen persönlichen Zugang zueinander gefunden und nur notgedrungen zusammengearbeitet hätten. In der ersten Hälfte seiner Kanzlerschaft hat mein Vater mir gegenüber mehrfach und in bewegten Worten die Zuverlässigkeit und persönliche Loyalität seines Fraktionsvorsitzenden hervorgehoben.

Die Bundestagswahl im November 1972 war zwar ein grandioser Erfolg für die SPD. Aber die anschließende Regierungsbildung war der Anfang vom Ende der Kanzlerschaft Willy Brandts. Unmittelbar nach dem Wahltag musste er sich einer Operation an den Stimmbändern unterziehen. Ihm wurde eine – letztlich gutartige – Geschwulst entfernt. Ich hatte nicht den Eindruck, dass der bevorstehende Eingriff und die Unklarheit darüber, ob die Erkrankung möglicherweise bösartig sein könnte, ihn psychisch stark belasteten. Er neigte nicht zur Hypochondrie. Allerdings erlitt er während der Operation einen bedrohlichen Erstickungsanfall, den er trotz Narkose wahrnahm. Dazu kamen die Erschöpfung vom Wahlkampf und ein zweiwöchiges Sprechverbot. Zunächst durfte er nur kurz flüstern und schriftlich kommunizieren. Das strikte Rauchverbot der Ärzte – eine Art Entziehungskur bei voller beruflicher Leistung – strapazierte die Nerven des jahrzehntelangen Kettenrauchers bis zum Zerreißen. Den Ratschlag der Ärzte, bei Unwohlsein durch den Entzug doch Aspirintabletten einzunehmen, empfand er als Hohn. Die Familie erlebte den Vater jedenfalls in einer Übellaunigkeit wie niemals zuvor und danach.

Mein Vater war der Meinung, seine wichtigsten Verbündeten Wehner und Schmidt hätten die Richtlinien, die er für die Koalitionsverhandlungen handschriftlich formuliert hatte, missachtet, als er im Krankenhaus lag. Der Eindruck ist nicht ganz von der Hand zu weisen. Wehner will den Zettel in seiner Aktentasche vergessen haben. Besonders eindeutig war das Brandt'sche Papier übrigens nicht. Wie dem auch sei, Brandt hatte das Gefühl, künftig ein »Kabinett Schmidt–Genscher« leiten zu sollen, wie er zu Hause klagte, und meinte: »Ich weiß nicht, ob ich unter diesen Umständen noch Bundeskanzler sein will.« Das war kurz nach dem größten Wahlsieg der SPD und seinem persönlichen Triumph! Meine Mutter antwortete, seine Position sei zum gegebenen Zeitpunkt so stark, dass er es wagen könne, alles über den Haufen zu werfen. Doch einen solchen Schritt zu tun, war er aus den genannten Gründen jetzt weniger denn je imstande, und so begann die zweite Amtsperiode mit tiefer Frustration und Groll gegen Wehner und Schmidt.

Ausgerechnet auf dem Feld der Deutschland- und Ostpolitik entwickele sich im Lauf des Jahres 1973 ein sachlicher oder besser: methodischer Dissens zwischen Herbert Wehner und Willy Brandt. Direkt fühlte sich Wehner von Egon Bahr gereizt. Beide hatten in den Vorjahren jeweils spezielle geheime »Kanäle« nach Ost-Berlin beziehungsweise Moskau installiert, über die sie wichtige Informationen informell liefern und empfangen konnten, schwierige Dinge ohne viel Aufhebens und Mitwisserschaften erklären und heikle Fragen einer Lösung näher führen konnten. Wehners Kanal ging über den Ostberliner Rechtsanwalt Wolfgang Vogel direkt zu Erich Honecker und diente vor allem humanitären Zwecken wie dem Freikauf von DDR-Häftlingen. Diese Praxis, die alle Bundesregierungen seit 1963 übten, wollte Egon Bahr durch ein weniger anrüchiges Verfahren ersetzen, während Wehner, der sich über Jahre sehr intensiv um schwierige Fälle kümmerte, den Verlust eines unentbehrlichen Instruments für die Regelung von Notfällen befürchtete.

Als Herbert Wehner am 30./31. Mai 1973 in Berlin-Pankow und in der Schorfheide Erich Honecker besuchte, den er aus seiner kommunistischen Zeit noch gut kannte, ging es daneben um mehr: Das Land Bayern hatte vor dem Bundesverfassungsgericht gegen den deutsch-deutschen Grundlagenvertrag geklagt, und Wehner wollte um Vertrauen für die sozialdemokratische Entspannungspolitik werben und die zwischenstaatlichen Beziehungen durch eine direkte Verbindung zur Nummer eins der DDR voranbringen. Aber die beinahe konspirative Vorbereitung und Durchführung der Reise mit dem privaten PKW von Wehner und der Umstand, dass das DDR-Fernsehen sie öffentlich machte, setzte für eine misstrauische Öffentlichkeit ein Fragezeichen hinter die wirklichen Motive der Zusammenkunft. Wehner hatte zur Abfederung eventueller Kritik den Vorsitzenden der FDP-Bundestagsfraktion, Wolfgang Mischnick, zu einem späteren Zeitpunkt zu dem Gespräch mit Honecker dazu gebeten, und er erstattete hinterher in Bonn eingehend Bericht.

Dass die Nachrichtendienste an der Existenz beider »Kanäle« beteiligt waren, war sicher anzunehmen und erhöhte ihren Wert, auch wenn die Interessenlagen nicht immer übereinstimmten – nicht nur zwischen Moskau und Ost-Berlin, sondern auch innerhalb der beiden Machtapparate. Manipulationsversuche mussten einberechnet werden. So ist bekannt, dass der Kreml die DDR warnte, sich allzu weit an die Bundesrepublik anzunähern, während er Bonn gegenüber den ostdeutschen Bündnispartner zur selben Zeit als Entspannungsbremse darstellte.

Das Gebot »Moskau zuerst« war bei der Aushandlung aller Verträge mit Moskau, Warschau, Prag und Ost-Berlin konsequent befolgt worden. Das bedeutete aber nicht, dass der Schlüssel zur Milderung und schließlich zur Aufhebung der deutschen Teilung weiterhin allein in Moskau zu suchen war. Darüber war man sich in der Sozialdemokratie und im Regierungslager einig. Allerdings gab es einen deutlichen Akzentunterschied: Herbert Wehner wollte die DDR gegenüber der UdSSR stärken und sie so ermutigen, mehr Entgegenkommen bei deutsch-deutschen Gesprächen und Vereinbarungen sowie mehr Liberalität im Innern des Staates zu zeigen. Er warnte vor symbolischen Akten wie der Ansiedlung des Umweltamtes des Bundes in West-Berlin, die die Belastbarkeit der Ostverträge und das vierseitige Berlin-Abkommen auf eine harte Probe stellen würden. Insgesamt trieb Wehner die Sorge um, man könnte versäumen, die Verträge zügig mit Leben zu erfüllen. Aber man hörte ihn nicht. Seine Kritik, die er in Deutschland öffentlich geäußert hatte, verhallte ohne Resonanz. So nutzte er die Moskau-Reise einer Bundestagsdelegation Ende September 1973, um das vermeintliche Treibenlassen der Ostpolitik und die Person des Bundeskanzlers in einer Weise zu attackieren, die dieser als Provokation empfinden musste und die zweifellos auch so gemeint war. Vergröberte, verkürzte und sogar erfundene Zitate Wehners – neben authentischen, die beleidigend genug waren – wurden von mitreisenden Journalisten in die Bundesrepublik transportiert, ergänzt um gezielte, inzwischen als Desinformationen nachgewiesene, vertrauliche Mitteilungen aus KGB-Kreisen über Wehners angebliche Ausfälle gegen Brandt bei Gesprächen mit dem ZK-Sekretär der KPdSU für Internationale Angelegenheiten, Boris Ponomarjow.

Willy Brandt erfuhr von Wehners tatsächlichen und angeblichen Angriffen auf einer USA-Reise, wo er unter anderem vor der Vollversammlung der Vereinten Nationen eine große Rede anlässlich des UNO-Beitritts der Bundesrepublik (und der DDR) hielt. Wie sollte er reagieren? Brandt wusste, dass es die SPD zu zerreißen drohte, wenn er die Machtfrage stellte. Und wenn er verlangte, Wehner als Vorsitzenden der Bundestagsfraktion abzulösen, dann war das die Machtfrage. »Die Partei liebt beide gleichermaßen«, hieß es aus seinem Umfeld. Das wurde Brandt auch noch einmal deutlich gemacht, als der SPD-Vorstand gegen den Rat seines Vorsitzenden eine Resolution annahm, die Wehners Position in der Sache eher unterstützte als zurückwies.

In zwei langen, vom Genuss etlicher Rotweinflaschen begleiteten abendlichen Unterredungen – zumindest eine davon hatte Rut Brandt durch Einwirken auf ihren Mann angeregt – kamen Brandt und Wehner dahin, es noch einmal miteinander zu versuchen. Wehner hatte wohl diesen Wunsch geäußert. Tatsächlich registrierten die Sozialdemokraten in der Folgezeit einen fast demonstrativen Schulterschluss des Vorsitzenden und des Fraktionschefs, wobei offenbar auch das Motiv eine Rolle spielte, fälschlich angenommene Ansprüche Helmut Schmidts auf das Kanzleramt abzuwehren. Man darf daran zweifeln, ob das erneute Zweckbündnis ohne die Guillaume-Affäre lange gehalten hätte, zumal sich beide Beteiligten weiterhin mit Gedanken trugen, den anderen jeweils fortzuloben oder abzulösen – Brandt hätte ja in der Nachfolge Gustav Heinemanns Bundespräsident und Wehner schon 1972/73 Bundestagspräsident werden können. Immerhin verbietet es diese konstruktive Zwischenphase, eine allzu gerade Linie vom Moskauer Eklat zum Kanzlerrücktritt zu ziehen.

Der vorläufig letzte Akt des Dramas ist schon sehr oft geschildert worden. In Wirklichkeit weiß niemand, was in dem berühmten Vieraugengespräch in Bad Münstereifel am Abend des 4. Mai 1974, das dem Kanzlerrücktritt unmittelbar vorausging, tatsächlich zwischen Brandt und Wehner besprochen wurde. Es ist glaubhaft, dass Herbert Wehner dem Kanzler Unterstützung zusicherte, wie immer seine Entscheidung ausfiele, aber nicht davon abriet zurückzutreten – während Willy Brandt gerade eine solche Aussage als Rückendeckung benötigt hätte. Aber selbst das ist Spekulation. Jedenfalls war das Verhältnis der beiden alten Kämpen seitdem nicht mehr reparabel. Allerdings arbeiteten sie unter Zurückstellung persönlicher Ressentiments und Verletzungen noch mehr als acht Jahre zusammen. Willy Brandt glaubte bis zu seinem Tod, er sei von Herbert Wehner im Zusammenspiel mit Ost-Berlin gestürzt worden; diese Annahme ist aber weder beweisbar noch plausibel.

Als jemand, der bei den Falken politisch sozialisiert worden war, also in einer Gruppierung, die zum linken Flügel der Berliner SPD gehörte, hatte Herbert Wehner bei mir den Nimbus des Apparat-Mannes, der in den frühen sechziger Jahren mit allen rhetorischen und statuarischen Möglichkeiten die Opposition gegen die Wende von 1959/60 niedergeschlagen hatte. Gewiss war mir, wie auch meinen politischen Freunden und Lehrmeistern, klar, dass Wehner im Wesentlichen nur exekutierte, was die Parteispitze insgesamt durchsetzen wollte. Es gehörte zudem seit jeher zu Wehners politischem Rollenverständnis, alle möglichen Pfeile auf sich zu ziehen. Zum bösen Geist der SPD-Führung schien er sich deshalb nicht nur für Außenstehende besonders gut zu eignen. Eine gewisse Unduldsamkeit gegenüber anderen Positionen, wenn sie seine Kreise störten, und eine nicht übermäßig stark ausgeprägte Neigung zur Entscheidungsfindung in offener Diskussion, vielleicht zur Diskussion überhaupt, kamen hinzu.

Aber von meinem Vater habe ich, soweit ich mich erinnern kann, bis 1973 kein negatives Wort über Herbert Wehner gehört, während er mehrfach sehr freundlich über ihn sprach. Er verbot sich und anderen jedes Urteil über diejenige Lebensperiode Wehners, in der der junge KPD-Funktionär in den dreißiger Jahren, von Terror und politischen Säuberungen bedroht, im Moskauer Hotel Lux wohnte – einem Gebäude, aus dem niemand unschuldig wieder auszog.

Ganz spezielle Empfindungen entwickelte meine Mutter für Wehner, die ihn mehrfach als Besucher in der Berliner Marinesiedlung empfangen, zusammen mit Willy auf Öland besucht und ihn dort im Kreis seiner Angehörigen und Nachbarn erlebt hatte. Mit weiblicher Intuition erspürte sie die weichen Seiten dieses nach außen so harten Mannes, mit dem sie über die einfachsten Dinge sprechen konnte – bis hin zu der effektivsten Methode, das Spül-

becken blank zu scheuern. Rut pflegte zu sagen: »Wenn Herbert
Schwedisch spricht, wird er herzlich und milde.«

Helmut Schmidt

Als 1946 der Sozialistische Deutsche Studentenbund (SDS) gegründet wurde und den Hamburger Studenten der Volkswirt-
schaftslehre Helmut Schmidt zum Vorsitzenden wählte, da dominierten noch ausrangierte Soldaten- und Offiziersmäntel der
Wehrmacht die Kleiderordnung. Es war exakt jenes Milieu und
jene »normale« jüngere Generation, auf die Willy Brandt ab-
hob, als er forderte, die SPD solle sich für »unsere geschundene
Jugend« öffnen, die im Deutschland Hitlers groß geworden war.
Willy, aus dem Exil zurückgekehrend, war nur fünf Jahre älter als
Helmut. Aber ihre Lebenswege trennten Welten.

Schmidt hatte acht Jahre seines Lebens in der Armee zuge-
bracht, zuletzt im Rang eines Leutnants. Die Wehrmacht hatte er
als Ort menschlicher Anständigkeit und einer gewissen Distanz
zur NS-Ideologie erlebte. Zugleich bot sie, ähnlich wie bei Egon
Bahr, Schutz davor, dass Fragen nach einem jüdischen Groß-
elternteil gestellt wurden. Obwohl Schmidt zunehmend Zweifel
an der Legitimität der Diktatur und damit auch des »Führers«
beschlichen, habe er sich verpflichtet gefühlt, als Soldat seinen
Dienst bis zum bitteren Ende zu leisten. Zum Sozialdemokraten
sei er unter dem Einfluss älterer Kameraden im britischen Kriegs-
gefangenenlager geworden. »Prädisponiert« seien viele Soldaten
für den Sozialismus gewesen, meinte er noch Jahrzehnte später.
Als der sowjetische Staats- und Parteichef Leonid Breschnew 1973
zum privaten Abendessen bei Bundeskanzler Brandt war und
pauschal und barsch über die »faschistischen Invasoren« herge-
zogen sei, habe Schmidt ihm widersprochen, ohne die Verbrechen

der Deutschen in Russland im Geringsten zu leugnen. Er erzählte schlicht von den Nöten der einfachen Landser. Dieses Gespräch habe, so meinte Schmidt, eine Basis gegenseitigen Respekts und Verstehens geschaffen.

Der junge Leutnant Schmidt gehörte also zu denen, die der ebenfalls noch junge Willy Brandt in ihrem schwierigen Schicksal verstand und für die SPD gewinnen wollte. Aber umgekehrt verstand der Hamburger auch den Weg des Berliners, und er begriff die Botschaft von Brandt als persönliche Aufforderung, inneren Frieden zu schließen. Das zeigt sich daran, dass er ihn in den frühen sechziger Jahren vehement gegen die Diffamierungen des politischen Gegners verteidigte und sagte: »Hier spricht ein Mann, der die Kraft hat, das deutsche Volk mit sich selbst zu versöhnen«, während Adenauer und seine Leute spalteten.

Ich selbst durfte Helmut Schmidt ein einziges Mal ausführlicher erleben, als ich meinen Vater 1965 zu einer SPD-Kundgebung in Berlin begleitete. Nicht ohne Grund hatte man dem Energiebündel den Spitznamen »Schmidt-Schnauze« verliehen. Auffallend war die Unbekümmertheit und Direktheit, mit der Schmidt über die große Politik wie über Dinge des Alltags sprach. Das war wirklich ein anderer Typ als mein Vater! Damals befremdete mich, dass Schmidt in der Versammlung erst die Uneinigkeit der liberal-konservativen Bonner Koalition unter Ludwig Erhard kritisierte und dann öffentlich dem linken Bezirksstadtrat Harry Ristock vorhielt, die SPD sei eine »moderne Partei«. Das sollten sich Ristock und Co. merken. Ich kannte Harry als ehemaligen Vorsitzenden der Berliner Falken, schätzte ihn menschlich und fühlte mich verpflichtet, ihn auf der Rückfahrt zu verteidigen. In höflichen Worten wies ich Schmidt auf die Illoyalität seiner Attacke hin. Er fuhr mir Sechzehnjährigem nicht über den Mund, sondern verteidigte sich. Jedes Mal, wenn er in Berlin sei, höre er Klagen über Ristock. Er bedauerte und meinte, dass das vielleicht doch keine gute Idee gewesen sei. Bemerkenswerterweise näherten sich Schmidt und Ristock in den siebziger Jahren vor allem menschlich so weit an, dass sie regelrecht Freundschaft schlossen. Auch Willy Brandt mochte inzwischen den jovialen, hochanständigen Ostpreußen. Mitte der achtziger Jahre besuchten wir zusammen eines seiner legendären Kleingartenfeste. Ein klein wenig scheint das sichtbare Einvernehmen Schmidts und Ristocks Willy Brandt doch irritiert zu haben. Er sagte einmal zu mir (es dürfte in dieser Zeit gewesen sein): »Wenn Harry links ist, dann bin ich ultralinks.«

Helmut Schmidt war mir ein Begriff, seit mein Vater in der Familie bewundernd und voller Stolz berichtet hatte, wie sein Parteifreund durch beherrschtes und umsichtiges Handeln während der großen Hamburger Flut im Februar 1962 der Stadt und ihren Menschen einen unschätzbaren Dienst erwiesen hatte. Schmidt hatte stillschweigend vorausgesetzt, dass es sich um einen außergesetzlichen Notstand handelte, als Innensenator der Hansestadt das Kommando übernommen und eigenmächtig Bundeswehrtruppen angefordert. Es darf als sicher gelten, dass es ohne Schmidts Beherztheit und Tatkraft deutlich mehr als die 287 Toten gegeben hätte. Schmidt seinerseits bewunderte Brandts überzeugende Führungskraft in der zweiten Berlinkrise und in den Tagen nach dem Mauerbau. Möglicherweise war dies der Maßstab, an dem er Brandts Verhalten in späteren Jahren und Situationen beurteilte.

Willy Brandt und Helmut Schmidt gehörten seit 1949 beziehungsweise 1953 der Bundesfraktion der SPD an, ohne näheren Arbeitskontakt zu haben. Beide saßen seit 1958 im Parteivorstand. Der eine wurde seit der Wahl zum Berliner Regierenden Bürgermeister Oktober 1957 bundesweit wahrgenommen, der andere machte sich durch die äußerst scharfe, polemische Rede bekannt, die er am 22. März 1958 im Bundestag gegen die geplante Bewaffnung der Bundeswehr mit taktischen Atomwaffen hielt.

Mitte der sechziger Jahre schienen Brandt und Schmidt politisch nahezu vollständig übereinzustimmen. Ihre Vorstellungen über die »Modernisierung« der SPD, über Außen- und Sicherheitspolitik, aber auch über die Erfordernisse einer Notstandsgesetzgebung, lagen ganz dicht beieinander. Von der Ökonomie verstand Schmidt ohnehin mehr. Seine offenkundig hohe Intelligenz, seine vielseitigen Begabungen und sein Durchsetzungsvermögen qualifizierten ihn zu etlichen politischen Ämtern.

Mit Julius Leber (Lübecks führendem SPD-Politiker der zwanziger und frühen dreißiger Jahre und Mitverschwörer des 20. Juli 1944), sowie Ernst Reuter (dem Berliner Oberbürgermeister während der Blockade West-Berlins) nahmen sich Brandt und Schmidt denselben Politikertypus zum Vorbild: charismatisch, führungsstark und nicht zu innerparteilicher Konformität neigend. Schmidt hielt Willy Brandt in diesen frühen Jahren für den optimalen SPD-Repräsentanten. 1959 und dann noch einmal 1965 bot er Willy in recht langen Briefen offen die persönliche Freundschaft an. In den meist knapperen Antworten wies Brandt ihn nicht zurück. Der Umworbene ging aber auch nicht auf das Angebot ein, was fraglos eine Enttäuschung für den virilen Schmidt war, dem es nicht leicht gefallen sein dürfte, sich soweit aus dem Fenster zu lehnen. Schmidt vermutete später, Brandt habe vor der Nähe dieser Freundschaft zurückgeschreckt, weil er in seiner Einsamkeit gefangen gewesen sei und Sorge gehabt hätte »von Leuten ausgenutzt zu werden, die ihm zu nahe kommen.«

Erste haarfeine Risse im beiderseitigen Verhältnis zeigten sich 1968, als Schmidt Brandts vorsichtiges Vorgehen bei der innerparteilichen Positionsfindung und der Verabschiedung der Notstandsgesetze für schädlich hielt und sich selbst mit seiner vorbehaltloser befürwortenden Einstellung unzureichend unterstützt sah. Es war der Höhepunkt der Außerparlamentarischen Opposition von links. Es gab nicht nur Druck auf die SPD. Die APO wirkte auch in sie hinein. Völlig unverständlich war Schmidt – seit März 1968 stellvertretender SPD-Vorsitzender –, mit welcher vermeintlichen Nachgiebigkeit Teile der Parteispitze, namentlich Willy Brandt, auf die Protestbewegung reagierten. Aus seiner Sicht wäre es angebracht gewesen, sich klar und unzweideutig abzugrenzen, wie später auch gegenüber den neuen sozialen Bewegungen. Im Großen und Ganzen hielt er die sogenannten Achtundsechziger für Idealisten, Theoretisierer im schlechten Sinn, für Menschen ohne wirkliche Lebenserfahrung, für Schaumschläger, die nicht viel mehr konnten, als Resolutionen und Programme zu produzieren.

Die Auseinandersetzung wollte er auch mit Argumenten führen, auf dem gebotenen intellektuellen Niveau, aber ohne jeden Anschein von Fraternisierung. 1975 bekannte er sich in einem anspruchsvollen Aufsatzband zum kritischen Rationalismus Karl Poppers. Knapp ein Jahrzehnt, nachdem die SPD mit dem Godesberger Programm von 1959 zu einer modernen Volkspartei nach seinem Geschmack geworden war, sorgte er sich darum, dass bereits die nächste Transformation beginnen könnte, die die Handlungsfreiheit, Regierungsfähigkeit und Wahlchancen seiner Partei ernsthaft beeinträchtigen würde. Willy machte er zum Vorwurf, er wolle »die Partei weniger führen als durch sich darstellen und repräsentieren«. Gleichzeitig war ihm aber klar, dass er, der als Exponent des rechten Flügels galt, die SPD nicht zusammenhalten könnte. Auch deshalb bat er Brandt bei dessen Rücktritt vom Kanzleramt, SPD-Vorsitzender zu bleiben. In anderen Situationen hielt er es hingegen für einen seiner großen Fehler, nicht selbst den Vorsitz der Partei angestrebt zu haben, und teilte dies, wie es seine Art ist, Willy Brandt freimütig mit.

Am Wahlabend des 28. September 1969 neigte der SPD-Fraktionschef Schmidt, ähnlich wie Herbert Wehner, zu einer Fortsetzung der Großen Koalition. Als Brandt dann vorpreschte, musste er das wohl oder übel hinnehmen. Er ließ sich dann zwar als Verteidigungs-, dann Finanz- und Wirtschaftsminister ins erste Kabinett Brandts einbinden, doch schon bald gab es Spannungen mit dem Kanzler. Wo Brandt um Geduld und »freundschaftliche Kooperation« bat, mahnte der Minister an, stärker in die Entscheidungen einbezogen zu werden, wünschte sich sogar mehr Offenheit und direkte Kritik vom Parteifreund. Nachdem er den »Pfau« Karl Schiller losgeworden war, dem er in Sachfragen öfters Paroli bot, gelang es Schmidt nach der fulminanten Willy-Wahl von 1972, seinen machtpolitischen und intellektuellen Rivalen Horst Ehmke im Zuge der Regierungsbildung als Chef des Kanzleramts zu verdrängen: zwei hochintelligente, sehr selbstbewusste, forsche Energiebolzen. Seine Mitwirkung hatte Schmidt an die Bedingung geknüpft, Ehmke müsse auf den Posten des Forschungsministers wechseln. Dass er dem zugestimmt hat, sah Brandt nachträglich als schweren Fehler an.

In den über acht Jahren, in denen er selbst Kanzler war, fühlte Schmidt sich vom Parteivorsitzenden nur unzureichend unterstützt. Immerhin erzielten beide Stimmengleichstand (je 407) bei der Wahl zum Vorsitzenden beziehungsweise zum Stellvertreter auf dem Parteitag 1975. Das zeigte, dass die Delegierten keine Polarisierung wünschten. Zwei Jahre zuvor hatte Schmidt wesentlich schlechter abgeschnitten. Willy Brandt meinte, er hätte auch nach dem Ende seiner sozialliberalen Regierungszeit alles getan, was in seiner Macht stand, um dem Kanzler den Rücken frei zu halten – bis zur »Selbstverleugnung«, wie er Helmut Schmidt am 11. Oktober 1982 schrieb. »Auch erhebliche Bedenken in dieser oder jener Frage« hätten ihn nicht daran gehindert, »dem Bundeskanzler zur möglichst breiten Unterstützung seiner Partei zu verhelfen.« Vor allem nach 1980 empfand er die Gefahr, dass die Partei auseinanderdriften könnte, sehr real. Sie zusammenzuhalten in ihrer Breite, war für ihn eine Aufgabe – die Arbeitsfähigkeit der Regie-

rung zu sichern, eine andere. Doch erstere war mindestens gleich-
rangig, vielleicht sogar vorrangig für ihn.

Bei der Terrorismusbekämpfung in den siebziger Jahren lassen sich die Positionen kaum oder nicht unterscheiden, jedenfalls nicht so, dass Schmidt eine »harte« und Brandt eine »weiche« Linie verfolgt hätte. In Brandts Amtszeit als Bundeskanzler
fiel das Debakel um die misslungene Befreiung der israelischen
Sportlergeiseln während der Olympischen Spiele, aber auch die
Festnahme der führenden RAF-Mitglieder. 1975 gab Schmidt den
Entführern des Berliner CDU-Politikers Peter Lorenz nach und
veranlasste dessen Austausch gegen diverse Inhaftierte. Mehrere
Mordanschläge später gab er sich dann unnachgiebig, so bei der
Entführung des Arbeitgeberpräsidenten Hanns Martin Schleyer
im Herbst 1977. Die geglückte Befreiung der Lufthansamaschine
»Landshut« in Mogadischu durfte er seinem Konto gutschreiben
(die »Hinrichtung« Schleyers folgte allerdings auf dem Fuß). Im
überparteilichen Krisenstab gab es, wie nach und nach durch-
sickerte, auch teilweise abenteuerliche Vorschläge, etwa stand-
rechtliche Erschießungen. Doch stammten sie nicht von sozialdemokratischen Politikern. Diese waren sich durchgehend einig,
dass die Bekämpfung des Terrorismus zwar entschieden geführt
werden müsse, aber nur mit rechtsstaatlichen Mitteln.

In militärstrategischen Fragen erkannte Willy Brandt Schmidts
Überlegenheit stets an und suchte seinen Rat. In sein »Schattenka-
binett« nahm er ihn deshalb schon 1965 als Verteidigungsminis-
teraspiranten auf. Beide Männer galten um 1960 als überzeugte
Atlantiker. Auch in der Regierungszeit der SPD verließ sich Willy
Brandt lange auf die Kenntnisse und die analytischen Fähigkeiten
Schmidts, der überdies eine Art des personifizierten Garanten der
westdeutschen NATO-Treue darstellte, vor allem in seinen Jahren
als Verteidigungsminister (1969–1972) und, noch mehr, als Bundeskanzler ab 1974. Nach der Ratifizierung der Ostverträge und

der KSZE-Akte stellte Schmidt klar, der »nun in Gang gekommene Prozess der Entspannung in Europa hat nicht die Auflösung der Blöcke, der beiden militärischen Bündnissysteme zum Ziele. Im Gegenteil.« Nur auf der Basis eines europäischen und globalen Gleichgewichts könnten die Verständigung und Zusammenarbeit zwischen Ost und West vorankommen. Schon die Regierung Brandt hatte immer wieder ausdrücklich darauf hingewiesen, wie notwendig die »Erhaltung des militärischen Gleichgewichts« als »Prämisse« ihrer Ostpolitik und die »Koppelung von Sicherheit und Entspannung« seien. Die Regierung Schmidt hob den »realistischen« Charakter ihrer Entspannungspolitik hervor. Tatsächlich forcierte der Warschauer Pakt in den siebziger Jahren seine Aufrüstungsbemühungen weiter; aber auch die NATO ließ hier keinesfalls nach, vergrößerte im qualitativen Bereich sogar den Abstand zwischen West und Ost.

In einem Gespräch mit dem Parteivorsitzenden Brandt, das im Vorfeld der Bundestagswahl 1976 veröffentlicht wurde, stellte Schmidt fest, der Westen müsse die sowjetische Politik, die seit 1945 hauptsächlich auf die Konsolidierung ihres Herrschaftsbereichs gerichtet sei, »ohne Illusionen« zur Kenntnis nehmen. Die Atlantische Allianz dürfe nicht zulassen, dass ihre Verteidigungsfähigkeit in Zweifel gezogen werde. Die steigende sowjetische Präsenz auf den Weltmeeren benötige »eine entsprechende Antwort«. Brandt seinerseits betonte, »dass der Prozess der Entspannung, der Zusammenarbeit mindestens für Europa unrevidierbar gemacht werden muss«. Der deutsch-sowjetische Vertrag von 1970 sei »Ausdruck einer prinzipiellen Politik, die auf lange Fristen angelegt ist«. Die Konzentration von Waffen und Truppen im Zentrum Europas gebiete, »ohne unsere Bündnispflichten zu vernachlässigen«, eine Politik, »die ein Zurück zum Kalten Krieg ausscheidet«. Alles in allem handelte es sich somit nicht um einen grundsätzlichen Meinungsunterschied zwischen Schmidt und Brandt. Doch die Akzente wurden erkennbar anders gesetzt.

Dem untergründigen Ringen zwischen Helmut Schmidt und Willy Brandt während der Stationierungsdebatte haftete etwas Tragisches an. Denn die abweichenden Positionen und Neigungen wurden von ganz ähnlichen Motiven gespeist: von der Sorge um den Weltfrieden angesichts einer Verschärfung der internationalen Spannungen (Afghanistan-Invasion der UdSSR, Massenprotest, sowjetische Invasionsgefahr und Kriegsrecht in Polen, amerikanische Hochrüstungsprogramme und Kalte-Kriegs-Rhetorik unter der Präsidentschaft Ronald Reagans). Hinzu kam die Furcht, dass die technisch mögliche Begrenzbarkeit eines eventuellen atomaren Kriegs auf Mitteleuropa seine Wahrscheinlichkeit erhöhte. Schon am 22. März 1958 hatte Helmut Schmidt gewarnt, ein atomarer Krieg würde »Deutschland von der Landkarte ausradieren.«

Es klingt absurd und doch logisch, dass sowohl Kanzler Brandt als auch Kanzler Schmidt insgeheim entschlossen waren, im Ernstfall rasch die Weiße Fahne zu hissen. Spätestens nach dem ersten Einschlag einer taktischen Atomwaffe des Gegners hätten sie die deutschen Einheiten angewiesen, die Einsatzbefehle der Amerikaner zum Abschuss ihrer Lance-Raketen zu verweigern. Denn es wäre zerstört worden, was verteidigt werden sollte. Ähnlich dachten übrigens führende Generäle der Bundeswehr. Atomwaffen waren somit ausschließlich politische Waffen.

Helmut Schmidt entdeckte eine »Raketenlücke« im Abschreckungsarsenal der NATO, als die Sowjetunion gegen Ende der siebziger Jahre ihre alten Mittelstreckenraketen durch die moderneren, mit großer Reichweite und Mehrfachsprengköpfen versehenen SS 20 ersetzte. Er fürchtete eine militärische Abkoppelung der USA von Europa und regte eine adäquate Antwort des Westens an. Hauptsächlich ging es ihm aber darum, die »eurostrategischen« und auch die konventionellen Streitkräfte in die Rüstungsbegrenzungsverhandlungen der Supermächte einzubeziehen. Nur unter dieser Prämisse war Brandt der Versuch überhaupt möglich, die gegenläufigen Linien der Bundesregierung und der sich ausbreitenden Friedensbewegung auszugleichen. Denn die NATO hatte im Dezember 1979 zwar beschlossen zu verhandeln, aber, falls man nicht weiterkäme, Cruise-Missiles und Pershing-II-Raketen vier Jahre danach zu stationieren.

Die innerparteilichen Kritiker des NATO-Doppelbeschlusses, allen voran Erhard Eppler und Oskar Lafontaine sowie die Arbeitsgemeinschaften der Frauen und Jungsozialisten, nahmen an den Aktivitäten der Friedensbewegung in vorderster Linie teil. Bei Helmut Schmidt und den Sozialdemokraten des rechten Flügels stieß das natürlich auf Ablehnung. Willy Brandt und die Angehörigen der linken Mitte wie Egon Bahr, Horst Ehmke und Peter Glotz, der ab 1981 Bundesgeschäftsführer war, aber auch Karsten Voigt, ehemals Juso-Vorstandsmitglied seit 1969 und Sicherheitsexperte, bemühten sich um einen Dialog mit der Friedensbewegung. Dabei verteidigten sie weiterhin den sozialdemokratischen Parteibeschluss von 1979, weil sie fanden, dass er, unter Betonung der Verhandlungskomponente, der aussichtsreichste Weg zur Nulllösung im Mittelstreckenbereich sei.

Im Juni 1981 fuhr Willy Brandt in der Hoffnung nach Moskau, die Frontstellungen in Bewegung bringen zu können. Er wurde zwar mit größter Liebenswürdigkeit empfangen, kehrte aber mit keinen substanziellen Angeboten zurück. In den USA der Reagan-Ära hatten offensive Überlegungen Konjunktur. Die »Nachrüstung« in Europa bildete dabei ein Kernelement, und Militärexperten dachten laut über die Gewinnbarkeit selbst von Atomkriegen nach. In der UdSSR blieben Kräfte einflussreich, die meinten, die Stationierung der neuen NATO-Raketen ohne echte eigene Zugeständnisse verhindern zu können. Brandts Auffassung war nicht idealistisch oder weltfremd, sondern speiste sich aus einer gesunden Skepsis gegenüber beiden Supermächten. Eine solche Skepsis war ja auch Schmidt nicht fremd. Eine Schwäche von Brandts Position bestand jedoch darin, dass er sich auf die immanente strategische Logik der Kontroverse nicht einließ. Nicht nur die Befürworter der Stationierung, sondern auch eine Reihe professioneller Sicherheitsexperten im Lager der Friedensbewegung, die auf die Präzision der neuen NATO-Raketen und ihre Reichweite bis in die UdSSR hinein abhoben, stellten ihre jeweilige Argumentation gerade darauf ab.

Der latente Streit zwischen Kanzler und SPD-Vorsitzendem spitzte sich im Herbst 1981 zu. Damals riefen 55 sozialdemokratische Bundestagsabgeordnete zu einer Großkundgebung der Friedensbewegung im Bonner Hofgarten am 10. Oktober auf, zu der auch Erhard Eppler als Redner angekündigt war. In einem Brief verlangte Schmidt »dringlich« von Willy Brandt, er solle Eppler auffordern, seine Teilnahme abzusagen. Das lehnte Brandt ab. Er wisse nicht, wie verbindlich Epplers Zusage sei, sprich: Er wollte ihm das nicht ausreden. Man solle in der Parteispitze demnächst »in aller Ruhe« über die Angelegenheit sprechen.

Als die beiden Supermächte Ende November 1981 in Genf Verhandlungen über die atomaren Mittelstreckenwaffen aufnahmen, fühlte sich die SPD insgesamt bestätigt. Möglichkeiten, die Verhandlungen zu beeinflussen, hatte die Bundesrepublik angesichts der mangelnden Kompromissbereitschaft der beiden beteiligten Regierungen – vor allem der USA, wie man heute weiß – jedoch nicht. Eine Verhandlungslösung kam nicht zustande. Und so wuchs in der SPD – auch in den höheren Parteigremien – ständig die Zahl der offenen oder heimlichen Gegner der »Nachrüstung«. Man könnte auch sagen, um im Bild zu bleiben: Schmidts Bataillone schwanden, Brandts Truppen wuchsen.

Auf dem Münchener Parteitag im Frühjahr 1982 folgte die SPD noch einmal halbherzig Helmut Schmidt. Er hatte sein politisches Schicksal mit der Nachrüstungsfrage verknüpft. Der Leitantrag wurde unter Vorsitz Egon Bahrs erarbeitet und stellte fest, die Genfer Verhandlungen müssten zu einer »Verminderung der Europa bedrohenden Mittelstreckenwaffen« führen. Ergänzend wurden Anträge von Parteigliederungen aufgenommen, insbesondere das Ziel eines »atomwaffenfreien Europa«. Faktisch stand die Partei mit ihrem Vorsitzenden mehrheitlich gegen den Kanzler. Wie zu erwarten, wurde die Stationierung von der SPD alsbald abgelehnt. Der Auftritt des Parteivorsitzenden Brandt bei der Kundgebung gegen die bevorstehende Stationierung am 22. Oktober 1983 im Bonner Hofgarten nahm das Nein der SPD bereits vorweg, aber da hatte die SPD die Regierungsmacht schon verloren.

Die offenkundige inhaltliche Kontroverse zwischen Brandt und Schmidt zu Beginn der achtziger Jahre änderte indessen nichts am hohen Respekt, den der SPD-Parteivorsitzende für »seinen« Kanzler hegte. Schmidt hatte eine angegriffene Gesundheit, er schonte sich aber nicht, die Arbeitsbelastung war enorm, sein Pflichtethos auch. Was Oskar Lafontaine 1982 im »Stern« über Kanzler Schmidt und seine angebliche Fixierung auf Sekundärtugenden zum Besten gab, entsprach nicht der Sicht von Willy Brandt. Sein Problem war aber, dass das verärgerte Schmidt-Lager ihm gern alles zurechnete, was seine sogenannten »Enkel« und Anhänger sagten, schrieben und taten: manchmal zu Recht, manchmal zu Unrecht.

Der Bruch der beiden sozialdemokratischen Spitzenleute schien zunächst unheilbar. Doch mit der Zeit wurde die Stimmung etwas versöhnlicher. Die Wende von 1989/90 ließ keine neuen Differenzen entstehen – im Gegenteil. Gelegentlich sprachen die beiden Grand Old Men sogar wieder ausführlich miteinander, und als Willy Brandt todkrank darniederlag, besuchte ihn Helmut Schmidt in Unkel. Sie schieden als Freunde. Brandt und Schmidt waren mit sich und dem jeweils anderen im Reinen. Ein Rest an Meinungsverschiedenheiten blieb zurück, störte aber schon lange nicht mehr: *They agreed to disagree*. In einem Brief vom 17. Juni 1992, wenige Monate vor Brandts Tod, beschwor Schmidt die »Freundschaft« und »Solidarität« zwischen »Männern, die aus gleichen Gründen für die gleiche Sache gekämpft haben – und die sich heute insgeheim darüber freuen dürfen, dass sie im Vergleich zu heutigen ihren Dienst nicht schlecht geleistet haben.«

Mensch und Werk

D ass mein Vater im kleinen, auch familiären Kreis manche seiner Parteigenossen beziehungsweise Kollegen gelegentlich als »Arschlöcher« oder Ähnliches bezeichnete, hatte nicht allzu viel zu bedeuten. Es war seine Art, Dampf abzulassen, der er im persönlichen Zusammentreffen meist kontrolliert und wenig konfliktfreudig war. Diese, sagen wir ruhig: Konfliktscheu war keine Konfliktunfähigkeit. Sie hatte nichts mit physischer oder moralischer Feigheit, nicht einmal mit Ängstlichkeit zu tun. Dafür gibt es zu viele Belege für Mut in wirklich riskanten Situationen. Eher fehlte ihm wohl jener Automatismus, der impulsivere und seelisch robustere Naturen dazu bringt, sich ohne lange Überlegung auf die Hinterbeine zu stellen und die eigenen Interessen oder Meinungen zu verteidigen. Man hatte den Eindruck, dass ihm manchmal erst im Nachhinein klar wurde, wie er bestimmte Situationen erlebte. Daher die manchmal kurios wirkenden »Kosenamen« für durchaus geschätzte Menschen in seinem Umfeld.

Als er – es mag 1962 gewesen sein – den von den Kindern geliebten Patenonkel Günter Klein, einige Jahre Senator für Bundesangelegenheiten und ein wirklicher Freund der Familie, gegenüber Senatsrat Horst Korber in unserem Beisein aus irgendeinem Anlass als »Verrückten« bezeichnete, stellte meine Mutter ihn offenbar zur Rede und veranlasste ihn, sich bei den Söhnen quasi zu entschuldigen: Das sei nicht so gemeint gewesen (was sicher stimmte), und so weiter. Das war auch für uns Kinder durchaus zu begreifen.

Schwerer zu verstehen war eine Äußerung, die mein Vater einmal – übrigens nicht im Zustand der Erregung – mir gegenüber machte. Es dürfte ebenfalls in den frühen, vielleicht mittleren sechziger Jahren gewesen sein. Er kam auf die Hetzkampagne zu sprechen, die Hermann Fischer, ein Politiker der von der FDP abgespaltenen FVP und ehemaliger Senator im »Montags-Echo« 1957 gegen ihn geführt hatte. Mein Vater meinte, er wäre mehrfach drauf und dran gewesen, Fischer von der Empore des Rathauses Schöneberg zu stoßen, wo das Abgeordnetenhaus und die Stadtregierung saßen. Auf meine entsetzte Replik, dann wäre er doch in Gefängnis gekommen, meinte er, das wäre ihm dann egal gewesen.

Natürlich ist es kein Zufall, dass das nicht geschah. Die Sicherungen funktionierten. Die meisten Gewaltverbrechen bleiben in der Vorstellung stecken. Bemerkenswert ist hier das Bedürfnis des Vaters, der sein Herz ansonsten nicht gerade auf der Zunge trug, dem allenfalls jugendlichen Sohn von dem Orkan zu erzählen, der gelegentlich in seinem Innern tobte. Die Unmöglichkeit, sich adäquat gegen Verleumdungen zu wehren, rief ein Gefühl der aggressiven Hilflosigkeit hervor, das viele Menschen kennen werden. Heute kann ich den Wunsch, jemanden vom Geländer zu stürzen, nicht nur einordnen, sondern auch nachvollziehen.

Die Verleumdungen des »Montags-Echos«, gegen die er sich erfolgreich vor Gericht wehrte – ein Redakteur bekam am Ende sogar eine Gefängnisstrafe –, waren nur das Vorspiel zu dem, was in den Bundestagswahlkämpfen der sechziger Jahre folgte. Wenn er klagte, bekam er, mit erheblicher Zeitverzögerung, meist Recht. Da sich seine Feinde nicht darauf beschränkten, Stimmung zu machen, sondern ihre Vorwürfe darüber hinaus ins Abwegige, teils Absurde verlängerten, der Titel seines Buches »Verbrecher und andere Deutsche« in »Deutsche und andere Verbrecher« verdreht wurde, gaben sie dem Opfer Gelegenheit, gerichtliche Unterlassungen zu erzwingen. Doch nicht alle ehrabschneidenden Publikationen waren so gestrickt, dass sie juristisch angreifbar waren, und vieles wurde anonym oder über Flüsterpropaganda unter die Leute gebracht. Objektiv kann man feststellen, dass die Kampagnen, die auf die persönliche Integrität meines Vaters zielten, nicht wirksam genug waren, den kontinuierlichen Stimmenzuwachs der SPD zwischen 1961 und 1972 zu verhindern.

Die Wahl 1965 wurde vom Spitzenkandidaten trotzdem als Niederlage empfunden, weil die SPD im Allgemeinen – und Willy Brandt im Besonderen – ein noch wesentlich besseres Ergebnis erwartet hatte. Unter dieser Prämisse einer subjektiven Niederlage wird verständlich, dass Brandt persönliche Attacken so schwer nahm. Sie waren für einen Mann seiner charakterlichen Disposition in der Tat von kaum zu überbietender Perfidie. Das Gefühl, das Maß des Erträglichen sei überschritten, verband sich 1965 mit der physischen und psychischen Erschöpfung nach einem fordernden Wahlkampf und mit dem Eindruck, die Vergangenheit des Kandidaten beziehungsweise deren propagandistische Ausschlachtung habe die SPD den Sieg gekostet. Besonders bitter musste für ihn sein, wie wenig Verständnis man seinem für den Normaldeutschen ungewöhnlichen Lebensweg entgegenbrachte, jedenfalls im Lager des politischen Gegners, wo er doch seinerseits voller Verständnis für die im »Dritten Reich« angepassten oder fehlgeleiteten Altersgenossen war. Meine Mutter bekam einiges von den Verletzungen mit, die erbarmungslose Kontrahenten ihm zufügten – wir Söhne so gut wie nichts.

Das Dilemma bestand in Folgendem: Selbst ohne Verdrehung der Wahrheit war es kaum möglich, dem bundesdeutschen Wahlvolk der sechziger Jahre die biografischen Abläufe und Entscheidungen der ersten dreieinhalb Jahrzehnte im Leben von Willy

Brandt zu vermitteln, jedenfalls nicht so, dass nicht weitere Missverständnisse entstanden wären. Denn um Brandts Wege und Umwege einordnen zu können, waren komplexe Kenntnisse zum Beispiel über die deutsche Linke im Exil und über Spanien in den dreißiger Jahren erforderlich. Unmöglich, dies einem breiteren Publikum nahe zu bringen. Erst in der veränderten politischen Atmosphäre der siebziger Jahre und, mehr noch, der achtziger Jahre konnte er darauf hoffen, dass erforderliche Erläuterungen und Differenzierungen auf positive Resonanz stoßen würden. Als zu seinem 75. Geburtstag Ende 1988 ein von Heinrich Breloer erstellter biografischer Dokumentarfilm im Fernsehen ausgestrahlt wurde, bekam mein Vater viele Briefe, darunter auch von früheren Verächtern, die Abbitte leisten wollten. Er erzählte mir von dem Schreiben eines etwa gleichaltrigen Mannes, der während der NS-Zeit in der SA gewesen war und geradezu um Vergebung gebeten hätte für die unbegründete Abneigung in den Nachkriegsjahrzehnten. »Wenn ich das alles gewusst hätte ...« Solche späten Zuwendungen haben Vater gut getan.

Im Hinblick auf die Zerbrechlichkeit und Vergänglichkeit des menschlichen Lebens war er Fatalist. Über den Tod und die Gefährdung des eigenen Lebens dachte er wenig nach. »Wenn's passiert, dann passiert's«, war seine Devise. Anders als Kanzler vor ihm nahm er keinen Arzt auf seinen Reisen mit. Zu seinem Glück besaß er eine stabile Konstitution, und er wäre nie auf die Idee gekommen, seinen reichlich ungesunden Lebenswandel zu ändern (Kettenraucher über Jahrzehnte, starker Konsument jeder Art von Alkoholika, allerdings kein Suchttrinker, Bewegungsmuffel, außer im Urlaub, zunehmend übergewichtig, meist wenig Schlaf und ständige Reisen, auch über die Grenze der Zeit- und Klimazonen hinweg): Erst als die Ärzte ihm die Pistole auf die Brust setzten, wie es mehrfach geschah, reagierte er. Seine dritte Ehefrau Brigitte vermochte mit liebevoller Strenge, das Ruder herumzureißen. Ich bin überzeugt, dass sie ihm auf diese Weise etliche – gute – Jahre geschenkt hat.

Die meisten einschlägigen Autoren sind sich einig, dass Willy Brandt unter »Depressionen« litt, die regelmäßig im Herbst aufgetreten seien. Damit hat man ein Muster, mit dem man alles Mögliche »erklären« kann. Zunächst einmal wäre zu unterscheiden zwischen Depression im medizinischen Sinn als einer ernsten Krankheit, die bis zur Handlungsunfähigkeit lähmt – da kann man aber nicht einen der anstrengendsten Jobs der Republik machen – und dem, was der Volksmund Depression nennt: eine zwischenzeitliche depressive Verstimmung, die subjektiv durchaus gravierend sein mag. Auch eine gewisse Neigung zur Melancholie kommt infrage. Für beides – ohne Krankheitswert im eigentlichen Sinn – gibt es zahlreiche Indizien. Die beiden letzten Ehefrauen berichten übereinstimmend von herbstlichen Rückzügen aus der Welt ins eigene Innere. Ich meinerseits kann das für die Berliner Zeit nicht bestätigen, obwohl ich den Tatbestand nicht bestreiten möchte. Horst Ehmkes vielfach überlieferte, sicherlich auch wahre Geschichte von des Kanzlers tagelanger Abkapselung, die Ehmke mit dem Ruf: »Aufstehen, Willy, wir müssen regieren!« durchbrochen habe, ist so einprägsam und passend für das Klischee, dass sie inzwischen ein Eigenleben gewonnen hat und nur noch schwer zu relativieren ist.

Mein Vater war seit seiner Kindheit ein einsamer und in mancher Hinsicht scheuer, gewissermaßen unbehauster und auch verletzlicher Mensch, den seine »mecklenburgische Schwermütigkeit« davor bewahrte, tatsächlich depressiv zu werden (dabei bedauerte er, dass ich diesen Schutzschild bei ähnlichem Naturell nicht mitbekommen hätte). Wenn er sich in kleinerer oder größerer Runde gut gelaunt, ja ausgelassen und fröhlich zeigte, dann war das nicht aufgesetzt, sondern eine andere Seite seiner Persönlichkeit, die meistens gar keine sehr kräftigen Anstöße brauchte, um nach außen zu treten. Er lachte wirklich gern und liebte es, Witze zu erzählen – seine Witwe brachte die Sammlung 2001 heraus, die er selbst noch zu publizieren vorhatte. Der Vortrag der Lieblingswitze, die die Zuhörer oft schon kannten, wenn sie zum persönlichen Umfeld gehörten, ging in der Regel in seinem brüllend-glucksenden Gelächter unter, und das Auditorium amüsierte sich statt über die Pointe hauptsächlich über den Erzähler, dessen Vergnügen jedes Mal ungeschmälert groß war.

Als ob die Depressionsarie noch überboten werden sollte, ist im Gestus sicheren Wissens vielfach behauptet worden, dass sich Willy Brandt auf dem Tiefpunkt der Guillaume-Affäre mit Suizidabsichten getragen habe. Natürlich kann ich das nicht mit absoluter Sicherheit dementieren, gehe aber bis zum Beweis des Gegenteils von der Haltlosigkeit solcher Vermutungen aus. Von dem Entwurf eines Abschiedsbriefs an die Familie ist mir niemals etwas bekannt geworden; auch meine Mutter hat in den mehr als drei Jahrzehnten, die sie noch lebte, keine Andeutung dieser Art gemacht. Für denkbar halte ich Anflüge von Demoralisierung, etwa beim Besuch auf Helgoland am 1. Mai 1974, wo er vom Felsen in einen realen Abgrund blickte. Er wäre nicht der Einzige, der in einer Situation der Verzweiflung gedanklich und verbal mit dem Freitod gespielt hätte. Eine ernste Absicht zum Selbstmord passt indessen einfach nicht zu seiner Persönlichkeit und zu seinem Selbstbild. Oft hatte er mir mit Beispielen aus seinem Leben davon erzählt, wie scheinbar ausweglose Situationen doch noch eine gute Wendung genommen hätten oder zumindest in ein erträgliches Stadium übergegangen wären. Außerdem legte er durchaus Wert auf sein Ansehen in der Mit- und Nachwelt, das im Falle des Suizids automatisch schweren Schaden genommen hätte.

Mir war persönlich der Rücktritt übrigens gar nicht unlieb. Sohn des Bundeskanzlers zu sein, empfand ich, insbesondere im Hinblick auf mein eigenes politisches Engagement, als belastend. Aber während der kritischen Tage Anfang Mai 1974 dachte ich natürlich nicht an meine Befindlichkeit, sondern an die Seelenqualen des Vaters (und der Mutter). Viel bekam ich nicht mit. Vater und ich sprachen erst wieder miteinander, als er kurz nach dem Rücktritt in Berlin war und erstaunlich stabil wirkte – gelernt ist gelernt. Hätte er mich gefragt, hätte ich ihm denselben Rat gegeben wie sein Freund Egon Bahr, nämlich sich von dem Amt zu trennen, solange er Herr des Verfahrens war. Man hätte ihn von allen Seiten fertiggemacht, ohne dass er eine Chance gehabt hätte, und am Ende wäre doch nichts anderes übrig geblieben als ein Rückzug unter erheblich schlechteren und entehrenden Umständen.

Ich ging am Nachmittag des 6. Mai 1974, des Rücktrittstages, zu der von Berliner Sozialdemokraten spontan einberufenen Kundgebung der Solidarität mit dem Politiker und Menschen Willy Brandt. Dort traf ich etliche Bekannte, die links von der SPD standen und mit Willy Brandt indirekt so manchen Strauß ausgefochten hatten. In dieser Stunde waren sie ebenso zur Stelle wie ich ...

Ich behaupte, ohne den relativ souveränen Rücktritt vom Kanzleramt hätte Willy Brandt die folgende Stufe seiner politischen Laufbahn mit dem Vorsitz der Sozialistischen Internationale und der Nord-Süd-Kommission nicht erreichen können, ganz abgesehen davon, ob Helmut Schmidt, wie viele, auch linke Sozialdemokraten meinten, in der 1973/74 einsetzenden Phase weltwirtschaftlicher Turbulenzen der »passendere« Regierungschef war. Man könnte das offizielle Rücktrittsschreiben zur Abwechslung auch einmal ernst nehmen, in dem das Haupt der Regierung die Verantwortung für Fehler und Versäumnisse im Zusammenhang mit der Spionageaffäre übernahm. Verantwortung bedeutete auch hier nicht persönliche Schuld, sondern ergab sich schlicht aus dem Amt, insbesondere weil von den höheren Chargen niemand sonst den Kopf hinhalten wollte oder wegen des Koalitionsfriedens nicht dazu gedrängt werden durfte. Insofern kann man nur sagen: Es wird viel zu selten zurückgetreten (womit nicht die häufigen, eher reflexartigen Forderungen an den jeweiligen politischen Gegner gemeint sind).

Willy Brandt und die Frauen ist ein Thema, das die Phantasie vieler Journalisten und Autoren beschäftigt hat und das man nicht ganz aussparen kann. Dreimal verheiratet, zwei ernsthafte außereheliche Beziehungen, das ist unumstritten. Gewiss: Er hatte eine erotische Ausstrahlung auf Frauen, war ein Charmeur und genoss es, dass Frauen seine Gegenwart offenbar als angenehm empfanden – bei welchem Mann wäre das anders? Das insbesondere während der Guillaume-Affäre kolportierte Bild eines hemmungs- und skrupellosen Schürzenjägers passt jedoch nicht zu seiner Persönlichkeit und zu seiner inneren Einstellung zu Frauen, die er schon von Kindheit an als stark und eigenständig erlebte. In der Sozialistischen Arbeiterjugend waren die Mädchen ebenbürtige Partnerinnen der Jungen, wie im Privaten seine Lebensgefährtin Gertrud Meyer. Auch die Ehefrauen und die Geliebten entsprachen *cum grano salis* diesem Muster. Dazu kommt, dass zumindest in zwei Fällen Journalistinnen, denen eine Affäre mit Brandt angedichtet worden war, weil sie sich einige Zeit abends in seinem Hotelzimmer aufgehalten hatten, das Zusammensein glaubwürdig als intensives Gespräch geschildert haben. Das sind alles nur Indizien, und ausschließen kann ich bisher unbekannte Affären mit Frauen nicht. Doch viel glaubwürdiger kommt mir Horst Ehmkes Einschätzung aus den späten siebziger Jahren vor, der zufolge Freund Willy ein eher romantisches Verhältnis zum weiblichen Geschlecht gehabt hätte. Frauen seien für ihn bei aller Gleichwertigkeit und selbstverständlichen Gleichberechtigung geheimnisvolle menschliche Wesen einer anderen Kategorie gewesen – nicht nur im Körperlichen. Wage ich mich zu weit auf fremdes Terrain vor, wenn ich vermute, dass er bei den Frauen lebenslang Geborgenheit suchte, auch wenn er über weite Strecken seines erwachsenen Lebens durch sein Verhalten wie sein Nichtverhalten selbst dazu beitrug, sie nicht zu finden? Nicht der einzige Mensch in seinem Widerspruch ...

Vieles erklärt sich aus der unbehausten Kindheit und dem Zwang, ungewöhnlich früh allein zurechtkommen zu müssen. Der ungeschminkten Erwähnung wert ist es trotzdem. Er behandelte Menschen wie Menschen und war sicherlich ein Menschenfreund. Dass er Mitarbeiter aus Lust oder nur aus schlechter Laune getriezt oder geduckt hätte, kann man sich schlechterdings nicht vorstellen. Allerdings war es durchaus kein Vergnügen, in seiner Nähe zu sein, wenn ihm eine »Laus über die Leber gelaufen« und die Stimmung im Keller war. Da konnte er sogar einschüchternd wirken. Bis heute frage ich mich, ob seine vielfach überlieferte emotionale Gehemmtheit auch eine gewisse Empathiebeschränkung einschloss. Wie konnte er im konkreten Fall die Tochter von Luise und Heinrich Albertz, Regine, bei einem Kinderfest hilflos neben sich sitzen lassen, ohne wenigstens den Versuch zu machen, mit ihr eine Unterhaltung anzufangen? Es drängt sich der Verdacht auf, dass er, abgesehen von der zweifellos vorhandenen Scheu, so etwas einfach nicht wichtig genug nahm. Aber vielleicht wäre es ja für das Mädchen wichtig gewesen, den Landesvater als väterlichen Freund zu erleben. Zu diesem Unvermögen und wohl auch mangelnden Bemühen gehörte eine gewisse Laxheit im Umgang mit dem Nächsten. Die Grenze zwischen dem Respekt vor jedem einzelnen Mitmenschen und der Nonchalance im zwischenmenschlichen Bereich war fließend.

Ob Willy Brandt unter dem auf ihn gerichteten Projektionen auch gelitten hat? Es musste ihm klar sein, dass diese zwar einen realen Kern seines Wesens berührten, aber zum größeren Teil, wie es in der Natur von Projektionen liegt, mit den Erwartungen und Sehnsüchten der Bewunderer zu tun hatten. Er verkörperte, ohne zu schauspielern, ein breites Repertoire von Merkmalen, die nicht allen, aber vielen Mitmenschen Anhaltspunkte boten. Sein politisches Credo eines »Sowohl-als-auch« hätte zugleich als Beschreibung für seine Persönlichkeit dienen können. Das große »Und« machte ihn zum idealen Repräsentanten einer breit gefächerten Sozialdemokratie in einer bestimmten Periode – bescheiden *und* selbstbewusst, versöhnend *und* kämpferisch, individualistisch *und* sich der Gemeinschaft einordnend, freiheitlich *und* egalitär, patriotisch *und* kosmopolitisch. Er konnte Menschen unterschiedlicher Auffassungen für sich einnehmen, indem er ihnen das Gefühl gab, sie zu verstehen und ihre Anliegen aufzunehmen, ob es sich, um einen Kreis von Betriebsräten und gewerkschaftlichen Vertrauensleuten oder um eine Runde von Wissenschaftlern handelte. Auch wenn er die »Quadratur des Kreisky«, wie er sich ausdrückte, nicht ganz so perfekt beherrschte wie sein österreichisches Pendant, kam er ihr doch ziemlich nahe: nämlich so reden zu können, »dass ein Universitätsprofessor es noch akzeptierte und ein Bauhilfsarbeiter es noch verstand«.

Auch in Einzelgesprächen konnte Brandt gewinnend sein. So vermochte er manchen einflussreichen Menschen jenseits der Sozialdemokratie und des linken Liberalismus politisch zu neutralisieren. Das funktionierte aber nur, weil er sich nicht verstellen, sondern einfach die eine oder andere Facette seines Verhaltens- und Meinungsspektrums etwas stärker betonen musste. Von dem Landwirtschaftsminister Josef Ertl, der extra ins Kabinett aufgenommen worden war, um den rechten, nationalliberalen Flügel der FDP einzubinden, erzählte er mir halb amüsiert, halb mit Genugtuung: »Der hält mich für einen ›nationalen‹ Mann und lässt nichts mehr auf mich kommen.«

Es gab Fehleinschätzungen Willy Brandts, die unausrottbar waren. Dazu gehörte die Vorstellung, ein Politiker wie er könnte kein fleißiger Aktenleser sein. Aus der engeren Umgebung wurde dem stets nachdrücklich widersprochen. Auch meine eigene Erinnerung beinhaltet eher die gegenteilige Wahrnehmung. Nicht besser steht es mit dem Etikett des von der alltäglichen Realität Entrückten (»Willy Wolke«), das insbesondere Peter Glotz aus seiner Zeit als Bundesgeschäftsführer der SPD in den achtziger Jahren scharf zurückgewiesen hat: Brandt sei unbedingt Realist gewesen, und das Visionäre, mit dem er seine Anhänger fesselte, ein ergänzender, kein ersetzender Teil des Spektrums seiner Möglichkeiten.

Horst Ehmke sagte einmal halb spöttisch zu mir, wenn die Menschen aus einer Versammlung kämen, in der Willy Brandt der Hauptredner war, trügen sie den Vorsatz mit hinaus, bessere Menschen zu werden. Er konnte ungeheure Emotionen entfesseln – es kam vor, dass ihm das selbst unheimlich wurde, wenn etwa 1972 in den Wahlkampfarenen der SPD-Hochburgen Tausende und Abertausende vor Begeisterung buchstäblich tobten. Und gewiss spielte er auch bewusst auf dieser Klaviatur. Dabei vermittelte er den Zuhörern das Gefühl, einem aufrichtigen und authentischen Menschen zu begegnen, was er sicher in hohem Maß auch war. Unzutreffend scheint mir aber das immer wieder zu lesende Urteil, Willy Brandt, der durchaus starke Emotionen spürte, hätte sich vorwiegend von diesen Emotionen leiten lassen. Die wichtigen Entscheidungen, sofern nicht in einer akuten Gefahrensituation blitzschnell aus dem Instinkt reagiert werden musste, fielen rational abwägend.

Manche der »Schwächen« von Brandt lassen sich auch als Stärken verstehen. Sie hatten zu tun mit einer gewissen Distanz zur eigenen Person, die ihn davor bewahrte, sich allzu wichtig zu nehmen. Vor allem bedeutete sie, andere Menschen in ihrer Unterschiedlichkeit, insbesondere in der Unterschiedlichkeit der weltanschaulich-religiösen Orientierung, der Wertentscheidungen und der politischen Auffassungen voll und ganz zu respektieren – in einem Maß, wie ich es ansonsten selten erlebt habe. Mein Vater berichtete mir etwa von der üblichen Wahlkampfkundgebung der

SPD in Berlin am Vorabend der Bundestagswahl 1972, die von Angehörigen maoistisch-kommunistischer Gruppen massiv gestört wurde. »Wir mussten die natürlich rausschaffen. Aber ich habe in unglaublich gute Gesichter geblickt.« Diese Fähigkeit, Abstand zu nehmen, die Ambivalenzen des Daseins nicht nur als belastend zu empfinden, den Schwebezustand eigener Empfindungen auszuhalten, zeugte von einer großen inneren Gelassenheit und Souveränität. Dass das für einen Berufspolitiker nicht nur von Vorteil war, liegt auf der Hand. Die ausgeprägte Nachdenklichkeit, die Zweifel und gelegentlichen (allerdings nicht übermäßig starken) Selbstzweifel sowie das Zaudern in unklaren Situationen bremsten und benachteiligten ihn vielleicht manchmal gegenüber Menschen, die vieles Wesentliche gar nicht wahrnahmen, aber völlig mit sich im Einklang waren oder sich das suggerierten.

Doch auch das Bild des Kunktators, des notorischen Zauderers, passt nicht. Mit großer Hartnäckigkeit und Ausdauer kämpfte er seit jungen Jahren um politische Positionen, auch um persönliche Machtpositionen. Zweimal trat er vergeblich an, um in den Bundesvorstand der SPD gewählt zu werden, bevor es ihm 1958, da war er immerhin schon Regierender Bürgermeister und SPD-Landesvorsitzender in Berlin, mit einem keineswegs überragenden Wahlergebnis glückte. Vor allem das Scheitern 1956 erlebte er als schwere Zurücksetzung und Kränkung. Das hielt ihn nicht davon ab, bei nächster – parteiintern allerdings günstigerer – Gelegenheit erneut anzutreten. Die im Hickhack der Auseinandersetzungen empfangenen Wunden gingen nie so tief, dass er sich nicht wieder auf dem Schlachtfeld erhoben hätte.

Auch persönliche Feindschaften, die ihm eigentlich fremd und widerwärtig waren, nahm er in Kauf, wenn auf der anderen Seite jemand stand, der die Differenzen partout auf dieser Ebene austragen wollte. Er litt darunter, wenn er keine Möglichkeit hatte, zu eventuellen Vorwürfen Stellung zu nehmen, sich wenigstens zur

Wehr zu setzen. Da konnte auch Hass aufkommen und – häufiger – Verachtung für menschliche Kleinlichkeit und Kleinheit der Seelen. Wenn er sich über jemanden ärgerte oder sich im Stich gelassen fühlte, konnte Willy Brandt im kleinen Kreis drohen: »Das kriegt er wieder.« Ich zweifele, ob er das jemals so praktiziert hat. Sein Bedürfnis, sich zu rächen, gar den anderen zu demütigen, war erfreulicherweise unterentwickelt.

Obwohl er sich schwer anderen Menschen öffnete und, sofern er es doch tat, nur wenigen Menschen öffnete und psychologisch eher ein Eremit war, schätzte er die Gemeinschaft der Gesinnungsgenossen, die für ihn eine große emotionale Bedeutung hatte. Noch wichtiger waren die engeren, manchmal informellen Kreise, die er um sich scharte, nachdem er mit Ernst Reuters Tod politisch endgültig »erwachsen« geworden war. Historisch am wirksamsten wurde wohl die Berliner Rathausrunde der Jahre ab 1961. Das eingehende, ungehemmte Gespräch zwischen Menschen, die sich vertrauten und mochten, war ihm die liebste Form des Nachdenkens und der Vorbereitung von Entscheidungen. Sie prägte auch seinen Führungsstil in amtlicher Funktion, wo er es ebenfalls vorzog, wenn man sich in der Diskussion anstehender Fragen auf einen Konsens zubewegte, den er dann mit eigener Akzentsetzung zusammenfassen konnte. Als Regierender Bürgermeister war er auch pro forma nur *Primus inter pares,* als Vorsitzender der SPD wäre ein Kommandoregiment ebenfalls kaum durchführbar gewesen. Die Richtlinienkompetenz des Bundeskanzlers hätte trotz der Koalitionssituation immerhin mehr Möglichkeiten geboten, selbst zu entscheiden. Hans-Dietrich Genscher, der im ersten Kabinett Brandt Innenminister war und von 1969 bis 1992 durchgehend Bundeskabinetten angehörte, hat jedenfalls wiederholt betont, dass er in keiner anderen Regierung interne Debatten von solcher Qualität erlebt hätte wie in der Regierung Brandt.

Willy Brandt selbst kannte die Schliche und Kniffe des politischen Geschäfts, auch wenn er mit anrüchigen Operationen nichts zu tun haben, am liebsten gar nicht davon wissen wollte. Im innerparteilichen Streit der fünfziger Jahre in Berlin wurden Schwankende oder Unentschlossene nicht nur von einer Seite mit dem Versprechen auf Posten oder Pöstchen zu gewinnen versucht. Und als es im Vorfeld des Misstrauensvotums gegen den Bundeskanzler Willy Brandt am 27. April 1972 um das Überleben der sozialliberalen Regierung und ihrer Politik ging – die Ostverträge waren noch nicht ratifiziert –, ahnte mein Vater wohl, dass von SPD-Seite »unkonventionelle« Methoden angewandt wurden, auch wenn man sie dort als Defensivmaßnahmen gegen die Abwerbeversuche der Opposition begriff. Mein Vater sagte mir in einem Gespräch während des Sommers 1973, als ich ihn anlässlich einschlägiger Presseveröffentlichungen zur Steiner-Affäre fragte, ob er informiert gewesen sei, es habe wohl auf beiden Seiten Vorkommnisse und Vorstöße gegeben, das Abstimmungsergebnis auf fragwürdige bis unzulässige Art zu beeinflussen. Sofern es Mitarbeiter der SPD beträfe, könne er solche Aktionen nicht mit Bestimmtheit bestätigen, denn falls es wahr sei, was man lesen könne, hätte man jedenfalls bewusst davon abgesehen, den Vorsitzenden und Bundeskanzler einzubeziehen oder auch nur zu informieren.

Zu Schuldgefühlen neigte Willy Brandt nicht, was nicht heißt, dass er nicht fähig zur Selbstkritik war. Etwas, das geschehen war und sich nicht mehr ändern ließ, durfte die Handlungsfähigkeit für die Zukunft nicht ruinieren. Er neigte zur Verdrängung auch erheblicherer Verfehlungen, was, wenn man der Tiefenpsychologie glauben darf, in gewissen Grenzen eine überlebenswichtige (unbewusste) Reaktion ist. Während er ein ausgeprägtes Sensorium für die Vermeidung menschlicher »Schweinereien« hatte, gestand er den Mitmenschen so manches Fehlverhalten zu, ohne sie moralisch zu verurteilen. Auch wenn administrative oder gar strafrechtliche Folgen im konkreten Fall unvermeidlich waren, versuchte er zu verstehen, wie und warum jemand auf die schiefe Bahn geraten war und suchte eher nach Entschuldigungen als nach Anklagen.

Es gibt keine politische Handlung oder Geste, die so sehr mit der Person Willy Brandts verbunden wird wie der Warschauer Kniefall am 7. Dezember 1970. Wenn man den Film noch einmal anschaut, wird die Anspannung des Akteurs deutlich: ein unbewegtes Gesicht, wie man es aufsetzt, wenn Gefühle im Zaun gehalten und nicht sichtbar werden sollen. Da ich mit meinem Vater niemals über seine diesbezüglichen Motive und Empfindungen gesprochen habe, kann ich dazu nicht mehr sagen, als ich von meiner Mutter weiß. Diese fragte ihn nach seiner Rückkehr aus Polen, ob er den Kniefall (der nebenbei gesagt, auch eine enorme Körperbeherrschung verlangte) vorher geplant hätte. Die nicht untypische Antwort ließ sie so klug zurück, wie sie schon zuvor gewesen war: »Irgendetwas musste man tun.« Mir gegenüber legte er Jahre später Wert darauf, dass er vor dem Ghettodenkmal und nicht vor dem polnischen Nationaldenkmal gekniet hätte, was bekanntlich nicht allen Polen gefiel.

Wenn ich diesen Vorgang zu deuten versuche, scheint mir außerdem wesentlich, dass die zutiefst christliche, genauer: abendländisch-christliche Geste des Kniefalls in diesem Fall nur von jemandem ausgeführt werden konnte, der persönlich frei von aller Schuld und, darüber hinaus, völlig unbelastet war. Zugleich musste er bereit sein, die Verantwortung für die Schrecken der Vergangenheit als Repräsentant des (west-)deutschen Staates bewusst und freiwillig anzunehmen. Dieses beruhte auf einer die negativen wie die positiven Aspekte der deutschen Geschichte einschließenden Identifikation mit der Nation der Deutschen – eine Identifikation, die neben Abscheu auch die Scham kannte über die monströsen Verbrechen, die von Deutschen (nicht den Deutschen) im deutschen Namen verübt worden waren, aber auch Stolz über die kulturellen und zivilisatorischen Leistungen des deutschen Volkes, seine humanistischen und freiheitlichen Traditionen und seinen Wiederaufstieg sowie seine demokratische Läuterung nach 1945, verbunden mit begründeten Hoffnungen auf eine im Sinne der sozialdemokratischen Grundwerte gestalteten Zukunft. Und nicht zu vergessen ist, was namentlich dem Ausland Achtung abrang: seine im Hinblick auf die NS-Zeit tadellose Haltung. Sie versetzte Willy Brandt in den Stand, Pauschalvorwürfen gegen die Deutschen glaubwürdig entgegenzutreten.

Brandt sah seine Landsleute nicht unkritisch, wie er auch andere Völker nicht unkritisch sah. Selbst bei den Norwegern entdeckte er neben vielem Erfreulichem auch kollektive Eigenschaften (oder eine Tendenz dazu), die er unsympathisch fand, in erster Linie eine gewisse Selbstzufriedenheit. Ein ausgeprägtes Misstrauen gegenüber den Deutschen, wie es von Konrad Adenauer überliefert ist, kannte er nicht. Er war ja ohnehin kein misstrauischer Mensch, und er beobachtete zudem die fortlaufende Ablösung überkommener autoritärer Dispositionen (die ihm in manchen Aspekten vielleicht sogar ein wenig zu weit ging). Im Zuge dieses Wertewandels, zu dem auch die Reisewelle seit den sechziger Jahren und das virtuelle Reisen im Fernsehen gehörten, kehrte sich der Verdacht, dass er nicht recht zum Kanzler der Deutschen taugte, um. Wer »im Ausland« dermaßen gut angesehen war, war gut für die Interessen Deutschlands. Immer mehr Leute sahen das so. Mit einem offenkundig weltmännischen Typ – das galt auch für Bruno Kreisky in Österreich – konnten sich die Menschen zwar nicht ohne Weiteres identifizieren, aber sie kamen allmählich dahin, ihn, den vermeintlich Fremdartigen, als geeigneten Repräsentanten Deutschlands in der Welt zu schätzen. Dabei halfen ihnen natürlich Filmhelden wie Hardy Krüger, der 1972 in einem Wahlspot der SPD den Zuschauern von seinen vielen Auslandsdrehs berichtete und davon, wie viel positiver Deutschland unter der Regierung Brandt wahrgenommen würde.

Wenn man nach »Fehlern« des Politikers Willy Brandt fragt, macht es wenig Sinn, den Blick auf Handlungen oder Unterlassungen zu richten, die sich aus seinen Grundüberzeugungen, seinem persönlichem Wesen oder den Grundelementen seines politischen Stils ergaben. Nicht jedem Menschen stehen sämtliche Verhaltensweisen zur Verfügung, und auch einem flexiblen, auf die moderne Medienwelt eingehenden Politiker konnte man diesbezüglich nicht alles abverlangen, ohne dass es kontraproduktiv wirkte.

»Fehler« sei hier nur das genannt, was Willy Brandt selbst so empfand. Dazu gehörte nicht zuletzt der Rücktritt vom Kanzleramt. Wie oben dargelegt, war das meines Erachtens eine aus Kränkung entstandene Falscheinschätzung. Eher könnte man vom Missmanagement des größten Wahlerfolgs der Sozialdemokratie seit 1919 (und damals war sie in zwei Parteien gespalten) sprechen. In diesem Zusammenhang fällt auch die Zustimmung, Horst Ehmke aus der Leitung des Kanzleramts zu entfernen. Gerade weil er angeschlagen war, wozu auch die Entwöhnung vom Rauchen gehörte, hätte er eine blitzgescheite und durchsetzungsfähige Kämpfernatur wie Ehmke dringend benötigt. Auch die Vertrauensseligkeit, mit der er, der politisch wichtigste Mann der Bundesrepublik, sich zum Lockvogel eines Spions machen ließ, ging selbst für einen wenig misstrauischen Menschen wie Willy Brandt zu weit.

Unverständlich bei jemandem, der die SPD auf allen Ebenen so gut kannte, war auch die Personalentscheidung, die 1987 zum Rücktritt vom Parteivorsitz führte, als er Margarita Mathiopoulos, eine parteilose junge Frau griechischer Abstammung, die »noch«

nicht Mitglied der SPD geworden war (und später der FDP beitrat), zur Pressesprecherin machen wollte. Er deutete den Proteststurm, der sich dagegen erhob, als dumpfes Aufbegehren fremdenfeindlichen Spießertums – und davon gab es mehr als genug. Doch Unverständnis erntete die beabsichtigte Stellenbesetzung bei Sozialdemokraten unterschiedlicher Richtungen und Altersgruppen, darunter treue Anhänger des Großen Vorsitzenden.

In der Berliner Bürgermeisterzeit hatte Willy Brandt zweimal davor zurückgeschreckt, den »Ersten Mann« der UdSSR in Ost-Berlin zu treffen. 1959 hatte Bruno Kreisky, der den Berlin-Status als anachronistisch und längerfristig unhaltbar ansah, für seinen deutschen Bruder im Geiste das Gespräch eingefädelt, und er war ziemlich erbost darüber, durch die Absage aus dem Rathaus Schöneberg desavouiert zu werden. Im Januar 1963 gelang es den Berlinern um Brandt, sowohl die Bundesregierung als auch die Alliierten zur Zustimmung für ein solches Treffen mit Chruschtschow zu bewegen, aber Willy Brandt scheute davor zurück, über diese Frage die Westberliner Koalition mit der CDU platzen zu lassen und zog, gegen den Rat seiner engsten Mitarbeiter, es vor, dem zweitmächtigsten Mann der Welt und Repräsentanten der vierten Siegermacht im allerletzten Moment abzusagen.

Der angesehene Journalist Robert Leicht brachte die Erträge des Politikerlebens von Willy Brandt am 16. Oktober 1992, einen Tag vor dem Staatsakt und seiner Beisetzung in Berlin, auf drei zentrale Begriffe: Freiheit, Demokratie und Frieden. Für die Freiheit, wie er sie als nicht zu relativierenden Wert schätzen gelernt hatte, trat er im Selbstbehauptungskampf West-Berlins ein, der »Frontstadt des Kalten Krieges«. Er war, wie man aus vielen Zeugnissen weiß, ein Hoffnungsträger für viele Berliner in beiden Teilen der Stadt und ebenso für die Menschen in »der Zone«. Möglicherweise konnte es nur einem Politiker wie Brandt, der sich als Antikommunist (oder sollte man sagen: Antitotalitärer) und Vertreter eines prowestlichen Kurses innerhalb der SPD verstand und sich als leidenschaftlicher Streiter für die Vereinigung Deutschlands durch Selbstbestimmung profiliert hatte, gelingen, den Hebel behutsam umzulegen, ohne ins Zwielicht zu geraten.

Das Engagement für die Überwindung der Diktatur in der DDR und der deutschen Teilung 1989/90 knüpfte an die Auseinandersetzungen der fünfziger und frühen sechziger Jahre an, war aber durch die entspannungspolitischen Entwicklungen und die entsprechenden Lernprozesse der sechziger bis achtziger Jahre auf eine andere Ebene gehoben worden. Es verdient jedoch noch einmal festgehalten zu werden, dass die deutsche Frage für Willy Brandt im Wesentlichen stets eine Frage der Selbstbestimmung war.

»Mehr Demokratie wagen« konnte Verschiedenes bedeuten. In der inhaltlichen Substanz ging es darum, über das institutionalisierte Regelwerk des repräsentativ-demokratischen Staates hinauszugehen und Gesellschaft und Wirtschaft nach und nach partizipatorischen Ansprüchen zu öffnen. Das war für Willy Brandt der Inhalt des »demokratischen Sozialismus«. Auch wenn es während der Regierungen Brandt und Schmidt nicht gelang, den Widerstand des liberalen Koalitionspartners gegen die Ausweitung der paritätischen Mitbestimmung auf alle Branchen zu überwinden, konnten die Novellierung des Betriebsverfassungsgesetzes und die gewerkschaftlichen Anstöße zur Humanisierung der Arbeit als Demokratisierungsschritte verstanden werden.

In den siebziger Jahren setzte sich ferner die Auffassung durch, dass die Demokratie in der Bundesrepublik Deutschland wie in anderen Ländern Westeuropas inzwischen an einen avancierten Sozialstaat gebunden war. Auch wenn dieser, gerade in Deutschland, unterschiedliche Wurzeln hatte, wurde die Sozialdemokratie als sein Garant verstanden. Schwerer zu fassen ist die Zivilisierung im Auftreten von staatlichen Organen und Führungspersonen während der Kanzlerschaft Willy Brandts, verbunden mit dem symbolischen Abbau von Hierarchien. Diese Entwicklung war schon im Verlauf der sechziger Jahre (und nicht nur in Deutschland) zu bemerken. Der beschleunigte sozio-kulturelle Wertewandel wurde vom Regierungswechsel 1969 weder ausgelöst noch verursacht, aber faktisch beschleunigt. Die Strafrechtsreform, die gesetzliche Förderung der Selbstständigkeit der Frau gegenüber dem Ehegatten, zum Beispiel durch das neue Scheidungsrecht, die Abschaffung des § 175 des Strafgesetzbuches (»Schwulenparagraf«) und die Änderung des § 218 (»Abtreibungsparagraf«) wirkten in diese Richtung.

Frieden: Aus dem erzwungenen Versuch, mit der Berliner Mauer zu leben und sie erträglicher zu machen, entwickelte sich ein völlig neuer Ansatz zum Umgang mit Konflikten, die am Ende überwunden werden sollten – auch wenn dies oft ein Wunsch blieb. Der Neuanfang in den Beziehungen zu den Staaten Osteuropas, namentlich der Sowjetunion, Polen und der DDR, legte den Grund für eine veränderte Wahrnehmung der Bundesrepublik von außen. Ohne dass die unterschiedlichen und zum Teil gegensätzlichen Standpunkte und Interessen zum Verschwinden gebracht wurden, gelang es unter dem Primat der Kriegsverhütung und Friedenssicherung, einen neuen Modus ihrer Austragung zu schaffen. Es wird heute wenig bestritten, dass die neue Methode bei der Gestaltung des Ost-West-Verhältnisses zu den nicht wegzudenkenden Voraussetzungen des Umbruchs in Europa um 1990 gehört. Diese Methode war zu einem großen Teil von Willy Brandt und Egon Bahr erdacht worden, wobei diese ihre Bemühungen nur unter dem Dach der Entspannung zwischen den Supermächten entfalten konnten, die sich einig waren, nicht direkt Krieg gegeneinander zu führen.

Das Ensemble der bundesdeutschen Ostverträge, des Berlin-Abkommens und des Helsinki-Prozesses erfüllte nicht gleich alle großen Erwartungen, welche die Konstrukteure daran geknüpft hatten. Der Ausbau der Beziehungen mit dem politischen Osten kam langsamer voran, zögernder und widersprüchlicher als erhofft. Um 1980 drohte die Entspannung sogar in eine Wiederauflage des Kalten Krieges umzuschlagen. Doch die in der ersten Hälfte der siebziger Jahre aufgebauten Strukturen der Koexistenz und Kooperation hielten letztlich stand und halfen in der zweiten Hälfte der achtziger Jahre, Michail Gorbatschows Perestroika den Weg zu bahnen und sie abzusichern.

Ohne eine einfache Analogie herstellen zu wollen, schließe ich mit der Frage, ob die in der langfristig angelegten Ostpolitik Willy Brandts zum Einsatz gekommene Methode der Konfliktbearbeitung und seine Vorschläge für eine solidarischere Gestaltung des Nord-Süd-Verhältnisses nicht Lehren vermitteln können, die bei den gegenwärtigen Krisen und Kriegen Auswege weisen.

ÜBER DEN AUTOR

Peter Brandt, geb. 1948, Prof. Dr., Leiter des Lehrgebiets Neuere Deutsche und Europäische Geschichte und Direktor des Instituts für Europäische Verfassungswissenschaften der FernUniversität in Hagen